일본의
지역교육력

이해와 실제

한국일본교육학회 편

한용진·정영근·남경희·송민영·천호성·이성한·장지은
임형연·미즈노 지즈루·최순자·박주현·김종성·김세곤
이선옥·김수동·공병호·김용련 공저

학지사

　2016년도에 인공지능의 발달을 극명하게 보여 준 충격적 사건은 이세돌과 알파고의 바둑 대결이었다. 처음 예상과 달리 인공지능의 일방적 승리로 끝났지만, 인간의 존엄성은 단지 기계적 합리성에서 나오는 것이 아님을 확인하게 되었다. 즉, 지식 전달 위주의 교육방식으로는 인간이 기계를 따라갈 수 없지만, 오히려 앞으로의 교육은 인공지능이 할 수 없는 인간다움을 찾아내어 길러 주어야 함을 확인하게 되었다. 18세기 계몽주의 이래 학교교육을 중심으로 교사에 의한 '교수' 위주의 교육은 이제 그 패러다임을 전면적으로 바꿔야 할 때다. 교사 중심의 일방적 가르침에서 교사와 학생, 그리고 지역 주민이 협력하여 가르치고 배우는 지역교육공동체에 대한 관심이 높아지고 있다. 이 같은 지역교육력에 대한 관심은 학교교육 중심의 공교육을 보완하면서 제4차 산업혁명 시대에 요구되는 교육의 새로운 방향을 모색하며 나타나는 변화라 할 수 있다.

　이 책은 한국일본교육학회에서 수년간 연구한 성과를 집단지성의 형태로 정리한 책이다. 먼저 서장에서는 지역교육력의 개념과 의의를 언급하고, 제1부는 지역교육력에 대한 이해, 제2부는 지역사회의 다양한 기관을 통한 지역교육력 실제를, 그리고 제3부는 보육과 학습을 담당하는 시설과 프로그램을 중심으로 하는 지역교육력의 실제를 다루었다. 결장에서는 '일본 지역교육력의 향후 과제와 전망'을 통해 21세기 지식 정보화 시대에 지역교육력이 어떤 과제를 갖고 있으며, 어떻게 전개될 것인가를 살펴보았다. 그리고 마지막 별장에서는 '한국의 마을교육공동체와 지역교육력'을 통해 우리나라에서 진행되는 지역교육력 사례를 추가하여 독자가 한일 간의 지역교육력을 비교·참고해 볼 수 있도록 하였다.

　이 같은 집필을 위하여 본 학회에서는 이미 두 차례의 연차학술대회를 통해 일본에서의 '지역교육력'을 발표하여, 학교교육력 향상을 위해 시도하고 있는 여러 가지 대책과 전망에 대하여 학회 차원의 검토를 해 보았다. 이와 같은 학문적 노력을 정리하고자 학회에서는 간행위원회를 구성하여 필자들의 글을 함께 윤독하고 보완하면서 일본의 지역교육력에 대해 정리해 보았다. 연구자들의 모임인 학회가 학술대회의 성과를 사회에 발신하는 계기를 통해, 발표 내용은 새로운 생명력을 갖게 될 것이다. 우리 학회에서 이러한 단행본을 발간함으로써 일본 교육의 현상을 올바로 소개함과 동시에 유사한 교육 문제를 안고 있는 우리나라의 정책 수립자들과 연구자들에게 참고가 되었으면 한다.

　어려운 출판 여건 속에서도 책의 간행을 흔쾌히 수락해 주신 학지사 김진환 사장님과 꼼꼼히 원고를 검토하고 편집을 도와주신 여러분께 감사드린다. 앞으로도 독자들의 많은 관심과 함께 이러한 연구물의 보급과 실천을 통해 우리나라의 교육현장에서 자라나는 새싹들이 더욱 건강하고 행복한 모습으로 성장할 수 있기를 기대해 본다.

2017년　1월
한국일본교육학회장　한용진

제3부   **지역교육력 실제 Ⅱ : 보육과 학습**

 **지역교육력의 개념과 의의**

서장 지역교육력의 개념과 의의

한용진
(고려대학교)

국가 주도의 근대 공교육제도는 교육 기회의 평등과 능력에 따른 상급학교 진학을 그 특징으로 한다. 따라서 이 같은 학교교육 중심의 교육은 국가적 통제와 획일화된 학습내용, 그리고 과열된 입시경쟁을 낳게 되었다. 더 좋은 학교 진학이야말로 사회적 신분 상승과 연결되면서 사람들은 학력(學歷)을 추구하다가 정작 인간으로서 배워야 할 학력(學力)을 제대로 갖추지 못하게 되었다는 비판도 있다. 우리는 학교에서 무엇을 배우고 있으며, 또 무엇을 배워야 하는가? 교육이 학생들로 하여금 스스로 살아갈 수 있는 힘을 갖추도록 하는 것이라면, 기존의 학교교육은 과연 21세기의 변화된 사회에서 요구되는 다양한 요소를 잘 담아내고 있는 것일까?

최근 미국 보스턴대학교의 앤디 하그리브즈(A. Hargreaves)와 데니스 셜리(D. Shirley)의 공동 저작인 『학교교육 제4의 길 1편(The Fourth Way)』이 간행되면서 기존의 학교교육이 걸어온 길과는 다른 새로운 길로서, 조직화된 지역사회와의 관계를 새로운 방향으로 제시하고 있다. 사실 교육의 역사를 보면, 존 듀이(J. Dewey)가 시카고대학교에 세운 실험학교를 비롯하여 스웨덴의 여류 교육사상가인 엘렌 케이(Ellen K. S. Key)의 『아동의 세기』(1900)와 같이, 20세기를 전후하여 세계 각지에서는 기존의 주입식 교육과는 다른 새로운 교육방식을 모색하기 시작하였다. 미국이나 영국, 프랑스 등은 이를 '신교육운동(New Education Movement)'이라 하였고, 독일에서는 '개혁교육학 운동'이라 부르며 '청소년운동' '예술교육운동' '전원기숙사학교운동' '노동학교운동' '사회교육학운동' '국민교육운동' '통합학교운동' 등 다양한 실제를 보여 주고 있다. 일본 역시 1920년을 전후하여 '다이쇼자유교육운동(大正自由敎育運動)' 혹은 '다이쇼신교육(大正新敎育)'이라 부르며, 과거의 획일적인 교사 중심의 주입식 교수방식에서 벗어나 아동의 관심이나 감동을 중시하는, 보다 자유롭고 생동감 넘치는 다양한 교육체험을 강조하였다(中野光, 2008: 10). 어떻게 보면 학교 안에서만 교육을 실시하여야 하는지에 대한 의문은 이미 100여 년 전부터 학교현장에서 지속적으로 논의되었던 것이다.

최근 한국과 일본에서는 '지역교육력'과 관련된 용어가 자주 사용되고 있다. 예를 들어, '지역에 뿌리내린 학교 만들기' '마을학교' '마을 공동체' '마을교육공동체(경기도교육청)' '혁신교육지구(서울시교육청)' 등의 용어를 종종 접할 수 있다. 오늘날 왜 지역의 교육력이 화제가 되는지를 생각해 보면, 시대 변화 속에서 기존의 학교교육의 한계를 인식하고 교육이란 무엇인가에 대한 근원적 고민을 통해 학교교육을 개혁해 보려는 시도와 관련된다고 하겠다.

사토 마나부(佐藤学)는 한국이나 일본, 대만 등 동아시아 지역의 국가들이 국가 주도적인 압축적 근대화 과정을 겪게 되면서 나타나게 된 교육의 여러 가지 문제점을 '동아시아형 교육의 파탄(破綻)'(矢野智司 外 編, 2009: 276)이라 표현하였다. 그리고 이때 나타난 교육의 위기현상으로, 식지 않는 경쟁교육, 배움으로부터의 도피, 청년 노동시장의 붕괴, 지나친 국가주의, 과격한 사사화(私事化)와 민영화, 학교의 규범성과 정통성의 쇠퇴, 청소년의 비행과 폭력, 세대 간 격차와 차별, 주입식 교육과 시험 중심의 배움, 대규모 학급과 획일적

지도, 빈부의 경제격차 확대에 의한 교육 격차 사회의 형성이라는 11가지 항목을 제시하였다.

결국 학교교육을 개혁하고 지역교육력을 되살리려는 오늘날의 시도는 과연 기존의 학교교육 방식만으로 시대가 요청하는 다양한 인간상을 양성할 수 있는가에 대한 의문에서 비롯된다고 하겠다. 급속한 경제성장 과정에서 진학과 선발을 위주로 하는 학교교육방식이 강조되면서 20세기 교육활동의 중심에는 여전히 가정이나 지역사회보다 학교가 우선적으로 놓여질 수밖에 없었다. 2006년 12월에 개정된 일본의 「교육기본법」 제13조에는 "학교, 가정, 지역 주민 등의 상호 연휴 협력" 등을 규정하였다. 즉, 가정과 학교, 지역사회는 아동을 잘 기를 수 있도록 교육을 개선하고 함께 참여하는 환경을 만들게 되었다. 이는 평생교육적 관점에서 '가정-학교-지역의 연계교육'을 통한 지역교육력에 대한 관심이 높아진 것을 의미한다.

이 글에서는 먼저 '지역교육력이란 무엇인가'에 대한 개념적 정리에 이어 '근대적 교육 패러다임의 전환' 속에서 교육과 지식을 보는 관점의 변화, 그리고 지역교육력 논의의 일본적 특징에 관하여 순차적으로 살펴보고자 한다.

1. 지역교육력이란 무엇인가

최근 지역교육력이라는 말이 자주 거론되지만 지역교육력의 의미에 대해서 명확하게 정의를 내리는 것은 그리 간단하지 않다. 개념적으로 볼 때 '지역교육력'이라는 용어에서 '지역'이란, 나와 우리가 살고 있는 공간을 의미한다. 하지만 일본에서 말하는 '지역'이란 지방공공단체를 의미하는 것으로, 넓게는 도도부현(都道府県)을 포함하기도 하지만 일반적으로는 시정촌(市町村)을 뜻한다. 시정촌은 기초자치단체로서 자치 사무를 담당하고, 조례나 규칙 등을 제정할 수 있는 자치입법권을 갖고 있으며(한용진, 2013), '기초적인 지방공공단체'로서, 포괄적이고 광역적인 지방공공단체인 도도부현(都道府県)에 대비되는 용어다(日本電子政府の 総合窓口, 2012).

일찍부터 지역사회는 교육에 대하여 상당한 영향력을 갖고 있었다. 일본의 경우, 전통시대에는 절이나 신사(神社)와 같은 종교시설을 비롯하여, 관혼상제 등 각종 의례를 통해 어린이의 사회화에 직접적인 영향을 끼쳤고, 이때 지역사회의 원로는 바로 교사 역할을 담당하였다. 오늘날 '교육'이라고 하면, 당연히 '학교교육'만을 우선적으로 생각하게 되지만 전통적으로 교육의 공간, 즉 '교육의 장(場)'은 인간으로서 살아가는 기본 심성을 익히는 '가정'과 '사회'가 중심이었고, '학교'는 주로 읽기, 쓰기, 셈하기 등 지식을 배우는 공간이었다. 그런 의미에서 학교교육이 활성화되기 이전에 이미 가정과 사회는 자연 상태로 태어난 인간을 보다 유용하고 쓸모 있는 사회적 인간으로 만들어 주는 기본적인 교육의 장이었다. 지역교육력에서 말하는 력(力), 즉 '힘'은 본래 일상생활에서 원로나 어른이 교육적 주도권을 갖고 작용하는 힘이다.

그런데 19세기 이래로 근대 공교육은 무상·의무교육을 내세우며 보편적 교육활동을 '학교' 중심으로 바꿔 놓았다. 근대의 교육 현상은 전통 사회에서 사회화에 의존하던 교육이 가족이나 지역사회의 범위를 넘어서게 되면서 시작되었다. 즉, 민족국가의 등장과 산업화 과정에서 아동에게 전달하여야 할 기술과 지식의 양이 급속히 증가하게 되었고, 이러한 문제를 해결하는 과정에서 학교체제와 교육행정 등이 발전되었던 것이다. 이반 일리치(Ivan Illich)는 어린이는 학교에 소속된 채 '학교에서 배워야 하며, 학교만이 어린이를 가르칠 수 있다'라는 근대 사회에서 시작된 기본 전제에 대해 의문을 제기하였다(竹内洋, 2010: 243). 비록 예전에는 이러한 학교교육조차도 지역 사회 속의 학교였고, 마을 공동체 속의 학교였는데, 급속한 산업화는 도시화를 촉진하게 되었고, 점차 마을 단위의 공동체 의식은 해체되었으며, 학교는 더 이상 마을 공동체의 중심 역할을 하지 못하게 되었던 것이다.

　지역교육력의 개념과 관련하여 아라이 이쿠오(新井郁男)는 "지역은 그곳에 살고 있는 아동의 인간 형성에 미치는 영향력"(新井郁男, 1994; 정영근, 2012: 17 재인용)이라 하였다. 그리고 이때 지역이란 지역적 특성으로서의 '시간적' 전통과 '공간적' 개념뿐만 아니라, 원로와 어른 등 '인간적' 요소를 포함하는 포괄적 개념이라 할 수 있다. 결국 좁은 의미에서 지역교육력은 '학교교육'과 대구(対句)를 이루는, 즉 학교교육력을 제외한 지역만의 교육적 힘이지만, 넓은 의미에서 지역교육력은 학교교육까지 포함하는 포괄적 개념이라 할 수 있다. 학교 역시 지역사회의 한 부분으로 아동의 인간 형성에 지속적인 영향력을 미치고 있으며, 일본의 「교육기본법」이 기대하는 학교와 가정, 지역 주민의 상호 연계와 협력을 통해 아동을 잘 기를 수 있는 여건을 만들자는 의도이기 때문이다.

2. 근대적 교육 패러다임의 전환

이 같은 지역교육력이 등장하게 된 시대적 · 사회적 · 교육적 흐름
의 변화를 정리해 보면 크게 다음 세 가지다.

먼저 교육관의 변화로 학교 중심의 교육만능론에 대한 한계를 인
식하며 시간과 공간을 확대하는 교육운동을 모색하게 되었다는 점이
이다. 다음으로는 교육방법과 관련된 것으로 교사 중심의 '교수(가르
침)'에서 아동 중심의 '배움(학습)'을 강조하게 되었으며, 마지막으로
는 기존의 국가주의 · 시장주의 교육론에서 공생주의 교육론으로 그
흐름이 변화되고 있다는 점이다.

1) 학교 중심의 '교육만능론'에 대한 재고

오늘날 우리가 직면한 교육문제의 상당수는 전통 사회에서 이어
져 오던 교육이념이나 교육방법, 교육적 인간상 등이 근대 이후 급
변하는 사회 속에서 새로운 이념과 방법, 인간상으로 급속히 대치되
면서 발생하는 것이라 할 수 있다. 단적으로 청소년문제라는 것도
실제로는 '청소년' 개념 자체가 근대의 산물이기에 근대 이전의 교육
에서는 그러한 문제의식조차 성립할 수 없었다. 실제로 전통 사회에
서 15세는 큰 배움, 즉 '대학(大學)'에 입문할 수 있는 어엿한 성인이
었지만, 지금은 중2병을 앓고 있는 문제아로 취급될 뿐이다.

19세기 이래 근대 공교육제도의 발달은 기존의 사회교육이나 가
정교육의 역할을 축소시키고, 학교에서 모든 교육을 담당해야 하는

것으로 기대하게 만들었다. 그리고 그 이면에는 18세기 계몽주의 이래의 교육만능론이 자리 잡고 있었다. 하지만 교육내용의 국가적 통제에 문제제기를 하는 지식사회학을 비롯한 계급재생산론 등은 교육의 무(無) 오류성이나 한계에 대한 인식을 확산시켜 주었다.

'규율훈련장치'로서의 학교교육에 대한 기대는 신분제 철폐를 통해 개개인의 입장에서 계층과 신분 상승을 위한 유용한 도구였고, 국가적 입장에서는 정치적 안정과 경제발전을 위한 필수적 기관이었다. 하지만 신자유주의적 시장논리로 인한 격차사회의 등장으로, 학교교육은 더 이상 신분 상승의 기재로 작동하기 어렵게 되었다. 게다가 21세기를 전후하여 일본 교육학계에서는 근대교육학의 학문적 성격 전반에 대한 재고와 함께 학교교육을 개혁하고 보완할 수 있는 대안적 방법을 모색하는 움직임이 나타나기 시작하였다. 대표적인 학교교육 개혁운동으로 도쿄대학(東京大学) 교육학부 사토 마나부(佐藤学) 교수에 의한 '배움의 공동체' 운동을 들 수 있다. 이 운동은 수업개혁과 교실개혁에 기초하여 학생과 교사뿐만 아니라 학부모 및 지역사회 시민들이 참여하여 서로 돕고 함께 배우며 성장하는 교육공동체 운동을 말한다(유상덕, 2006; 김성길, 2004). 즉, 오늘날과 같은 지식정보화 사회에 맞는 교육방식이 무엇인가를 고민하게 되면서 사람들은 점차 획일적인 학교교육의 역할과 기능에 대해 의문을 품게 되었고, 기존의 공교육체제하에서의 학교교육에 대한 고민을 심화시켰으며, 이는 교육을 통해 기르고자 하는 힘이 과연 무엇이며, 그것을 어떻게 기를 수 있는가를 다시 생각하게 하는 계기가 되었다.

2) '교수'에서 '배움'의 강조로

원래 전통적 교육활동은 모방과 관례를 중시한다는 점에서 주로 가정과 지역사회를 중심으로 이루어진 데 반해, 근대 이래의 공교육은 교육 기회 균등의 원칙에 따라 신분의 귀천이나 재산의 많고 적음에 관계없이, 능력에 따라 교육받을 수 있는 무상·의무의 보통교육을 제도화하는 방향으로 발달해 왔다. 코메니우스(C. A. Comenius)의 『대교수학』을 비롯하여 19세기 헤르바르트(J. F. Herbart) 이래의 '과학적 교육학'의 등장과 20세기 교육학의 학문적 연구주제는 사실상 어떻게 하면 학교교육을 통해 학생들을 잘 가르칠 수 있는가를 고민하는 '교수이론'과 관련된다.

그러나 교수학 중심의 교육학은 존 듀이가 주장한 '실천을 통한 학습(Learning by doing)'이라는 관점으로의 전환을 통해 학교와 지역사회와의 관계 속에서 아동의 성장과 흥미에 기반을 둔 '배움' 중심의 교육으로 그 중심을 옮기게 되었다. 특히 근래에는 교사 중심의 가르치는 교수활동보다 학생 스스로 배우고 익히는 학습활동에 더 많은 관심을 보이고 있다. '거꾸로 학습법'이라는 플립 러닝(Flipped Learning)도 이러한 교육적 패러다임의 변화에 기반하고 있다. 기본적으로 교육은 교수―학습 개념을 모두 포괄하는 것으로, 이는 단지 학교뿐만 아니라 가정과 지역사회가 제공하는 다양한 비형식적 교육까지도 포함한다.

산업화와 도시화, 핵가족 제도의 확산과 여성의 사회적 진출 확대 등은 가정이나 지역사회의 교육적 역할을 더욱 위축시켰다. 오늘날 교육현장에서 일어나고 있는 다양한 문제들은 인간으로서 기본적으로 지켜야 할 예절과 관련된 것이다. 그리고 어쩌면 예전에는 가정과 지역사회의 어른들에 의해 이루어지던 다양한 교육적 힘, 즉 교육력(教育力)에 의해 예방될 수 있는 문제였다. 즉, 오늘날 학교에 모든 교육을 맡길 수 있다는 사람들의 믿음이 점차 약화된 배경에는 '교수' 중심의 근대 학교체제의 교육력보다 스스로 탐구하고 학습하는 '배움' 중심의 교육력과 함께 지역사회의 교육력을 다시 주목하게 되었다.

3) 세계화 시대의 공생주의 교육론

흔히 오늘날을 지식정보화 시대 혹은 세계화 시대라 부른다. 세계는 정보화 시스템의 발전으로 하나의 공동체로 묶여졌고, 이러한 세계화는 산업의 세계화뿐만 아니라 개인의 세계화에도 연관되고 있다. 국제적인 경쟁력을 갖춘 사람을 양성하기 위해 교육의 역할은 점점 더 커지고 있으며, 세계를 무대로 활동할 수 있는 사람에 대한 사회적 요구는 더욱 커지고 있다. 그런데 문제는 이러한 사회 상황에 뒤처지지 않기 위해 아무리 열심히 노력해도, 결국은 제한된 소수만이 성공할 수 있다는 점이다. 19세기의 국가주의나 20세기의 제국주의 시대가 국가와 국가 간의 경쟁에 치중하였다면, 이제는 국가 간 경쟁뿐만 아니라 개인 간의 생존경쟁도 더 치열해진 각박한 시대를 맞고 있다고 할 수 있다.

세계화 시대가 요구하는 무한경쟁은 더 이상 지속 가능하지 않기에 변화된 현대 사회의 특성을 고려하며 교육의 방향에 대하여 다시 생각해 보고자 한다. 아날로그 시대에서 디지털 시대로 전환되는 21

세기에는 불가피하게 삶의 방식과 트렌드도 변화하였다. 아날로그 시대가 토지, 노동, 자본이라는 유형의 자산 중심 시대였다면, 디지털 시대는 지식, 기술, 정보라는 무형의 자산 중심 시대가 열리고 있다. 유형 자산은 나누면 줄어들지만, 무형 자산은 오히려 다른 사람과 공유할 때 더욱 활성화되는 시너지 효과를 기대할 수 있다. 특히 데이터나 정보, 지식 등은 양적인 논리로 접근해야 하겠지만, 인간의 지혜는 나누고 활용할수록 자기 자신을 포함한 보다 많은 사람에게 혜택이 돌아간다는 점에서 질적인 논리가 적용된다고 할 수 있다.

그런 면에서 공생주의 교육론(한용진, 2010)은 교육을 국가나 기업의 발전을 위한 도구적 관점에서 벗어나 다른 사람과 함께 기뻐하고 남의 슬픔을 함께 아파할 줄 아는, 도덕적 공감 능력을 갖추는 자기 목적적 활동으로 보고 있다. 공생주의 개념과 관련하여 최재천은 『호모 심비우스』(2011)에서 '공생하는 인간(Homo Symbiosis)'을 주장하였다. 그에 의하면, 19세기의 국가주의적 상황에서 적자생존의 논리를 '최'적자생존 논리로 확대재생산한 것은 스펜서(H. Spencer)의 사회진화론 때문이라는 것이다. 흔히 적자생존의 무한경쟁 논리의 출발을 다윈(C. R. Darwin)의 진화론에서 찾지만, 실제로 다윈이 말하는 생태계의 진화 과정에는 단순히 약육강식뿐만 아니라 공생(共生)이나 기생(寄生)도 중요하게 작용하였다는 것이다.

어느 사회나 경쟁이 완전히 없어질 수는 없겠지만, 적어도 생물학적 존재로 태어난 인간이 '인간답게' 될 수 있는 것은 남과의 협업과 공생을 통해서다. 그러므로 기본적으로 세계화 시대에는 경쟁이 중시되는 학교교육보다 공생과 협업의 체험의 장으로 지역교육과 '지역교육력'이 새롭게 주목받고 있다.

3. 지역교육력 논의의 일본적 특징

모든 교육은 시대를 반영하며, 동시에 그 지역의 사회문화적 산물이기도 하다. 일본에서의 지역교육력 논의도 21세기라는 시대적 상황과 일본이라는 공간적 특성을 갖고 있다. 제2차 세계대전의 패전국으로 1952년까지 7년 동안 미군정을 겪었던 일본이, 1947년에 제정한 「교육기본법」(법률 제25호)을 거의 60년 만인 2006년 12월에 법률 제120호로 전면 개정하면서 추가된 문장은 "공공의 정신을 존중하고"라든가 "전통을 계승하고"와 같이 공동체를 중시하는 국민국가적 표현들이다. 일본의 지역교육력이 갖는 특징은 이러한 「교육기본법」 개정이라는 시대적 변화를 반영한 것으로 다음 두 가지 측면에서 정리해 볼 수 있다.

1) 여유교육 대 신보수주의적 경향

1980년대 이후 일본의 교육정책은 수상 직속의 '임시교육심의회'의 '최종 답신'(1987)의 핵심내용에서 알 수 있듯이, 한편으로는 '신자유주의적' 맥락에서 '획일적인 교육' 폐지와 '개성 중시의 원칙'에 의한 교육제도의 탄력적 운영이었지만, 다른 한편으로는 '신보수주의적' 맥락에서 학교교육에 일본의 '전통'을 부활시키는 것이었다. 그동안 일본에서는 주5일제 수업으로 대표되는 '여유교육(ゆとり教育)'을 1992년에 처음 도입하고 2002년부터 전면 실시하면서, 국가경쟁력 확보를 위한 교육보수화정책과 충돌을 빚은 적이 있었다. 즉, 자

민당의 고이즈미 준이치로(小泉純一郞) 정권(2002. 9.~2006. 9.)에 들어와 본격화되기 시작한 신자유주의 교육정책의 교육보수화 논리는 아베 신조(安倍晋三) 정권(2006. 9.~2007. 9.) 때 '교육재생회의'를 구성하며 본격적인 학력(学力) 논쟁을 불러일으켰다. 하지만 신자유주의적 맥락에서 공교육 부담을 줄이려는 의도도 깔려 있던 여유교육은 학력 저하 논쟁을 일으키며 폐지되었다. 이미 2001년을 '교육신생원년(敎育新生元年)'으로 선포하며 본격적으로 시작된 교육개혁은 "인간성이 풍부한 일본인을 육성하기"라든가 교육진흥 기본계획과 「교육기본법」(개정) 등이 포함되어 있었다.

결국 2011년 4월부터 초등학교, 그리고 2012년 4월부터는 중학교에서 '신(新)학습지도요령'이 전면 실시되기 시작하였다. 신학습지도요령의 핵심 내용은 '살아가는 힘(生きる力)'을 길러 주는 것을 기본 이념으로, 지식과 기능의 습득과 함께 사고력, 표현력 등의 육성을 중시하고 있었다. 하지만 21세기에 들어와 지난 15년 동안 일본의 교육개혁의 바탕에는 신자유주의뿐만 아니라 일본인으로서의 자각을 촉구하는 신보수주의의 흐름이 점차 강화되고 있다. 즉, 일본의 과거 전통에 대한 향수를 통해 일본인의 본래 모습을 찾으려는 아베 정권의 노력에서 교육개혁의 보수화 경향을 엿볼 수 있다. 그러므로 일본의 지역교육력은 지식이나 기술 등의 습득을 중시하는 학교교육에 일본적 가치와 살아가는 힘을 습득할 수 있는 비형식적 교육활동의 기회도 제공해 주는 것이다.

2) 국가적 인재 대 지역 인재의 대립

기존의 근대교육은 국가적 인재 양성을 중심으로 논의되어 왔지만, 지역 인재 양성을 위한 지역교육력 논의는 이미 1930년대부터 시작되었다. 예를 들어, 생활글짓기운동(生活綴り方運動)은 "어린이들의 일상생활의 사실을 글로 적는 과정과 쓰인 작품을 학급집단 등에서 토의하여 어린이의 사회 인식을 깊게 하는 과정을 중시하는 교육활동"(国史大辞典編集委員會, 1987: 196－197)으로, 이미 20세기 초 일본에 소개된 존 듀이의 진보주의 교육운동 혹은 신교육운동과 맥을 같이하고 있다. 비록 만주사변 이후에 이러한 지역사회와 연계된 교육 주장이 군국주의적 사회 분위기에 의해 억압되어 더 이상 발전하지는 못하였지만, 이러한 교육적 전통은 일본 내에서 이미 1920년대를 전후하여 근대교육학을 반성해 볼 수 있는 이론적 토대와 함께 지역교육 운동의 토양이 되었다.

제2차 세계대전 패전 이후 일본은 미국식 민주주의를 받아들여 학교교육에서 철저하게 국가주의적 요소를 배제하였다. 교실에 일장기를 걸지 못하게 하였고, 1990년대 초반까지 일본 국가(國歌)에 해당하는 기미가요(君が代)를 학교에서 제창하지 않았다. 국가에 대한 무조건적 충성이 낳는 위험성을 의식하고 있었기 때문이다. 그러나 2006년의 「교육기본법」 개정을 통해 일본에서는 지역교육력 논의를 통해 국가적 인재 양성에서 일본다움을 되찾으려는 요소가 추가되고, 미국식 민주주의 교육에서 강조하는 자기주도적인 지역 인재 양성도 주목하게 되었다. 즉, 교육을 통한 인재 양성이라는 논리는 단지 지적으로 뛰어난 인재를 양성하는 것 못지않게, 자신이

태어나고 자란 고향에 대한 따뜻한 정서를 간직한 인재 양성을 포함
해야 한다는 것이다.

전국 일제시험에서 우수한 성적을 올린 것으로 유명해진 히가시
나루세촌(東成瀬村)은 아키타현(秋田県)의 작은 시골 마을로, 츠루카
이 다카시(鶴飼孝) 교육장은 지역교육력 강화의 배경을 다음과 같이
설명하고 있다.

> 그동안 지방에서는 끊임없이 중앙에 인재를 공급하는 중심－주변
> 의 종속적 관계를 갖고 있었으나, 앞으로는 세계화 시대에 발맞춰 오히
> 려 지역의 독자성과 자기중심성을 확보함으로써 지속적인 두뇌 유출의
> 현상을 타파하고, 지역의 인재가 지역에서 활동할 수 있도록 자신의 고
> 향이나 지역에 대한 애향심을 높여 주려는 것이다.[*]

결국 일본에서의 지역교육력은 지역사회의 교육적 전통을 통해
일본의 국체를 내면화시키려는 근대 이래의 국가주의적 교육 논리
와 함께, 자신이 태어난 지역에 살면서 적극적으로 활동할 수 있는
지역 인재 양성의 요구라는 양면성을 교육에 반영하려는 시도이기
도 하다. 또한 20세기 말부터 점차 강화되고 있는 신자유주의적이고
신보수주의적 흐름 속에서 풍부한 인간성과 창의성을 갖춘 건전한
민주시민 양성이라는 이중적 고민을 풀어 가려는 노력이기도 하다.
21세기를 살아갈 인재라면 자신이 속한 작은 단위의 지역사회 공동
체를 위해 헌신하는 동시에 국가를 넘어 세계 평화에도 기여하는 건
강한 세계시민이 되어야 할 것이다. 지역교육력의 시민성 교육이 자
칫 자국 중심의 애국주의로 빠지지 말고, 세계시민 교육으로서 화해
와 번영의 새로운 시대를 여는 열쇠가 되어야 하는 이유다.

---

[*] 아키타현(秋田県) 히가시나루세촌(東成瀬村)의 교육위원회 츠루카이 다카시(鶴飼孝)
 교육장과의 면담(2012. 3. 12.).

참고문헌

김성길(2004). '배움' 공동체의 가능성 탐색을 위한 연구. 미래교육연구, 17
    (2). 연세대학교 교육연구소.

다케우치 요우(竹內洋) 저, 최선임 역(2010). 세계 명저 사회학 30선(選).
    서울: 도서출판 지식여행.

쓰지모토 마사시(辻本雅史) · 오키타 유쿠지(沖田行司) 편, 이기원 · 오성
    철 역(2011). 일본교육의 사회사. 경기: 경인문화사.

유상덕(2006). 일본의 '배움의 공동체 운동' 사례 연구. 한국교육연구, 11(1).
    한국교육연구소.

정영수(1997). 페스탈로치의 '탐구'에 나타난 이상적 인간상에 관한 연구.
    교육의 이론과 실천, 2(1). 한국교육학회.

정영근(2012). 일본 정부의 지역교육력 관련 정책. (2012년도 한국일본교
    육학회 · 한국교육과정평가원 추계 학술대회 발표자료집) 일본의 학교교육
    지원 '지역교육력' 전개. 한국일본교육학회.

조무남(2004). 교육학론: 교육의 현상 밑에 무엇이 존재하는가. 서울: 학지사.

최재천(2011). 호모 심비우스: 이기적 인간은 살아남을 수 있는가. 서울: 이음.

앤디 하그리브스 · 데니스 셜리 저, 이찬승 · 김은영 역(2015). 학교교육 제4
    의 길 1. 서울: 21세기 교육연구소.

한용진(2010). 세계화 3.0시대의 교육론. 교육정치학연구, 17(4). 한국교
    육정치학회.

한용진(2013). 학교교육 개혁과 지역교육력: 살아가는 힘 기르기. 서승
    원, 김영근 편. 저팬리뷰2013. 서울: 고려대학교 출판부.

新井郁男(1994). 地域の教育力. 奧田真丈他編 現代学校教育大事典. 東京: ぎょうせい.

苅谷剛彦(2001). **階層化日本と教育危機: 不平等再生産から意欲格差社会へ**. 東京: 有信堂.

国史大辞典編集委員會 編(1987). **国史大辞典**(第8卷). 東京: 吉川弘文館.

中野光(2008). **大正自由教育の研究**(초판 1968). 名古屋: 黎明書房.

矢野智司, 今井康雄, 秋田喜代美, 佐藤学, 広田照幸 編(2009). **変貌する教育学**. 神奈川: 世織書房.

日本電子政府の総合窓口. http://www.e-gov.go.jp

日本文部科学省. http://www.mext.go.jp

 제1부　**지역교육력의 이해**

제1장　일본의 지역교육력 정책[*]

정영근
(한국교육과정평가원)

1. 지역교육력 정책 형성

1) 문부과학성 장관의 2005년 자문

　일본의 지역교육력에 대한 정책적 언급은 지역교육력 저하를 지적한 1984년의 임시교육심의회의 답신까지 거슬러 올라갈 수 있다. 이후 1997년 「아동복지법 등의 일부 개정에 관한 법률」에 따라 '방과후아동건전육성사업'이 법제화되어 후생노동성에서 실시하였으며, 문부과학성에서는 2004년부터 3개년 계획으로 '지역 어린이교실 추진사업'을 실시하였다. 그렇지만 현재 정부 차원에서 추진되고 있는 지역교육력 정책은 2005년 문부과학성 장관의 자문에 따라 이루어진 중앙교육심의회의 최종 답신 '새 시대를 개척하는 생애학습 진흥 방안'(2008)에 따라 그 기반이 형성된 것이다.

　2005년 6월 13일 문부과학성 장관은 중앙교육심의회에 자문서 '새 시대를 개척하는 생애학습 진흥 방안—청소년의 의욕을 높이고 몸과 마음이 동반된 성장 촉진 방안'을 제출하였다. 이 자문에서 언급한 것을 보면, 21세기의 일본 사회는 누구든 스스로의 능력과 노

---

* 이 글은 2012년 한국일본교육학회 · 한국교육과정평가원 추계 학술대회에서 발표한 「일본 정부의 지역교육력 관련 정책」과 2013년 8월에 발간한 『한국일본교육학연구』 제18권 제1호에 게재한 '일본 정부의 지역교육력 정책 현황 및 방향 탐색'에서 발췌 · 재구성하여 작성한 것임을 밝혀 둠.

력으로 자신의 미래를 개척할 수 있는 유연하고 활력 있는 사회가 요구된다고 말하고 있다. 그렇지만 국민 개개인이 각자 희망하는 시기에 학습할 수 있는 기회를 얻기 위한 환경구축과 함께 출생률 저하 및 고령화 등이 진행되는 상황에서 사회 전체가 아동을 충분히 지원·육성할 수 있는 틀을 구축해야 하는 커다란 과제를 안고 있다고 지적하였다. 이에 따라 중앙교육심의회에 지역교육력과 관련하여 '지역 주민 등의 힘을 결집한 지역을 구축하고 가정 및 지역사회에서 아동 육성 환경 개선을 위한 방안'에 대해 구체적인 검토를 해 줄 것을 제안하였다.

문부과학성 장관은 자문 배경 설명에서 지역교육력과 관련하여 아동 감소, 핵가족화, 도시화, 정보화 등의 경제사회 변화, 인간관계 및 지역의 지연적 관계 형성 후퇴 등에 따라 가정 및 지역사회 교육력이 저하되고 있다고 지적하였다. 또한 아동 자신도 지역사회 인사들과의 접촉 경험의 기회가 줄어들고, TV, 게임, 컴퓨터, 휴대전화 등 가상현실의 영향을 강하게 받으면서 성장하고 있다고 진단하였다. 이에 따라 향후 학교와 가정, 지역사회와의 연계의 강화를 도모함과 함께 지역 인사 및 NPO, 기업 등의 역량을 결집한 지역사회 활성화 및 아동 육성 환경구축을 추진할 필요가 있다고 지적하였다.

2) '가정·지역교육력 향상에 관한 특별위원회' 설치

2005년 7월 15일 중앙교육심의회의 '생애학습분과회'에서는 산하에 '가정·지역교육력 향상에 관한 특별위원회'를 설치하였다. 이 특별위원회는 2005년 7월 26일부터 제1회 회의를 시작으로 2006년 6월

2일 제11회 최종 회의까지 지역교육력 방안을 검토하여 '심의경과보고'를 작성해서 제출하였다. 이 보고서에는 지역교육력에 관한 기본적 아이디어 및 지역교육력 향상 방안이 담겨 있다.

(1) 지역교육력의 기본 아이디어

이 위원회에서는 먼저 지역교육력의 의미 및 의의 등을 제시하고 있다.

첫째, 지역교육력과 관련하여 '지역'은 주민의 커뮤니케이션 총체로 초등학교구(區: 특정 초등학교에 통학하는 학생들의 거주지를 한정하는 구역을 말하며, 통학구역이라고도 함)를 기준으로 하고 있음을 밝히고 있다. 본래 '지역'이라고 하는 것은 정치, 경제, 사회 등 다양한 측면을 지니는 폭넓은 개념이지만, 교육력을 고려할 경우의 '지역'은 그 주민 간의 커뮤니케이션 총체로서 파악할 수 있기 때문에 기본적으로 공간적인 폭을 학교구 정도로 파악하는 것이 타당하다는 입장이다.

둘째, 지역교육력은 다양한 교류에 의한 정서 및 인성 육성을 지향하고 있다. 즉, 성인이나 다른 연령대의 아동과의 교류를 통해 다양한 체험을 축적함으로써 정서 및 인성을 육성한다는 것이다.

셋째, 지역교육력의 역할은 풍부한 생활체험, 사회체험, 자연체험으로 규정되고 있다. 다양한 사람과의 상호작용에 의해 인간관계 및 집단의 규칙, 사회성, 타인 존중, 공공의식 및 규범의식, 근면성 및 자제력 등 아동의 다양한 능력과 태도가 길러진다는 것이다. 이를 위해 지역사회에서 성인이나 다른 연령대의 아동과 교류하여 다양한 생활체험, 사회체험, 자연체험 등을 충분히 축적하는 것이 중요하며, 이러한 역할이 지역교육력에 기대될 수 있다는 것이다. 이 위원회에서는 이러한 점에서 광의와 협의의 지역교육력으로 구분하여 제시하고 있다. '지역교육력'이라고 할 경우 지역의 자연, 문화, 인간관계 가운데 영위되는 생활 자체가 지닌 비의도적인 광의의 교육력과 의도적·계획적인 프로그램 및 활동, 노력 등에 의해 창출되는 협의의 교육력으로 구분할 수 있는데, 양자의 역할 등을 의식하여 생각하는 것이 중요하다.

(2) 지역교육력 향상을 위한 방안

특별위원회의 심의경과보고에서 지역교육력 향상을 위한 방안과 관련하여 주목되는 것은 먼저 다양한 장을 활용한 지역사회를 재구축할 필요가 있다는 제안이다. 이를 위해 첫째, 지역사회에서의 의도적 교류 창출이 필요함을 주장하였다. 즉, 아동들이 가까운 성인이나 다른 연령대의 아동들과의 관계가 줄어들고 있기 때문에 다양한 사람들과 교류할 수 있는 장(場)을 의도적으로 창출할 필요가 있다는 것이다.

둘째, 제도적 장치와 관련하여서는 '방과후 어린이플랜(放課後子ども プラン)'(가칭)의 적극적인 추진을 지적하였다. 2006년 5월에 문부과학성과 후생노동성에서 추진해 온 방과후 대책 사업을 통합 또는 연계하여 실시하는 '방과후 어린이플랜'을 창설하는 기본 방향이 제시되었다.

셋째, 지역교육력을 추진할 수 있는 인력 확보의 중요성을 지적하였다. 왜냐하면 지역교육력 향상을 위해서는 그 활동에 관계하는 코디네이터 등의 인력 확보가 대단히 중요하다고 보았기 때문이다. 대

안으로 단카이 세대(団塊の世代: 제2차 세계대전 후, 1947~1949년 사이에 태어난 세대)를 포함한 이들 연령층의 지역 활동 참여를 고려해 볼 것과 지역 인사 및 자치회, 기업, 대학 등의 인적 자원 활용을 권장하고 있다.

넷째, 지역교육력 향상을 위해서는 보다 폭넓은 시각에서 시책을 추진할 필요가 있다고 주장하였다. 그 예로 지역에서의 아동 안전 확보와 함께 문화 · 스포츠를 통한 교육력 향상, 지역교육력의 지표 구축의 필요성을 들고 있다. 특히 지역교육력을 도모하기 위해서는 그 현상을 파악하는 것이 중요하기 때문에 적절한 지표를 설정하여 지역교육력의 변화를 연도별로 정기적으로 조사하는 것이 효과적이라고 제안하였다.

3) 중앙교육심의회의 「새 시대를 개척하는 생애학습 진흥 방안」(중간 보고)

중앙교육심의회는 지역교육력과 관련하여 '가정 · 지역교육력 향상에 관한 특별위원회'를 설치하여 심의하도록 하였고, 이 특별위원회는 심의 상황에 대해 2006년 8월 '생애학습분과회'에 보고하였다. 이후 구체적인 검토가 필요한 과제를 다루기 위해 '생애학습을 촉진하는 인재 육성 및 확보 방안에 관한 작업부회' 및 '학습성과 평가 방안에 관한 작업부회'를 설치하여 심의를 진행해 왔다. 이들 부회의 심의 내용을 정리하여 2007년 1월 30일에 「새 시대를 개척하는 생애학습 진흥 방안」의 중간 보고서를 제출하였다.

이 중간 보고서에서 특히 주목되는 것은 지역교육력과 관련한 다음의 세 가지 관점이다.

첫째, 지역 전체 차원의 아동 돌봄 지원이다(共同). 지역 전체 차원에서 '지역의 아동' '사회의 아동'으로 돌보고 양육 가정을 지원한다고 하는 의식 변혁이 대단히 중요하다고 보는 것이다. 말하자면 개개 학부모의 책임이라고 하는 관점에서만 생각할 것이 아니라 지역사회에 초점을 둔 관점이 필요함을 지적하는 것이다.

둘째, 지역 과제는 지역 스스로 협력하여 해결한다는 것이다(共生). 지역의 과제는 지역 사람들이 스스로 해결한다고 하는 주민자치 이념을 구체적으로 실현해 가기 위해서는 지역 사람들이 사회에 관계하는 역량을 향상시키는 것이 중요하다는 것이다.

셋째, 가정 및 지역교육력과 학교교육의 효과적인 연계다(共育). 학교가 지역교육의 한 주체로서 학부모 및 지역 주민·단체와 대등한 협력 관계를 만들어 가는 것이 필요하다. 또한 지역 인사들이 학교에 협력하는 것은 어른들 자신이 갖고 있는 지식, 기술, 경험을 살린다는 것과 함께 삶의 보람에도 기여하는 것이다.

지역교육력 향상을 위한 구체적인 방안과 관련하여서는 앞에서 검토한 '가정·지역교육력 향상에 관한 특별위원회'의 심의경과보고와 같은 맥락에서 제시하고 있다. 이에 더하여 주목되는 것은 지역교육력 활동에 참여하는 인사를 보다 구체적으로 밝히고 있다는 점이다. 즉, 각 초등학교구에는 지역 봉사활동 등 협력자의 확보·등록·배치, 활동 프로그램의 기획·입안 등을 실시하는 조정자로서의 코디네이터 및 안전 관리원 등을 배치함과 함께 교사를 희망하는 대학생 및 퇴직 교원 등 전문적인 지식을 지닌 지역 인재를 '학습 조언자'로 배치하여 보습 등의 학습활동을 지원하는 활동을 실시할 것을 제안하고 있다.

4) 중앙교육심의회의 '새 시대를 개척하는 생애학습 진흥방안 — 지(知)의 순환형 사회 구축을 위해'(답신)

중앙교육심의회는 2008년 2월 19일에 최종 답신 '새 시대를 개척하는 생애학습 진흥방안—지(知)의 순환형 사회 구축을 위해'를 제출하였다. 이 보고의 특징은 사회 전체 틀이라는 시각에서 지역교육력의 의의와 추진 방향을 제시하고 있다는 것이다. 이러한 시각에서 사회 전체의 교육력 향상의 필요성 및 지역사회 전체의 목표 공유화, 학교를 지역 거점으로 하여 사회 전체 차원에서 지원하는 활동 추진, 지역교육력 향상을 위한 사회교육 시설 활용을 제안하고 있다.

첫째, 사회 전체 차원의 교육력을 향상시키기 위해서는 각 지역사회가 교육력을 향상시키는 것 외에는 다른 방법이 없다고 하였다. 각 지역사회에는 다양한 학습활동에 관계하는 학교, 가정, 사회교육 단체, 지역에서 활동하는 기업, NPO 등이 존재하고 이들은 사회교육의 충실에 공헌해 왔지만, 향후 각기 그 역할에 맞추어 공통의 지역 목표를 공유하는 것이 요구된다고 지적하였다. 나아가 기업의 사회적 책임(Corporate Social Responsibility: CSR)을 들어 지역사회의 교육력 향상에 대한 역할 기여를 강조하였다. 예컨대, 학교 등과 연계한 직업교육·진로교육에 대한 협력 등과 같이 기업으로서의 교육력 및 자원을 활용하여 각 개인에게 학습할 기회 제공 및 그것을 위한 환경구축에 노력하는 것이 기대된다. 또한 기업은 사원이 지역사회 활동을 통해 자신의 생활을 보다 의미 있게 하는 학습의 기회를 가짐으로써 사회참여와 공헌을 하는 환경을 확보하여 일과 생활이

조화되게 할 필요가 있다.

둘째, 지역사회 전체의 목표 공유화의 필요성을 제기하였다. 지역
사회의 교육력 향상을 위해서는 그 지역사회의 관계자(예컨대, 학교,
가정, 사회교육 단체, 지역사회에서 활동하는 기업, NPO)가 아동의 살아
가는 힘(삶의 역량, 生きる力) 등을 구체적으로 어떻게 육성할 것인가,
그것을 위해 지역사회에서 어떤 체제를 구축하여 교육력을 향상시
켜 나갈 것인가 등에 대해 지역사회 요구를 기반으로 문제 인식 및
목표를 공유하는 것이 필요하다는 것이다.

셋째, 연계·네트워크와 행정 기능에 주목한 새로운 행정 체제 구
축과 운영이 필요하다는 점을 강조하였다. 즉, 지역교육력 향상을
도모하는 데 행정이 그 조정 역(役)이 되고 관계자가 연계를 하여 다
양한 지역 과제에 대응한 기능을 가진 네트워크를 구축함으로써 개
별적으로 관계하는 지역 사람들이 목표를 공유화한 다음, 연계·협
력하여 과제를 해결해 가는 것이 효과적이라는 것이다.

넷째, 학교를 지역 거점으로 하여 사회 전체 차원에서 지원하는
활동 추진을 강조하였다. 지역 전체 차원에서 학교를 뒷받침할 수
있도록 학교와 지역의 연계 체제를 구축하고, 학습 지원 활동 및 등
하교 시 안전 확보를 위한 활동 등 지역 주민에 의한 적극적인 학교
지원 활동을 촉진하는 것이다. 이것은 학교교육과 사회교육의 새로
운 관계를 구축해 간다는 의미에서도 중요한 활동으로 본다.

다섯째, 지역의 교육력 향상을 위한 사회교육 시설의 활용 필요
성을 제기하였다. 사회교육 시설은 지역이 안고 있는 다양한 교육
과제에 대응하고 사회적 요청이 높은 분야의 학습 및 가정교육 지
원 등을 중심으로 지역의 학습 거점·활동 거점으로 추진할 필요

가 있다는 것이다. 예컨대, 공민관에서는 고령자를 포함한 3세대 교류 등의 실시 및 각 지역에서 계승하고 있는 아동의 놀이 문화 전승 등을 통해 세대를 초월한 교류의 장으로 활성화를 도모할 필요가 있음을 제안하였다.

2. 지역교육력 강화를 위한 학교교육의 주요 정책

정부 차원에서 지역 주민 참여에 의한 '학교지원지역본부' '방과후 어린이교실' '방과후 아동 건전육성사업' '가정교육지원' '지역 전체의 학교 안전 체제 정비' '스쿨 헬스 리더 파견' 등의 교육 지원 활동을 지속적으로 지원함과 함께 각 지역의 실정에 맞춘 활동을 유기적으로 수행할 수 있도록 하여 보다 충실하게 교육 지원 활동을 지원해 오고 있다. 이 장에서는 초 · 중등학교 학생과 밀접히 관련되어 있는 사업인 '학교지원지역본부사업'과 '방과후 어린이플랜' '사회교육에 따른 지역교육력 강화 프로젝트'를 중심으로 소개하도록 한다.

1) 학교지원지역본부사업

학교지원지역본부는 학교 · 가정 · 지역이 하나가 되어 지역과 함께 아동을 육성하는 체제를 정비하여 학교교육의 충실, 평생학습 사회의 실현, 지역교육력의 향상을 그 목적으로 한다. [그림1-1]과 같이 학교지원지역본부는 학교를 지원하기 위해 학교가 필요로 하는 활동에 대해 지역 인사를 볼런티어로 파견하는 조직으로, 이른바 지

역에 구축된 학교 응원단으로 일컬어지고 있다. 지금까지도 각 학교
에서는 지역 볼런티어의 협력을 얻어 학교운영 및 교육활동이 이루
어져 왔으나, 학교지원지역본부는 그러한 활동을 더욱 더 촉진하는
것이라고 할 수 있다. 이 지역본부가 의도하는 바는 크게 세 가지로 요
약할 수 있다(http://manabi-mirai.mext.go.jp/).

첫째, 지역의 볼런티어가 학교를 지원하는 지금까지의 활동을 더
욱 더 발전시켜 조직적 형태로 학교 요구와 지역의 역량을 연결시킴
으로써 보다 효과적인 학교 지원을 하고자 하는 것이다(학교교육의
충실).

둘째, 학교 지원 활동을 통해 지역 사람들의 생애학습 및 자기실
현, 보람에 기여함과 함께 학교와 지역, 지역과 지역의 연결을 강화
하는 것이다(평생학습 사회 실현).

셋째, 학교―가정―지역이 일체가 되어 지역 전체 차원에서 아동
을 육성하고자 하는 것이다(지역교육력 향상). 이렇게 하여 보다 많은
지역 인사가 참여함으로써 지역 전체 차원에서 아동의 교육에 관계
될 수 있도록 학교―가정―지역 연계에 의한 교육 지원 활동 촉진을
도모하고 있다.

각 시정촌(市町村) 단위에 학교지원지역본부가 설치되어 있다. 학
교지원지역본부에는 지원 내용 및 방침 등에 대한 합의를 위해 관계
자로 구성된 협의회가 있고, 학교는 필요한 교육활동을 학교지원지
역본부에 요청한다. 본부에는 코디네이터가 있는데, 이 코디네이터
는 지원 활동을 기획하고 학교와 지역 간의 연락 및 조정 역할을 하
고 있다. 코디네이터는 전 · 현직 PTA(학부모와 교사의 모임) 관계자
및 현직 교직원, 퇴직 교직원, 기업 관계자, NPO 관계자, 사회교육

주사 또는 타 행정직원, 지역 주민 조직(자치회 등) 관계자, 학교평의
원 · 학교운영협의회 등의 관계자 및 학생 등 다양한 인사로 구성되
어 있다. 이 가운데 전 PTA 관계자가 가장 많고, 그 다음으로는 퇴직
교직원, 지역 주민 조직(자치회 등) 관계자 순으로 나타나 있다(文部
科学省生涯学習政策局社会教育課, 2011).

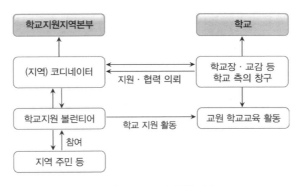

[그림 1-1] 학교지원지역본부 활동 구도

출처: 文部科学省(2013: 6).

또한 학교의 교육활동을 실제로 지원하는 인사는 지역 주민 등이
참여하는 학교 지원 볼런티어다. 볼런티어에 참여하는 지역 주민은
주로 지역 인사를 비롯하여 학부모, 학생, 사회교육 단체, NPO, 기
업 등으로 구성되어 있으며, 이른바 지역 전체 차원에서 참여하고
협력하는 구도를 형성하고 있다. 학교 지원 활동의 내용은 학습 지
원(수업 보조, 교원 보조 등), 부활동 지원(부활동의 지도 보조), 환경 정
비(도서실 및 교정 등의 교내 환경 정비), 아동의 안전 확보(등하교 시의
통학 보호 등), 학교 행사 지원(회의장 기획 및 운영 등의 보조)으로 되

어 있다.

　2010년도에는 전국 1,005개 시정촌에서 2,540개의 '학교지원지역본부'가 설치되어 5,939개 초등학교, 2,620개의 중학교에서 운영되었다. 〈표 1－1〉에서 보면 2012년 6월 국고보조를 받아 실시되고 있는 학교지원지역본부는 576개 시정촌에서 3,036본부가 설치, 운영되고 있음을 알 수 있다. 이러한 것에서 볼 때 일본의 학교지원지역본부는 국고보조를 받아 운영되는 것 외에 자체적으로도 설치, 운영되고 있음을 알 수 있다.

〈표 1-1〉 2012년 시정촌의 학교지원지역본부 설치 현황(국고보조 사업)

도도부현	시정촌수	본부수	도도부현	시정촌수	본부수	도도부현	시정촌수	본부수	도도부현	시정촌수	본부수
北海道	78	125	山梨県	0	0	香川県	7	8	新潟市	1	157
青森県	16	74	長野県	0	0	愛媛県	7	29	静岡市	1	13
岩手県	19	63	岐阜県	0	0	高知県	16	22	浜松市	0	0
宮城県	0	0	静岡県	17	19	福岡県	0	0	名古屋市	1	1
秋田県	17	48	愛知県	7	7	佐賀県	0	0	京都市	0	0
山形県	21	63	三重県	7	91	長崎県	0	0	大阪市	1	76
福島県	13	18	滋賀県	10	42	熊本県	21	26	堺市	1	7
茨城県	0	0	京都府	13	24	大分県	12	60	神戸市	1	65
栃木県	7	109	大阪府	27	188	宮崎県	15	35	岡山市	1	8
群馬県	2	3	兵庫県	25	84	鹿児島県	1	32	広島市	0	0
埼玉県	25	25	奈良県	25	97	沖縄県	21	69	北九州市	1	21
千葉県	13	73	和歌山県	12	19	札幌市	0	0	福岡市	1	3
東京都	21	382	鳥取県	7	7	仙台市	1	46	熊本市	0	0
神奈川県	1	1	島根県	14	78	埼玉市	1	162			
新潟県	18	72	岡山県	23	63	千葉市	0	0			
富山県	0	0	広島県	0	0	横浜市	1	310			
石川県	9	28	山口県	11	60	川崎市	1	7			
福井県	0	0	徳島県	5	16	相模原市	0	0			

출처: http://manabi-mirai.mext.go.jp/

2) 방과후 어린이플랜

'방과후 어린이플랜'은 2007년도부터 시작된 것이다. 이 플랜은 아이들이 방과후나 주말에 지역사회에서 안전하고, 안심하고, 건강하게 육성될 수 있도록 문부과학성의 '지역 어린이교실 추진사업'과 후생노동성의 '방과후 아동건전육성사업'을 연계하여 실시하는 것이다. 구체적으로 보면, 방과후 및 주말 등에 어린이들의 적절한 놀이 및 생활의 장을 확보함과 함께 초등학교의 여유 교실 등을 활용하여 지역 인사들의 참여를 통해 학습 및 스포츠·문화 활동, 지역 주민과의 교류 활동 등을 실시하는 것이다. 현재 일본의 많은 시정촌에서 초등학교 및 공민관, 아동관 등을 활용하여 지역성을 살린 '방과후 어린이플랜'을 전개하고 있다.

문부과학성의 '지역 어린이교실 추진사업'은 사회 전체 차원에서 건전한 아동 육성을 위해 2004년도부터 2006년도까지 3개년 계획으로 실시한 것이다. 그 후 2007년도에 '지역 어린이교실 추진사업'과 연계된 국고보조 사업인 '방과후 어린이교실 추진사업'을 신설하였다. 이 사업은 초등학교의 여유 교실 등을 활용하여 지역의 다양한 인사들의 참여를 통해 어린들과 함께 행하는 학습 및 스포츠·문화 활동 등을 지원하는 것이다. 구체적인 활동 내용은 지역에 따라 다양하고 각 지역에서 정해 수행한다. 사업의 주체는 시정촌이고, 정부는 지역에서 수행하는 활동을 지원하고 있다.

'방과후 아동클럽'이라고도 불리는 '방과후 아동 건전육성사업'은 후생노동성에서 추진하는 것이다. 이 사업은 맞벌이 부부 등으로 가정에 부모가 없는 대략 10세 미만의 아동을 대상으로 아동관 및 학교의 여유 교실, 공민관 등의 방과후 적절한 놀이, 생활의 장을 제공하여 아동의 건전한 육성을 도모하고자 하는 것이다. 이 사업은 1997년 「아동복지법」의 개정에 따라 법제화되었다. 후생노동성에서 밝힌 자료에 의하면, 대상 아동은 학부모가 노등 등으로 야간에 집에 없는 초등학교 1~3학년의 취학 아동을 기본으로 하고 그 밖에 건전 육성상 지도를 요하는 아동(특별 지원 학교의 아동, 초등학교 4학년 이상 아동)이다. 실시 장소는 초등학교의 여유 교실, 학교 부지 내 전용 시설, 아동관·아동센터, 보육소, 유치원, 단지 집회소, 그 밖의 전용 시설 등이다. 운영 주체는 시(구)정촌, 사회복지 법인, NPO 법인, 학부모회, 학부모 및 지역 주민 등으로 구성되는 운영위원회, 임의 단체 등이다. 또한 지원 체제는 방과후 아동 지도원을 배치하고, 이 지도원은 「아동복지시설 최저 기준 제38조」에 규정하는 아동의 놀이를 지도할 수 있는 자격을 갖춘 자가 바람직하다고 밝히고 있다 (http://www.mhlw.go.jp/).

'방과후 어린이교실'의 경우 사업비는 국고, 도도부현, 시정촌에서 각각 3분의 1을 분담하는 것으로 되어 있다. 활동 내용은 스포츠 등 신체와 관련된 활동, 전통 놀이, 전통 행사 지도, 공작, 과학실험 및 주산, 자연체험 활동, 청소, 컴퓨터를 이용한 창작 활동, 어린아이와 놀아 주는 활동, 봉사활동, 가사 및 요리 등 생활에 관련된 활동, 농업 체험, 자유 놀이 및 자발적 활동, 학습 활동, 독서 등 다양한 활동을 하고 있는 것으로 나타났다. 이 가운데 스포츠 등 신체를 움직이는 활동, 공작, 자유 놀이 및 자발적 활동, 전통 놀이, 학습 활동 등이 상대적으로 많은 비율을 점하는 것으로 나타났다(大臣官房政策課評価室, 2012).

3) 사회교육에 따른 지역교육력 강화 프로젝트

문부과학성은 2010년부터 '사회교육에 따른 지역교육력 강화 프로젝트'를 지역교육력 강화 사업의 일환으로 추진해 오고 있다. 이 프로젝트는 지역 주민이 지역사회 실정을 기반으로 지역 문제를 주체적으로 생각하고 인식하여 실증적 공동연구를 통해 해결해 가는 체제를 구축하고, 지역 과제 해결 역량을 강화시킨다는 목적을 갖고 있다.

이 사업은 정부(문부과학성)가 민간단체 및 도도부현, 지정도시(指定都市), 시정촌교육위원회와 지방공공단체를 모체로 하는 협의회 등에 위탁하여 수행하는 실증연구 형태로 이루어진다. 위탁 내용은 2014년도의 경우, 사회교육에 따른 지역문제 해결의 효과적인 연계에 의한 상승 효과 및 새로운 실시 방안 개발이 기대되는 환경교육, 인권교육, 고령자 지원, 학교와 지역의 종합적 활성화, 지역에서의 효과적인 네트워크화·인재 양성 방법 개발이라는 다섯 가지 주제가 제시되었다. 이들 가운데 단독 또는 복수의 주제를 선택하여 지역의 실정에 맞는 구체적인 활동을 수행하도록 하고 있다. 또한 이 사업의 연구를 수행할 때 실천 프로그램의 작성과 활동 전·후의 설문을 실시하도록 하고 있다. 이 실천 프로그램에는 실시 과정상의 준비 및 연락 조정 등의 상황, 결과, 과제, 문제해결 방향성 등을 상세하게 기록하도록 되어 있다. 또한 작성한 실천 프로그램의 보급 방침 등을 담아 다른 지역의 활용 가능성을 상정하여 작성한다. 활동 전·후의 설문 실시와 관련하여서는 지역 주민 등을 대상으로 모

형 구축을 위한 구체적인 활동을 실시하기 전과 다양한 관련 활동을
실시한 후에 각각 조사를 실시하여 지역 주민의 의식 변화 등을 파악
하고 검증하도록 하고 있다(文部科学省生涯学習政策局社会教育課, 2012).
이 사업은 2010년부터 매년 공동연구 형태로 각 단체를 대상으로 공
모하여 진행해 오고 있다.

3. 시사점

일본의 경우 지역교육력의 회복과 향상이라는 차원에서 상당히
오래 전부터 지역교육력 정책을 추진해 왔음을 알 수 있다. 일본의
이러한 지역교육력 강화 정책은 향후 우리나라의 '학교—지역 연계'
구축에 시사하는 바가 클 것으로 생각되며, 특히 다음의 사항을 주
목해 볼 필요가 있다.

첫째, 의도적이고 계획적인 '지역교육력' 회복 및 향상 정책이 필
요하다. 종래의 경우 지역은 학생의 일상생활 거점으로 자연스럽게
형성되었다. 그렇지만 아동 감소 및 핵가족화, 도시화, 정보화 등의
진전으로 자연발생적 지역교육력 기반이 붕괴되었다. 따라서 아동
이 지역사회에서 다양한 교류를 할 수 있도록 의도적이고 계획적인
지역교육력 정책이 요구된다.

둘째, 지역교육력은 지역의 교육적 기능이 대단히 함축된 개념으
로 인식할 필요가 있다. 예컨대, 학교폭력 문제나 방과후 학교 등에
서 지역을 생각할 때 대개 '돌봄' 기능이 부각되고, 학교와 지역 연계
에서 지역 자원 '활용'을 연상하게 된다. 그렇지만 지역교육력에서

지역은 돌봄과 활용의 이미지를 넘어서 지역이 가진 교육적 기능에 주목한다. 따라서 지역교육력 회복 및 향상을 위해서는 지역의 교육력 기능이 발휘되도록 구축하는 것이 무엇보다 중요하다.

셋째, 지역교육력 정책은 지역이 가진 교육적 기능을 회복·향상시켜 학교교육을 지원하는 것이 핵심이다. 예컨대, 지역교육이 지역 활동으로 끝나는 것이 아니라 학교교육의 일정 부분을 담당하여 학교교육을 지원하는 연계 활동으로 이어지도록 도모할 필요가 있다.

넷째, 일본의 사례로 볼 때, 지역교육력을 위해서는 다양한 정책적 사업을 시간을 갖고 일관성 있게 추진하는 동시에 보다 치밀한 계획이 필요하다. 일본의 지역교육력 정책은 거의 10년 이상 실시되어 오고 있으며, 이 과정에서 양적 규모 확대는 물론 질적으로 상당히 제고되고 있는 것으로 나타났다.

참고문헌

家庭・地域の教育力の向上に関する特別委員会(2006). 審議経過報告.

生涯学習分科会(2007). 新しい時代を切り拓く生涯学習の振興方策について(中間報告).

大臣官房政策課評価室(2012). 重要対象分野に関する評価書: 少子化社会対策に関する子育て支援サービス.

中央教育審議会(2005). 新しい時代を切り拓く生涯学習の振興方策について-青少年の意欲を高め、心と体の相伴った成長を促す方策について(諮問). 17文科生 第151号.

中央教育審議会(2008). 新しい時代を切り拓く生涯学習の振興方策: 知の循環型社会の構築を目指して.

文部科学省(2013). コミュニティ・スクールと学校支援地域本部ついて.

文部科学省生涯学習政策局社会教育課(2011). 平成22年度学校支援地域本部事業の実施調査報告書.

文部科学省生涯学習政策局社会教育課(2012). '社会教育による地域の教育力強化プロジェクト'における実証的共同研究の実施について(運用指針).

http://manabi-mirai.mext.go.jp/ (2012. 9. 8. 인출)

http://manabi-mirai.mext.go.jp/ (2012. 9. 10. 인출)

http://www.mhlw.go.jp/ (2012. 9. 10. 인출)

제2장	학교를 중심축으로 한 지역교육력[*]

남경희
(서울교육대학교)

1. 학교의 역할 변환

일본에서는 지역사회의 해체 현상이 가속화되고 있는 상황에서 지역사회에 관심과 애정을 가지고 이를 이끌어 나갈 책임감 있는 인재를 육성해야 한다는 점에서, 학교가 지방 창생의 핵으로서 과거 어느 때보다 주목을 크게 받고 있다. 학교가 단지 학습의 장이 아니라 지역과 함께하는 지방 창생의 장으로서의 역할을 부여받고 있는 것이다. 이는 고립된 단위로서의 학교가 아니라 지역과 함께하는 공동체로서의 역할을 강조하는 것이라 하겠다.

미국이나 영국에서 학교는 전통적으로 학부모를 포함한 지역사회와 협력하며 교육을 하는 기관이라는 의식이 강한 반면, 일본이나 우리나라에서는 보호자나 지역을 배제하는 독립 왕국이라는 의식이 강하다. 예를 들면, 미국의 경우 학교 예산, 커리큘럼, 기타 학교 지원 사항 등의 학교 현안 사항을 교사, 학부모, 지역 주민이 팀을 만들어 공동으로 결정하는 공동결정(Shared Decision Making: SDM)운동을 전개하고 있다. 지역 해체의 가속화를 계기로 일본에서도 2000년을 전후로 지역과 함께 학교운영 및 학교교육을 수행하려는 움직임을 다양한 채널을 통하여 제언하고 있다. 이는 지역교육력을 강화하

---

* 이 글은 2016년 2월 『한국일본교육학연구』 제20권 제2호에 게재된 「일본에서 학교를 중심축으로 한 지역교육력 전개」에서 발췌, 재구성하여 작성한 것임을 밝혀 둠.

여 지역의 자립성을 제고하겠다는 정책적 함의를 가진다.

이번 장에서는 학교를 핵으로 한 지역 연계 방안의 모색과 구현 사례를 알아보고, 지역교육력 관점에서 함의하는 의의 및 전망을 고찰해 보고자 한다.

2. 학교를 핵으로 한 지역 연계 방안 모색

일본에서는 2000년을 전후하여 중앙교육심의회의 답신 등에서 교육의 힘은 지역을 움직이는 엔진 역할을 한다는 것을 전제로 학교가 지역과 목표를 공유하면서 연계 협력을 강화하는 방안이 꾸준히 모색되어 왔다. 주요 답신 등에 나와 있는 여러 방안들을 살펴보면 다음과 같다.

1) 1996년 제15기 중앙교육심의회의 답신

제15기 중앙교육심의회는 1996년 6월 '21세기를 전망한 일본교육의 이상에 관하여'라는 답신의 제2부 제4장에서 '학교, 가정, 지역사회의 역할과 연계' 방안을 다음과 같이 폭넓게 제언하였다.

- 학교, 가정, 지역사회와의 연계를 추진하고, 학교교육의 장에 학교 외부의 사회인 지도력을 적극 활용할 것
- 학교를 지역사회에 개방하고, 지역사회에서는 그 역할을 충실히 하기 위한 노력을 할 것

- 학교의 교육 활동에 지역의 교육력을 보다 많이 투입하고, 가정
  과 지역사회의 지원을 보다 적극적으로 받을 것
- 학교 시설을 지역사회에 개방하고, 학습 기회를 적극 제공하며,
  지역사회의 거점으로서 다양한 활동을 행할 것

2) 2008년 중앙교육심의회의 답신

중앙교육심의회는 2008년 2월 '시대를 개척하는 생애학습 진흥
방안-지(知)의 순환형 사회 구축을 위해'라는 최종 답신을 제출하였
다. 이 답신의 제1부 '3. 지향해야 할 시책의 방향성'의 '(2) 사회 전체
의 교육력의 향상-가정 · 학교 · 지역이 연계하기 위한 구조 만들기'
에서 구조 만들기의 하나로서 지역사회 전체에서의 목표의 공유화
에 관해 언급하고 있다. 지역사회의 교육력을 향상하기 위해서는 학
생들이 살아가는 힘을 어떻게 육성하고, 어떠한 구조로 향상시켜 갈
것인지 등에 관하여 당해 지역사회의 수요를 기반으로 과제를 인식
하고 목표를 공유할 것을 제언하고 있다.

3) 2013년 중앙교육심의회의 답신

중앙교육심의회는 2013년 12월 '금후의 지방교육 행정의 이상에
관하여'라는 답신의 '3. 학교와 교육행정, 보호자 · 지역 주민과의 관
계의 이상에 관하여'에서 커뮤니티스쿨과 학교지원지역본부의 중요
성을 강조하면서 지역과 함께하는 학교 만들기 추진 방안에 관하여
제언하였다. 이와 관련하여 커뮤니티스쿨과 학교지원지역본부 등의

활용을 통하여 사회 전체로 학교교육의 질 제고의 중요성을 강조하
였으며, 커뮤니티스쿨과 학교지원지역본부 등의 확대와 충실, 지역
과 연계 협동하기 위한 체제 정비 및 학교에 관한 정보의 적극적인
발신 등을 제언하였다.

4) 2015년 교육재생실행회의 제6차 제언

아베 내각의 교육재생실행회의는 2015년 3월 '평생학습 사회, 전
원 참가형 사회, 지방 창생을 실현하는 교육에 관하여'라는 제6차 제
언을 통하여 향후 사회에서 요구되는 인재를 육성하기 위한 지방 창
생에 대한 교육에 대해 제언하였다. 교육의 힘은 지역을 움직이는
엔진 역할을 한다는 것을 전제로 하여 지역을 담당할 인재 육성, 학
생 등의 지방 정착, 교육 기관을 핵으로 한 지역 활성화 등에 관한 방
안 등을 제시하였다.

5) 2015년 조사연구협력자회의 제언

조사연구협력자회의에서는 2015년 3월 '커뮤니티스쿨을 핵으로
한 지역과 함께하는 학교 만들기의 강력한 추진을 향하여'라는 보고
서를 통하여, 모든 학교가 지역과 함께 하기 위해서는 그 중심에 학
교를 두고 지역 주민들이 참가·협력하는 사회를 지향할 것을 제언
하였다. 이를 위해 지향할 기본 방향으로 지역과 함께하는 학교 만
들기 추진 등을 한층 더 강조하고 있다.

3. 학교를 핵으로 한 지역 연계 방안 구현

학교와 지역의 연계 협력 방안의 구현 사례는 크게 제도적 측면과
커리큘럼 측면으로 나누어 살펴볼 수 있다.

1) 제도적 측면의 연계 협력

(1) 커뮤니티스쿨 및 학교운영협의회의 운영

학교교육에 대한 다양한 요구에 따라 보호자와 지역 주민의 수요
를 학교운영에 보다 신속하고 정확하게 반영하는 것이 무엇보다 중
요하다는 점에서, 커뮤니티스쿨의 확대를 통해 지방 창생의 구현을
도모하고 있다. 커뮤니티스쿨은 2016년까지 공립 소·중학교의
10%인 약 3,000교로 확대하는 것을 목표로 하고 있다. 커뮤니티스
쿨의 법제화는 2004년 6월 2일 「지방교육행정의 조직 및 운영에 관
한 법률」의 개정으로 현실화되었고, 제47조의 5항에 의하여 학교운
영협의회 제도가 성립됨으로써 제도적 기반이 만들어졌다.

커뮤니티스쿨에는 학교운영협의회가 설치되어 있어 학교운영의
기반인 교육과정과 교직원의 배치에 관하여 보호자와 지역 모두가
책임과 권한을 가지고 의견을 진술하는 것이 제도적으로 보장된다.
이에 기초하여 학교를 운영하도록 되어 있는데, 그 권한은 다음과
같다.

- 커뮤니티스쿨의 운영에 관하여 교육과정의 편성, 기타 교육위
  원회의 규칙으로 정하는 사항에 관하여 교장이 작성하는 기본
  적인 방침 승인
- 커뮤니티스쿨의 운영에 관한 사항에 관하여 교육위원회 또는
  교장에 대하여 의견 진술
- 커뮤니티스쿨의 교직원 채용, 기타 임용에 관한 사항에 관하여
  임명권자에 대하여 직접 의견을 진술할 수 있고, 그 의견은 임명
  권자에 의해 존중되는 것

(2) 학교지원지역본부의 창설과 운영

학교지원지역본부는 학교를 지원하기 위해 학교가 필요로 하는
활동에 관하여 지역 주민을 볼런티어로서 파견하는 조직이다. 이는
지역에 조직된 학교 지원단으로, 지역 주민들의 평생학습 및 자기실
현과 더불어 학교와 지역을 연계하는 역할을 한다. 2013년도에는 공
립 소·중학교구의 28%인 3,527개 본부가 이에 참가하였는데, 여기
서 실시하는 활동을 보면 다음과 같다. 먼저, 학습 지원 활동으로는
수업 보조, 방과 후 학습 지원, 토요일 등 학습 지원이 있다. 다음으
로, 학습 지원 이외의 활동으로는 학교 행사 참가 보조, 동아리 활동
지도, 환경 정비, 등하교 안전 지도가 있다.

(3) 학교평의원 제도 운영

2000년 1월 「학교교육법」 시행규칙의 개정으로 지역 주민이 학교
운영에 참가할 수 있는 구조를 제도화한 학교평의원 제도가 도입되
었다. 학교 밖의 다양한 의견을 폭넓게 구하는 관점에서 학교평의원

은 당해 학교 직원이 아닌 자로 교육에 관한 이해 및 식견을 가지는
자 중에서 교장의 추천을 거쳐 위촉된다. 이 제도는 학교와 지역의
실정에 맞게 학교운영에 관한 보호자 및 지역 주민의 의견을 반영하
여 협력을 도모할 수 있게 한 것이다.

2) 커리큘럼 측면의 연계 협력

(1) 1950년 전후의 지역교육 계획

1950년 전후의 지역교육 계획은 지역 주민이 커리큘럼 편성의 주
체가 되는 것을 모색한 실천으로 평가받고 있다. 비록 성공은 못했
지만 지방자치단체의 교육 계획에 주민이 참가할 수 있는 방법을 개
척했다는 점과, 현재 지역의 의미가 과거의 어느 때보다 부각되고
있다는 점에서 그 의의를 찾아볼 수 있다.

가와구치플랜　가와구치(川口)플랜은 사이타마(埼玉)현 가와구치
(川口)시의 지역교육 계획으로, 1946년 일본의 신학제가 발족한
해에 가와구치시의 신교육연구회에 의해 작성되었다. 이는 일본
최초의 지역교육 계획으로 교사와 지역 주민이 지역의 실태조사
를 하여 만든 커리큘럼이다. 이 플랜의 지역교육 계획에서 주목할
점은 지역사회의 실태조사에 따른 학습과제의 추출 및 학습과제
표의 작성이다.

먼저, 지역사회의 실태조사에 의해 경찰서, 시청, 역, 전화국, 농
장, 상점, 여관, 영화관, 병원 등의 생활구성체가 추출되었다. 그
리고 이들의 역할에 따라 생산, 소비, 교통 · 통신, 건강, 보건, 정

치, 교양·오락, 가정 등과 같은 사회적 기능으로 분류되었다. 이렇게 생활구성체가 가지고 있는 사회적 기능이 구체적으로 파악됨에 따라, 이를 분석하여 사회과 내용 구성의 기반이 되는 가와구치시의 과제가 도출되었다. 다음으로, 종축에 사회적 기능 분류를, 횡축에 학년을 표시한 학습과제표가 작성되었다. 그리고 종축과 횡축이 교차하는 곳에 추출된 학습과제가 표시되었다.

가와구치플랜의 학습과제표에는 공업지대용과 농업지대용의 2종이 있는데, 공업지대용의 1학년과 9학년의 학습과제는 다음 〈표 2-1〉과 같다.

〈표 2-1〉 가와구치플랜에서의 학습과제표

구분	1학년	9학년
생산	마을의 공장	주물 공업의 미래
소비	먹을 것	주택문제
교통·통신	탈것	교통·통신문제
건강	몸을 깨끗이	보건대책
보건	순경 아저씨	사회문제
정치	시장님	정치문제
교양·오락	여러 가지 놀이	시의 문화문제
가정	우리 가족	가족 제도

혼고플랜   혼고(本鄕)플랜은 1947년 히로시마(廣島)현의 농촌 지역인 혼고 마을을 중심으로 지역사회 개조를 목표로 한 지역교육 계획이다. 혼고플랜 역시 교사와 지역 주민 및 보호자가 협력하여 만든 커리큘럼이다. 이 계획에서도 중요한 것은 지역의 실태조사

및 학습과제표의 작성이다. 먼저, 지역의 실태조사다. 주민과 교사들로 혼고 마을교육 간담회를 결성한 후 생산, 정치, 교육, 문화, 위생, 가정 등 6개 분야의 전문부회를 만들고, 지역의 실태조사를 바탕으로 지역의 문제를 논의하였다. 다음으로, 학습과제표의 작성이다. 논의된 지역의 문제를 근거로 만들어진 학습과제표는 종축(범위)에 앞서 말한 6개의 기능 분류를, 횡축(계열)에 각 학년을 교차시켰다. 그리고 교차지점에 표시된 과제를 해결하는 여러 개의 학습문제를 학생의 경험 차원에서 편성한 단원 구성에 따라 교사가 학습지도안을 만들고, 이를 PTA에서 검토하여 최종 결정하였다.

(2) 2010년 전후의 지역공생과 창설 연구

목표 및 육성하려는 능력   1950년대의 지역교육 운동은 이후 후퇴하였으나 2000년대에 들어와서 지역교육력이 다시 중시되었다. 이에 따라 센다이(仙臺)시립 나나기타(七北田)소학교에서는 동일본대지진으로 피폐해진 지역을 재생하기 위하여, 2009년부터 3년간 지역공생과(地域共生科)라고 하는 새로운 교과를 창설하는 연구를 문부과학성 지원으로 수행하였다. 지역사회의 구체적인 사상과 과제에 대한 학습 및 지역사회 만들기 체험 활동을 통하여 사회 공헌력, 사고력, 지식·기능의 세 가지 능력 육성에 목표를 두었다. 능력에 따른 학년별 도달 목표는 〈표 2-2〉와 같다.

〈표 2-2〉 학년별 도달 목표

구분		사회 공헌력	사고력	지식·기능
도달 목표	고학년	지역사회의 일원으로서 지역사회 과제에 주체적으로 대처하고, 이의 활성화 및 보다 좋은 지역사회 만들기에 공헌한다.	사회적 가치관에 비추어 비판적 사고에 바탕을 둔 대화 및 다수의 입장을 생각하고 적절하게 판단하여 최선책을 도출한다.	지역사회에서 공생의 의의와 필요성을 이해하고, 관계 기관과의 연계 및 지식, 기능, 체험을 활용하여 주체적으로 지역사회의 과제를 해결할 수 있다.
	중학년	지역사회의 일원으로서 지역 주민들 및 사상과 관계하고, 지역 주민들과 함께 보다 좋은 지역사회 만들기에 공헌한다.	자신의 생각의 근거를 명확히 하고, 타자와 대화하고, 사회적 가치관에 비추어 적절하게 판단하고, 보다 좋은 생각과 방법을 창출한다.	지역 사람들의 생각의 다양성을 이해하고, 필요한 정보를 적극 수집하며, 안 것과 스스로의 생각을 적절하게 정리하고, 타자에게 전달할 수 있다.
	저학년	지역사회의 일원으로서 지역 주민들의 삶과 지역의 옛날 모습, 자연과 자신의 생활과의 관계를 의식하면서 지역사회 만들기에 공헌한다.	공통의 화제에 관하여 지역 주민 및 친구 등과 사이좋게 지내면서 상대를 생각하고, 바르게 판단하며, 더욱 좋은 생각과 방법을 창출한다.	지역사회 사람들의 존재와 장점을 알고, 서로 돕고 생활하는 것을 이해하고, 지역 주민 및 친구 등과 생각을 공유하고 협력하며 대화하고 함께 활동할 수 있다.

학습프로그램 및 학년별 시수   지역공생과의 학년별 학습프로그램은 학생들이 지역사회에서 할 수 있는 활동을 근간으로 구성하고 있다. 2011년도 활동의 개요는 다음 〈표 2-3〉과 같다. 1학년은 지역 주민들의 교류 활동, 2학년은 어린 동생들과의 교류 활동, 3학년은 노인들과의 교류 활동, 4학년은 고향의 매력 탐구 및 전

달 활동, 5학년은 좋은 지역사회 만들기 활동, 6학년은 지역사회
에서의 공생 활동으로 구성되었다.

지역공생과의 학습 단계는 다음과 같이 5단계로 설정되어 있다:
첫째, 지역을 안다, 둘째, 지역을 조사한다, 셋째, 지역을 생각한
다, 넷째, 지역에 발신한다, 다섯째, 지역에서 행동한다.

또한, 지역공생과의 학년별 수업시수는 다음 〈표 2−4〉에서 보
듯이 2010년도 및 2011년도의 경우 1, 2학년은 연간 50시간, 3~6
학년은 연간 70시간, 특별 지원은 연간 70시간으로 주당 2시간 정
도의 시간을 배당하고 있다.

〈표 2-3〉 학년별 학습프로그램 개요

학년	단원명	활동 개요
1	축제다 왔소!−아동의 힘으로 지역을 활기차게	지역 주민들과 함께 축제를 만든다.
2	보라! 형·누나 파워−만들자 미소 마을	원아들과의 대면 방법을 배운다.
3	엄마, 아빠, 우리들−함께 웃자 함께 배우자	노인과의 교류 등으로 노인을 이해한다.
4	엄청나다! 나나기타(七北田)−탐사하자, 전달하자, 우리들의 고향	지역의 옛날 삶이나 역사의 흔적을 조사하고 고향의 장점을 이해한다.
5	보다 좋은 미래를 상상하여 그리자−만들자! 멋진 자신, 멋진 지역	보다 좋은 지역사회 만들기를 위하여 자신들이 할 수 있는 것을 생각하고 실행한다.
6	우리들이 만들자, 살기 좋은 나나기타(七北田)− '이어 가자! 모두의 거리' 프로젝트	지역사회의 과제를 조사하고 관계 기관 등과 연계하여 지역사회의 활성화에 공헌한다.
특별 지원	우리들의 마을−지역 주민과 사이좋게 지내자	지역의 주민들과 만나고, 지역과 연계를 심화하는 활동을 한다.

〈표 2-4〉학년별 수업시수

구분	1학년	2학년	3학년	4학년	5학년	6학년	특별지원
2009년도 수업시수	34	35	50	50	50	50	35
2010 · 2011년도 수업시수	50	50	70	70	70	70	70

4. 지역교육력 관점에서의 의미와 전망

학교를 핵으로 한 지역 만들기는 일본 사회에서 인구 감소 등의 사회 변화로 지역사회가 급격하게 쇠퇴하고 있는 가운데 지역교육력을 높여 지방 창생을 실현하기 위해 구안된 방안이다. 이는 학교를 중심으로 한 교육에 지역의 여러 자원을 연계 · 투입하여 지역 인재를 육성하고 지역 정체성을 회복함으로써 지역의 자립성을 형성하겠다는 국가 · 사회적 전략이라 하겠다.

학교를 핵으로 한 지역 만들기 방안으로는 학교운영과 관련한 제도적 측면과 학교교육과 관련한 커리큘럼 측면으로 고찰해 볼 수 있다. 전자의 구현 사례로는 커뮤니티스쿨 및 학교운영협의회, 학교지원지역본부, 학교평의원 제도 등을 들 수 있다. 이는 학교운영에 지역 주민들의 관심과 참여를 높여 지역교육력을 강화하겠다는 발상이다. 후자의 구현 사례로는 1950년을 전후로 한 지역교육 계획 및 2010년을 전후로 한 지역공생과의 창설 연구를 들 수 있다. 이는 학교와 지역이 목표를 공유하면서 지역에 뿌리를 둔 과제를 추출하고, 이를 커리큘럼화 하여 지역교육력을 강화하겠다는 발상이다.

학교운영 및 학교교육에 지역 및 지역 주민이 관여할 수 있게 권한을 부여하는 방안은 일본의 경우 현실적으로는 매우 제한된 범위에서 법률에 반영하여 실현되었다. 비록 한정적이지만 이러한 권한이 법률로 보장된 것은 학교가 전통적인 독립 왕국의 틀에서 벗어나 지역사회의 공동체로서 지역과 함께하는 역할을 할 수 있는 계기를 마련했다는 점에서 의의가 깊다 하겠다. 이는 지역을 단순히 학교교육에 협력하고 기여하는 방관자로서 인식하는 것이 아니라, 학교교육에 참여하고 관여하는 주체로서 인식하는 것을 의미한다. 현 시점에서 이러한 관여의 범위나 구현하는 학교는 제한적이거나 부분적이지만, 향후 모든 학교에 그 가능성을 전망해 볼 수 있다는 점에서 주목할 만하다 하겠다.

우리나라 역시 지역사회의 급속한 해체 위기 상황에서 지역교육력을 강화하여 지역의 정체성과 자립성을 회복하기 위해서는, 학교를 핵으로 하는 경우 학교운영의 제도적 측면과 학교교육의 커리큘럼 측면에서의 관련 변인들이 모두 활성화되어야 한다. 이렇게 지역과 함께하는 핵으로서의 학교 만들기 방안을 다각적이고 적극적으로 강구해 나갈 때 지역교육력이 활성화되고 지속 가능한 지역사회를 구현해 갈 수 있을 것이다.

참고문헌

남경희(2007). 일본의 초기사회과의 성격과 실천 고찰. 사회과교육, 46(3), 31－49.

남경희(2014). 일본의 다문화공생 추진과 거점으로서 지역 및 학교. 한국 초등교육, 25(4), 17－32.

大槻健, 吉村徳蔵, 白井嘉一(1988). 社会科の歴史(その40年と今日の 課題 上). 東京: 民衆社.

閣議決定(2013). 教育振興基本計劃.

柏木智子, 高田一宏(2004). 'すこやかネット'の現状と課題(上)－学校と 地域の協働に向けて－. 部落解放研究, 161, 70－79.

教育改革研究会編(1996). 中央教育審議会 '審議のまとめ' 解説と関聯 資料. 学校運営研究 7月号, 臨時増刊 No. 452. 東京: 明治図書.

教育再生実行会議(2015). '学び続ける' 社会, 全員参加型社会, 地方 蒼生を実現する教育の在り方について(第6次提言).

コミュニティ, スクールの推進等に関する調査研究協力者会議(2015). コ ミュニティ・スクールを核とした地域とともにある学校づくりの一層の推 進に向けて.

初期社会科実践史研究会編(1986). 初期社会科実践史研究. 徳島: 教 育出版センター.

総務省(2013). 地域活性化の拠点として学校を活用した地域づくり事例調査.

中央教育審議会(2008). 新しい時代を切り拓く生涯学習の振興方策につ いて-知の循環型社会の構築を目指して.

中央教育審議会(2013). 今後の地方教育行政の在り方について.

中条安芸子(2006). 日本における学校評議員制度－評議員の立場から見る
　　今後の活用の方向性－. 文教大学情報学部, **情報研究,** 35, 359－366.

釣島平三郎(2006). **日本学力回復の方程式**. 京都: ミネルヴァ書房.

内藤恵子(2013). ‘地域共生科’ がつなぐ地域コミュニティと学校の新たな
　　関係. **社会教育,** 5月号, 70－75.

日本民間教育研究団体連絡会(1981). **日本の社会科三十年**. 東京: 民
　　衆社.

馬場四郎(1953). **社会科の改造**. 東京: 同学社.

森田智幸, 堤ひろゆき, 内山人, 江口怜, 扇沢舞, 邊見信(2011). コミュ
　　ニティ・スクールにおける地域教材と地域が参加するカリキュラム形成.
　　2011年度　学校教育高度化センター学内公募プロゼックト報告書,
　　19－49.

山崎保寿(2008). 地域型コミュニティ・スクールの成立要因に関する事例的
　　考察. **静岡大学教育学部研究報告(人文・社会科学編),** 58, 221
　　－230.

文部科学省. http://www.mext.go.jp/ (2015. 9. 30. 인출)

제3장	NPO의 지역교육력

송민영
(경기도율곡교육연수원 연수기획조정부장)

1. NPO의 의미와 일본에서의 태동

NPO란 'Nonprofit Organization' 또는 'Not-for-Profit Organization'의 약어로 광의로는 비영리 단체, 협의로는 비영리에서의 사회공헌 활동이나 자선활동을 하는 시민단체 또는 「특정비영리활동촉진법(特定非営利活動促進法)」(1998년 3월 성립)에 의해 법인격을 얻은 단체를 가리킨다. 미국이나 영국 등에서는 Non-profit라고 하지만 한국이나 일본, 대만 등에서는 NPO라고 하는 표현이 사용되고 있으며, 1990년부터 실시된 존스홉킨스대학교 국제비교 연구 프로젝트에서는 국제비교를 가능하게 하기 위해서 NPO를 다음 요건을 충족시키는 것으로 정의했다(http://ja.wikipedia.org/wiki/NPO).

- 정식 조직(Formal Organization)일 것
- 비정부(Non-Political) 조직일 것
- 이익을 배분하지 않을 것(Non-Profit Distributing)
- 자기 통치(Self-Governing)가 가능할 것
- 자발적일 것(Voluntary)
- 비종교 조직일 것
- 비정당 단체일 것

1995년의 한신(阪神) · 아와지(淡路) 대지진을 계기로 일본에서도

NPO의 역할이 주목받아 'NPO 연구 포럼' 등 소규모 연구 네트워크가 조직되는 동시에 「NPO법」 제정을 위한 준비가 진행되었다. 이러한 가운데 NPO에 관한 본격적인 전국학회를 창설하자는 목소리가 높아져 1999년 3월 'NPO, NGO, 자원봉사, 사회공헌활동(Philanthropy) 등 민간 비영리활동에 관한 연구 및 활동성과의 발표를 수행하고, 교류하며, 교육을 보급하고 나아가 사회에 공헌하는 것'(회칙 제2조)을 목적으로 일본 NPO 학회가 설립되었다. 초대회장은 하야시 유지로(林雄二郎)이고, 부회장은 혼마 마사키(本間正明, 긴키대학 교수)다.

일본에서는 1998년 12월에 「특정비영리활동촉진법(NPO법)」이 시행되고 나서 특정비영리활동법인(NPO 법인) 수가 급증하여 2015년 8월말에는 54,918단체가 생겨났고, NPO가 '새로운 공공(新しい公共)'의 담당자로서 중요한 역할을 하리라 기대했다. 특히, 국민의 학습 지원이나 인재 육성 등에 영향을 미치는 교육관계 NPO에는 개별 요구나 시대, 대상, 지역 특성에 맞춘, 보다 신속하고 세심한 대응 등 활성화에 대한 기대가 커지고 있다.

이번 장에서는 지역교육력으로서 NPO의 활동에 대해 교육과 관련된 내용을 중심으로 기술하고자 한다.

2. 일본 문부과학성의 NPO 관련 연구

1) '종합적 학습 시간'에서 NPO 등의 외부 인재 활용 추진

일본의 문부과학성은 '종합적 학습 시간'에서 NPO 등의 외부 인재 활용 추진사업을 활성화하기 위해 다음 〈표 3-1〉과 같이 연구교를 지정·운영하였다.

〈표 3-1〉 종합적 학습 시간에서 NPO 등의 외부 인재 활용 추진사업 목록

추진 지역명	모델 지역명	모델교명	외부 인재와의 연대 분야				
			국제이해	정보	환경	복지건강	기타
도쿄도 (東京都)	하치오지시 (八王子市)	하치오지시립아사가 와중학교(八王子市立 浅川中学校)			○		
	미타카시 (三鷹市)	미타카시립제4초등 학교 (三鷹市立第四小学校)					기업가적 사고 육성 (キャリアアントレプ レナーシップ)
		三鷹市立第六小学校		○			캐리어(キャリア)
		三鷹市立南浦小学校					식육(食育)
오사카부 (大阪府)	히라카타시 (枚方市)	히라카타시립히라노 초등학교 (枚方市立平野小学校)			○		
		枚方市立招提中学校			○		
나라현 (奈良県)	미사토초 (三郷町)	미사토초립미사토키 다초등학교 (三郷町立三郷北小学校)	○				
시마네현 (島根県)	아마초 (海士町)	아마초립후쿠이초등학교 (海士町立福井小学校)	○				어업·농업 경제
		海士町立海士小学校	○				어업·농업 경제
		海士町立海士中学校	○				어업·농업 경제
히로시마현 (広島県)	쿠레시 (呉市)	쿠레시립미나토마치 초등학교 (呉市立港町小学校)	○		○	○	
		呉市立両城小学校	○		○	○	
		呉市立両城中学校	○		○	○	

※ 지정 기간은 2006~2007(平成19)년도까지 5지역(초등학교 9교, 중학교 4교로 총 13교)
　에서 실시(初等中等教育局教育課程課)
　출처: http://www.mext.go.jp/a_menu/shotou/sougou/07011021.htm

1986년부터 자원봉사활동 보급사업 협력교를 운영하는 등 다양한 연구학교를 운영해 온 미타카시립제4초등학교는 2006년에 연구교로 지정되고, 1947년에 설립된 하치오지시립아사가와중학교는 2007(平成19年)년 4월 1일부터 연구교로 지정되는 등 도쿄도(東京都)에 4교(초3, 중1), 오사카부(大阪府)에 2교(초1, 중1), 나라현(奈良県)에 1교(초), 시마네현(島根県)에 3교(초2, 중1), 히로시마현(広島県)에 3교(초2, 중1) 등 총 13교(초9, 중4)가 지정·운영되었다.

또한 외부 인재와의 연대 분야를 구분하면 국제이해 분야 7교, 정보 분야에 미타카시립제6초등학교 1교, 환경 분야는 하치오지시립아사가와중학교를 비롯한 6교, 히로시마현 쿠레시(呉市)의 3교는 복지건강 분야이고, 기타 기업가적 사고 육성(キャリアアントレプレナーシップ), 캐리어(キャリア), 식육(食育)에 대해 각 1교와 어업·농업경제에 대해 3교를 지정하고 있으며, 분야를 중복하여 운영하고 있는 학교도 7교나 있었다.

2) 특별지원 교육에 관한 NPO 등의 활동·제휴의 지원 실천연구

특별지원 교육에 관한 중앙교육심의회 답신 '특별지원 교육을 추진하기 위한 제휴의 본연의 자세에 대해'(中央教育審議会, 2005. 12.)에 근거하여 문부과학성은 '특별지원 교육에 관한 NPO 등의 활동·제휴의 지원 실천연구'를 초등중등교육국 특별지원 교육과의 주관 하에 진행하였다(http://www.mext.go.jp/a_menu/shotou/tokubetu/main/006/1309743.htm).

장애가 있는 어린이에 대해서는 학교에서의 지도는 물론 가정이

2. 일본 문부과학성의 NPO 관련 연구 _ 69

나 지역에서의 지원을 포함한 다면적 지원 체제를 구축하는 것이 중요하다. 따라서 문부과학성은 장애가 있는 어린이 및 보호자에게 지도·지원을 하고 있는 NPO 등이 실천하는 교육 지원 활동에 대해서, 단체 간의 제휴·지원 활동의 정보 공유와 네트워크 구축 및 활동의 활성화를 위한 실천연구를 위탁하였다. 2개년의 사업으로 업무 실적, 예산 상황과 1년째의 실적 및 2년째의 사업계획서를 바탕으로 심사하여 재계약을 체결하도록 하였다. 위탁받은 NPO 등은 계획적이면서 동시에 조직적으로 연구를 진척시키기 위한 '조사 연구위원회'를 설치하도록 하였으며, 교육위원회, 교육센터, 학교, 민간단체 등과 제휴하면서 사업을 진척시키도록 하였고, 역할 등에 대해서도 위탁 요항에서 구체적으로 제시하고 있다.

연구 내용으로는 '유아, 아동, 학생에 대한 지역에 있어서의 자립적인 생활 및 취직 등을 위한 지원, 발달 장애아를 위한 학습 지원 등 특히 과제로 여겨지고 있는 분야에서의 선도적인 대처에 관한 실천연구'가 있다. 또한 '단체 간의 협동, 상호 협조를 추진하기 위한 효과적인 제휴의 본연의 자세에 관한 실천연구'와 '기타 NPO 등과의 제휴에 의해 지원하기 어려운 장소(벽지 등)에 대한 지원 활동 실천연구' 등도 있다.

3) 'NPO와 학교교육과의 제휴'에 관한 실천연구

문부과학성은 2010년도부터 '사회교육에 의한 지역의 교육력 강화 프로젝트'(文部科学省, 2011a)를 추진하고 있는데, 2011년도에는 환경교육, 인권교육, 고령자 지원, 학교와 지역의 종합적인 활성화,

지역에 있어서의 네트워크화·인재 양성 방법의 개발이라는 다섯 가지 주제로 20개 단체에 위탁해 사업을 실시하였다.

NPO 관련 단체는 'NPO 법인 나라지역의 배움 추진 기구'와 '특정 비영리활동법인 NPO 서포트 센터' 두 단체가 학교와 지역의 종합적인 활성화 영역과 네트워크화·인재 양성 방법(ネットワーク化·人材養成手法) 영역에 포함되어 '학력 향상을 교육과제로 한 지역의 교육력을 높이는 협동의 본연의 자세에 대한 실천연구'(奈良市 興東中学校, 東市小学校)와 '교육 NPO의 강력한 추진력이 되는 스마트 시니어·매칭 인턴(スマートシニア·マッチングインターン)' 연구를 추진하였다.

또한 연구 성과를 도도부현(都道府県) 전국 20개 지역 지정도시에 보급한 후 일본 전국에의 도입을 시도하고자 'NPO와 학교교육과의 제휴를 위한 본연의 자세'에 관한 실천연구를 진행하였는데, 그 과정에서 각 단체별로 담당한 역할은 다음의 〈표 3−2〉와 같다.

〈표 3−2〉 NPO와 학교교육과의 제휴를 위한 각 단체별 역할

단체명	역할
연락협의회 (連絡協議会)	문부과학성이 전국적인 상황에 대해 설명/ 추진지역 대표자가 도입의 성과를 발표하고 과제에 대해 토의/ 지식인 그룹 등으로부터 지도·조언 ※ 모델지역이 없는 도도부현 교육위원회 관계자 등도 참가
문부과학성	지식인 그룹 운영/ 교육위원회, 학교, NPO 등에 설문지를 송부하고 결과를 집계·분석/ 각 추진 지역의 보고서 등을 바탕으로 전국적인 상황을 파악·분석/ 연락협의회에서의 지도·조언

도도부현·지정 도시교육위원회	NPO 등과 교육위원회와의 연락 조정/ 가이드라인의 확정/ 추진 지역 지정/ 중개 사업 실시 등 학교의 요구에 대한 정보 제공
모델지역 교육위원회	NPO 등과 학교와의 연락 조정/ 학교에의 지도·조언 등 학교의 요구에 대한 정보 제공
추진협의회 (推進協議会)	교원, NPO 등 관계자, PTA, 사회교육 관계자 등에 의해 조직/ 사례 보고, 필요한 행정 지원 등에 관한 협의 등에 의해 대처의 충실을 도모하는 동시에 전역에 성과를 보급
NPO 등의 외부단체	학습프로그램 제공/ 교재 제공/ 지도 방법 등의 전달/ 강사 등의 파견/ 영역-국제이해, 물건 만들기, 마을 조성, 청소년의 건전 육성, 복지, 환경 보전, 예술, 의료, 스포츠, 전통 문화 등
연구협력교 (研究協力校)	외부의 교육력과 효과적으로 제휴해서 '확실한 학력(確かな学力)'을 육성/ '종합적인 학습 시간/ 다양한 선택 교과의 설정/ 충실한 학교 행사/ 방과후 등의 보충 지도/ 아침독서 등의 특색 있는 대처/ 외부 단체와의 제휴에 대해서 적절한 정보 제공 → 보호자, 지역 주민

3. 일본 NPO 단체의 지역교육력 특징 및 사례

1)『교육관계 NPO 법인의 활동 사례집』발간

문부과학성은 교육관계 NPO 법인의 다양한 활동 실태를 파악·정리하는 동시에 사업 실시에 있어서의 과제나 해결 방법, 대처법 등을 분석 정리한『교육관계 NPO 법인의 활동 사례집(教育関係NPO 法人の活動事例集)』을 2011년 2월말 시점의 자료를 중심으로 발간하게 되었다(http://www.mext.go.jp/a_menu/ikusei/npo/).

사례집에는 '지역에 있어서의 학습 지원, 평생학습 관련 시설과의 제휴, 청소년의 학교 외 활동 지원, 어린이·어른의 거처 만들기, 가정교육 지원, 남녀 공동 참여 기획 활동, 소비자교육, 고령자 지원, 지역 지원 인재의 육성' 등 다양한 분야에서 활약하는 NPO 정보를 게재하였다.

자료 발간을 위해 조사한 항목으로는 교육관계 NPO 법인 사례 수집, 면접조사(100단체), 사례 조사(293단체) 및 교육 관계 NPO 법인과의 제휴에 대한 교육위원회의 의견 청취 등이다. 인정 NPO 법인을 포함한 특정비영리활동법인(NPO 법인)을 대상으로 수집한 1,200여 단체 정보 중에서 평가 항목에 적합한 NPO 법인 393단체를 선정하고, 그중 지역적·선구적 특색 활동에 열심인 100단체를 면접 대상으로 했다. 단체 정보는 NPO 지원센터 전국연락회나 교육위원회, 문부과학성 내에서의 추천이나 미디어 등에서 약 1,200단체를 추출하고, 그중 다음의 9개 항목에 근거하여 게재 단체가 결정되었다.

- 새로운 과제를 발견해 과제 해결을 향한 발판을 닦고 있다.
- 사회문제에 진지하게 대처, 구조적인 원인이나 이유를 찾아내고 있다.
- 지역의 타 NPO나 행정·기업과 제휴·협동하고 있다.
- 활동이 일회성이 아니며 일정 기간에 걸쳐 계속되고 있다.
- 조직에 명확한 비전이 있어 이해하기 쉽게 설명되어 있다.
- 과제 해결을 향해서 중·장기 전망을 가지고 있다.
- 조직의 운영 형태나 재무 상황(조성금·사업 수입·기부·회원의 비율 등)을 잘 알 수 있다.
- 교육을 통한 활동이 사회 구조의 개선에 연결된다.
- 「NPO법」에 근거하는 법인격을 소유하고 있다.

선정된 NPO 법인(인정 NPO 법인 포함) 100단체에 대해서는 '단체의 기초 개요, 교육 관련 사업 내용, 사업을 통해 얻은 성과·과제, 앞으로의 전망'에 대한 면접조사가 실시되었다.

교육관계 NPO 법인 사례 조사는 수집한 단체 정보로부터 선정한 NPO 법인(인정 NPO 법인 포함) 293단체를 대상으로 각 단체의 홈페이지에 게재되어 있는 사업 개요나 보고서 등의 자료에서 단체 개요 및 교육 관련 사업에 관한 사례를 추출하고, 전자메일·전화·FAX에 의해 단체에 대한 확인을 실시하였다. 또한 교육위원회와 NPO와의 제휴 상황을 이해하기 위해서 NPO와의 제휴에 적극적인 도도부현(都道府県)·정령지정도시(政令指定都市)의 교육위원회를 대상으로 의견 청취가 실시되었다. 주된 질문 항목은 'NPO와의 제휴의 형태나 내용', 제휴를 한 적이 없는 교육위원회에 대하여는 '제휴하지 않았던 이유, NPO와의 제휴 사업으로 얻은 성과 및 과제와 해결책, NPO에 기대하는 것' 등이다.

2) 교육관계 NPO 법인의 활동 영역 구분 및 특징

문부과학성은 교육관계 NPO 법인의 활동을 크게 5개 영역 20개 항목으로 구분하고 있다. 따라서 사례집을 『권1 배운다: 성장과 배움을 유지한다』『권2 날개짓한다: 사회 안에서 배움을 유지한다』『권3 산다: 함께 배우며 산다』『권4 육성한다: 풍요로운 생활을 유지한다』『권5 잇는다: 네트워크로 유지한다』의 다섯 권으로 나누어 발간하고 있다(〈표 3-3〉 참조).

〈표 3-3〉 교육관계 NPO 법인의 활동 사례집 주요 내용

권수	항목	게재 단체의 주요 교육 관련 사업
권1 배운다: 성장과 배움을 유지한다	1-1 학교에의 지원 활동	학교에의 방문 수업 실시, 교사 지원, 교재나 프로그램 개발, 방과후 활동 지원, 학교에 자원봉사자 등의 파견, 지도자 육성, 기타 학교에의 다양한 지원 활동이나 조정 등
	1-2 지역에 있어서의 학습 지원	평생학습 장소 제공, 도서관 활동, 생명교육, 정보교육, 지역에 있어서의 어린이나 어른에의 학습 기회 제공 등
	1-3 캐리어교육 · 직 업교육 지원	어린이나 청소년에 대한 캐리어 · 직업교육, 직업훈련이나 비즈니스 스쿨(business school), 직업교육 프로그램 개발, 직업 체험이나 인턴십 기회 제공 및 기획 등
	1-4 과학기술 · ICT 교육	과학기술이나 ICT 교육, 과학교실이나 강습회의 개최, PC 강습, ICT 기술을 이용한 교육 프로그램 및 시스템 개발, 인터넷을 활용한 학습 기회 제공, ICT 기술을 이용한 지역 네트워크 등
권2 날개짓한다: 사회 안에서 배움을 유지한다	2-1 평생학습 관련 시설과의 제휴	어린이에 대학 수준 수업 제공, 대학과 제휴한 교육 지원, 인재의 육성이나 콘텐츠 · 프로그램의 개발, 공민관이나 동물원 사업의 운영, 평생학습 관련 시설과 연계한 활동 등
	2-2 청소년의 학교 외 활동 지원	자연 체험 활동, 방과후 프로그램, 플레이파크 만들기, 문화 체험 활동, 농작업(農作業) 체험 등 지역에서의 여러 체험 활동, 레크리에이션 활동, 캠프, 기타 청소년의 학교 외 활동 지원 등
	2-3 등교 거부, 니드 · 칩거에 대한 지원	프리스쿨(free school), 가정에서의 학습 지원, 중퇴 예방 프로그램, 상담 대응, 테라피, 사회 복귀 프로그램, 직업 훈련, 자립 지원 등
	2-4 어린이 · 어른의 거처 만들기	전화 상담, 카페, 자유 공간(フリースペース), 폭력방지 프로그램, 거처나 마음의 거처를 제공하는 활동 등

권3 산다: 함께 배우며 산다	3-1 가정교육 지원, 남녀 공동 참가 기획 활동	아버지의 육아 참가 촉진, 지역에서의 어린이 보호, 방과후 어린이 보육이나 방과후 거처 제공, 출산 전·산후의 케어, 장난감을 통한 세대 간 교류 지원, 육아 정보 제공 등의 육아 지원, 여성의 자립·사회 참가 지원, 남녀 공동 참가 기획 지원, DV(가정 폭력) 방지 등
	3-2 소비자교육	금전교육, 의료에 관한 교육, 어린이에 적합한 소비자교육, 음식에 관한 교육 등
	3-3 고령자 지원	고령자 대상 각종 강좌, 자립 지원, 거처 만들기, 복지와의 제휴나 지역에서의 서로 돕기, 세대 간 교류 등
	3-4 장애자 지원	장애자의 자립 지원을 위한 교육이나 연구 활동, 교재 개발, IT를 사용한 지원, 일자리 창출, 지원자(支援者)의 육성 등
권4 육성한다: 풍요로운 생활을 유지한다	4-1 마을 만들기	투어리즘(tourism, ツーリズム), 연수 수용, 코디네이터나 인재 양성, 워크숍이나 학습회, 시민 참가 사업의 기획·운영, 문화재·건조물이나 유적 등의 보존·활용, 방재교육, 지역의 활성화 등
	4-2 환경교육	자연 체험 시설의 운영, 자연 체험 교실이나 환경교실, 학교에의 방문 수업(出前授業), 야외조사 연구, 듣고 쓰기, 교원대상 프로그램, 에코 투어, 캠프 등
	4-3 국제 협력, 외국인 지원	일본어교실, 교류 활동, 워크숍, 커뮤니케이션 툴의 개발, 워크 캠프(work camp) 등
	4-4 문화·스포츠 진흥	지역의 전통문화나 민속 풍습의 전승, 예술 전시나 예술 축제, 스포츠 기회의 제공, 스포츠 시설이나 잔디의 정비, 아티스트의 파견, 예술 교실 등

권5 잇는다: 네트워크로 유지한다	5-1 동료 지원	NPO 경영 지원, 회계·세무 등의 지원, 인재 육성·인재 매칭, 기업가 스쿨, 고용의 장 창출, 지역 조직, 공동체 사업 지원 등
	5-2 네트워크 형성	지역·정보·인재의 네트워크 형성, 기업과의 파트너십, 네트워크에 의한 공동체 만들기, 자원봉사 센터의 네트워크 등
	5-3 지역지원 인재의 육성	자원봉사 체험, 자원봉사 코디네이트, 자원봉사 강좌나 워크숍, 기업가 육성, 자원봉사 정보의 제공, 교류회 등
	5-4 조성(助成)	어린이 대상 활동을 지원하는 펀드, 일본에 기부 문화를 뿌리내리게 하는 활동 등

교육관계 NPO 법인 활동의 특징으로서 다음과 같은 점을 들 수 있다.

첫째, 교육관계 NPO가 하는 사업은 강좌나 출장 수업, 연수회, 이벤트, 교재 작성, 거처 만들기, 정보 발신, 상담 업무, 조사·연구, 조성 사업 등 각양각색이다. 하나의 사업에서 발전하거나 혹은 사업 전개의 필요성에서 타 사업과 관련 맺으며 운영하는 단체도 있는 등 대상이 보다 넓어지는 경향을 나타낸다.

둘째, 활동 분야에 있어서 전문성을 갖고 활동하는 것이 NPO의 특징이기도 하지만, 높은 전문성을 유지하기 위해 구성원의 연수나 조사 연구, 자격 제도 등에 주력하는 단체나 전문성을 가진 외부 인재와 제휴하는 단체도 있다.

셋째, 지역 과제의 해결이라는 NPO의 미션과도 관련하여 지역의 자연, 역사(歷史), 건조물(建造物), 인재(人材) 등 지역 자원을 활용한 활동이 많다.

3) 교육관계 NPO 법인의 활동 사례 : 전국교육자원봉사회

교육관계 NPO 법인의 구체적인 활동에 대해서는 『교육관계 NPO
법인의 활동 사례집』(文部科学省, 2011b)에서 단체 하나를 발췌하여
소개하고자 한다. 특정비영리활동법인 '전국교육자원봉사회(全国教育
ボランティアの会)'는 지역에서의 학습 지원을 하는 단체다.

단체명	전국교육자원봉사회(全国教育ボランティアの会)
소재지	〒182－0022　東京都調布市国領町5－49－1
URL	http://www.zenkoku-kyouiku-v.jp/
대표자명	다나카 도시카츠(田中敏勝)
설립연월	1999년 12월
인증연월	2000년 5월
활동 목적 · 취지	어린이와 청소년을 대상으로 실험관찰 활동, 야외 자연체험 활동, 사회체험 활동, 자원봉사활동, 국제 협력 활동, 진로 선택의 계발 활동, 문화 예술 또는 스포츠 진흥 등 아이들의 풍요로운 마음, 생각하는 힘을 기르는 활동을 추진하고, 학교, 가정, 지역사회와의 연대, 협력 하에 배움의 자원봉사 네트워크를 구축하는 것에 의해 어린이와 청소년의 건전 육성에 기여한다.
활동 소개	• 이과 · 생물교육의 실시: 2007년에는 '지역에서 실시하는 육아 사업' 지원 포럼으로 '생생 두근두근 체험 · 부모와 자녀 모임'을 문부과학성, 초후시(調布市) 교육위원회, 시 사회복지협의회의 후원과 많은 단체의 협력 · 협찬을 받아 개최하고, 우주과학이나 천문과학 강좌, 화학 변화를 즐기는 실험 강좌 등을 실시하였다(다음의 그림 참조). • 체험 활동의 실시: 여름방학을 중심으로 체험 활동을 실시하였다.

▶ 초후시(調布市)를 중심으로 학교
의 과학교육 지원 활동 외, 지역
에서의 학습 지원을 실시하였다.
문부과학성 외 행정기관과의 협
력도 많다(전국교육자원봉사회
홈페이지에서 발췌).

전국교육자원봉사회 활동

4. 일본 NPO 단체의 지역교육력 성과와 과제

교육관계 NPO 법인의 활동 성과로는 다음의 네 가지를 들 수 있다.

첫째, 활동의 지속성과 기타 지역에의 확대 등이 성과의 하나로
거론된다. 그중에는 모델 사업으로서 전국에 퍼져 있는 활동이나
NPO의 활동으로부터 전국의 네트워크가 구축된 사례도 볼 수 있다.

둘째, 교육 활동의 성과로서 어린이나 어른의 알아차림, 성장이나
변화도 들 수 있다. 어린이 등 학습자 뿐만 아니라 가르치는 교사나
지역 주민 등 어른 역시 성장했다는 사례도 많다.

셋째, NPO 활동에 의해 인재가 육성되고 그들이 젊은 세대나 지
역의 새로운 인재를 기른다는 인재 육성 등의 호순환(好循環)도 성과
로서 들 수 있다.

넷째, 지역이 활성화되어 새로운 고용 창출이라는 구체적인 성과
가 나타나고, 지역에 교육을 유지하는 조직 만들기가 되었다는 단체
도 보인다. 또한 '지역 · 사회의 과제 해결이나 요구에 맞는 선구적
활동/ 사회에 홍보해서 보다 넓게 활동을 인지하게 함/ 성실한 활동
에 의해 신뢰를 얻음/ 중간 지원 조직이나 네트워크를 이용 · 강화함/

NPO의 유연성이나 코디네이트 능력 살리기' 등 활동이나 연구 성과를 내기 위한 다양한 노력들이 엿보인다.

또한 NPO가 갖고 있는 과제는 활동 내용이나 분야, 대상에 따라 각양각색이지만 여기서는 공통적으로 볼 수 있는 몇 가지 과제를 들고, 그 해결책으로 단체들이 실제로 하고 있는 사례를 소개한다.

먼저, 많은 단체가 활동의 어려움으로 자금 부족을 들고 있다. 조성금이나 보조금, 위탁 사업의 대부분은 계속적으로 자금 확보를 하는 것이 어렵다. 따라서 특정한 수입원에만 의존하지 않고 다양한 수입원을 모색하고 있다. 자체 사업 수입이나 회비 · 기부의 확충에 의해 시민들로부터 폭넓게 지원을 받고, 다양한 자금 조달을 확보하기 위해 노력하며 다양한 연구를 하고 있다.

둘째, 경영에 있어서는 특히 사업 전략이나 마케팅 등의 과제를 들 수 있다. 그러므로 기업에서 실시되고 있는 마케팅이나 사업 전략을 NPO의 경영에 받아들이는 단체들도 있다. 또한 NPO의 다양한 부류의 사람들이 모여 활동한다는 특성을 이용하여 사람들에게 단체의 미션을 알게 하는 동시에 구성원 간에 미션을 공유하는 단체도 있다.

셋째, 많은 단체가 인재 육성을 중점 과제로 들고 있다. 특히 재정 기반이 취약하여 고용을 계속할 수 없거나, 인재를 육성해도 급여가 낮아서 정착하지 않아 노하우가 축적된 구성원이 다음 세대로 이어지지 못하는 문제가 있다. 또한 자원봉사자에게 지나치게 의지한다는 운영상의 문제도 있다. 고용의 확보나 인재 육성을 위해 외부 구성원의 활용, 연수의 충실과 NPO끼리의 제휴에 의한 대처가 필요하다.

NPO, 행정, 기업 등이 서로 연대하면서 정보 공유나 상호 이해를 넓혀 가는 것, 또 다양한 네트워크에 의해 정보나 과제를 공유하는 것이 각각이 안고 있는 과제 해결에 유익하다. '새로운 공공(公共)'의 담당자로서 교육관계 NPO의 활동이 보다 활성화 되는 동시에 NPO, 행정, 기업 등의 연대 및 협력이 가속화되어 지역이나 사회의 과제 해결에 기여할 것으로 기대된다.

우리나라에도 한국비영리민간단체들의 협의체로서 NPO 활동 및 비영리 분야를 연구하고 상호 협력을 도모하고자 '한국 NPO 공동회의(National Council of NPO, Korea)'(http://npokorea.kr/)가 구성되어 있다. 또한 당시 교육과학기술부는 많은 NPO 단체들의 교육기부를 이끌어 내고자 '아이들의 꿈과 세상을 잇는 교육기부'라는 슬로건 하에 '대한민국 교육기부 박람회'(2012.03.16~18, 일산킨텍스)를 열고, KBS는 '대한민국 교육기부 프로젝트'도 진행하였다.

1992년에 일본 경제인들을 중심으로 '学校(がっこう)'가 아니라 '合校(がっこう)' 만들기를 해야 한다는 움직임이 있었다. 즉, 지역사회의 경제인과 가정, 학교가 함께하는 '合校'를 만들어야 한다는 것으로, NPO 단체를 비롯한 지역사회와의 거버넌스 구축의 필요성을 나타낸 것이다. 최근 경기도교육청에서 추진하고 있는 '마을교육공동체'와 '꿈의 학교' 사업은 NPO 등 지역사회와 함께하는 교육을 모색하는 것으로 궁극적으로는 공교육의 회복을 꾀하는 매우 중요한 사업이다(http://village.goe.go.kr/).

우리나라의 NPO 역사도 60여 년 정도라고 한다. 일본 문부과학성이 교육 관련 NPO에 대한 사례집을 작성, 보급하여 NPO를 학교교육에 적극 활용하도록 한 예를 참고로 하여 우리나라에서도 NPO와 함께하는 다양한 교육 지원 사업의 활성화가 절실히 필요하다.

참고문헌

中央教育審議会(2005. 12.). 特別支援教育を推進するための制度の在
　　り方について.

文部科学省(2011a). 社会教育による地域の教育力強化プロジェクト.

文部科学省(2011b). 教育関係NPO法人の活動事例集(Vol. 1～5).

위키피디아. http://ja.wikipedia.org/wiki/NPO (2015. 8. 15. 인출)

한국 NPO 공동회의. http://npokorea.kr/ (2015. 8. 15. 인출)

마을교육공동체. http://village.goe.go.kr/ (2016. 3. 8. 인출)

교육관계 NPO 사례집. http://www.mext.go.jp/a_menu/ikusei/npo/ (2015.
　　8. 15. 인출)

文部科学省. http://www.mext.go.jp/a_menu/shotou/sougou/07011021.htm
　　(2015. 8. 15. 인출)

文部科学省. http://www.mext.go.jp/a_menu/shotou/tokubetu/main/006/
　　1309743.htm (2015. 8. 15. 인출)

文部科学省. http://www.mext.go.jp/b_menu/shingi/chukyo/chukyo3/005/
　　gijiroku/03070201/ 006/002.pdf

NPO 단체 수. http://www.npo-hiroba.or.jp/search/result.php (2015. 8. 16.
　　인출)

日本 NPO 学会. http://www.osipp.osaka-u.ac.jp/janpora/information/gaiyou.
　　htm (2012. 5. 21. 인출)

全国教育ボランティアの会. http://www.zenkoku-kyouiku-v.jp/ (2015. 8.
　　15. 인출)

제4장 지역학습의 전개와 지역교육력 활용*

천호성
(전주교육대학교)

1. 지역과 지역교육력의 중요성

인간은 주변 환경의 영향을 받으면서 살아간다. 지역은 우리 인간의 삶을 둘러싸고 있는 가장 중요한 주변 환경이다. 지역이 그곳에 살고 있는 사람들의 인간 형성에 미치는 영향력을 '지역교육력'이라고 가정할 때 지역은 학생들에게 지적·사회적 탐구를 위한 실험실이며, 시민적 자질의 기초 형성에 중요한 역할을 한다. 이처럼 학생들에게 배움과 교육, 성장의 기반으로서 지역은 매우 중요한 의미를 갖는다.

일본의 교육정책에서 가장 강조하고 있는 것 중의 하나가 학생들이 스스로 생각하고 주체적으로 판단하며 스스로 문제해결을 할 수 있는 '살아가는 힘(生きる力)'의 육성이다. 학생들에게 살아가는 힘을 길러 주고 스스로 자신의 삶의 방식을 생각하고 만들어 가도록 하는 교육이 되기 위해서는 적정한 교육력을 가지고 있는 지역에 다시 눈을 돌려야 한다는 목소리가 높다. 지역은 우리의 삶이 실제로 살아 움직이는 곳이고, 아이들이 생활하는 곳이며, 다양한 경험이 존재하는 곳이기 때문이다. 학교에서 배운 지식이 단지 암묵적인 지식으로만 존재하고 삶의 과정에서 실천적인 지식으로 활용되지 못

---

* 이 글은 『한국일본교육학연구』 제17권 2호에 게재된 논문 「일본 지역학습의 전개와 과제: 사회과 수업론적 관점을 중심으로」에서 발췌·재구성하여 작성한 것임을 밝혀 둠.

한다면 무슨 소용이 있겠는가? 배움의 장이고 실천의 장으로서의 살아 있는 지식을 획득하고 활용하는 데 있어서 지역과 지역교육력의 중요성이 여기에 있다고 말할 수 있다.

한편 평생학습 시대라 불리는 지금, 지역사회가 가지는 교육력의 회복뿐만 아니라, 학교와 지역의 연대와 융합에 대해 새롭게 조명해 볼 필요가 있다. 즉, 지역학습이나 학교와 지역의 연대가 가지는 교육적 의의를 학교뿐만 아니라 지역사회의 관점으로부터 재조명해 볼 필요가 있다. 변화하는 지역사회와 함께 새로운 지역 만들기, 지역사회 속에서 학생들의 시민성(Citizenship) 형성 등이 오늘날 새로운 사회적 과제로 대두되고 있기 때문이다.

지역사회의 중요성과 지역학습이 강조된다고 하여 단순히 학교로부터 벗어나 학교 밖(지역이나 야외)으로 나간다고 해서 좋은 교육이 될 수는 없다. 학교에서 지역교육력을 제대로 활용하기 위해서는 적어도 학생들에게 학교교육에서 지역과 지역학습이 갖는 본질적 의미, 학교와 지역의 협력·연대가 갖는 교육적인 의의, 학교와 지역의 협력·연대를 위한 방책, 지역 자원의 교육적인 활용 등에 대하여 종합적으로 검토·분석할 필요가 있다. 이 글에서는 일본 지역학습의 이론적 고찰과 전개 과정의 검토를 통해 지역학습이 갖는 교육적 의의를 밝히고 학교교육에서 지역교육력의 활용과 과제에 대해 전망해 보고자 한다.

2. 지역학습의 이론적 고찰

학교교육과 지역사회에 관한 연구는 사회교과교육학, 교육방법학, 교육사회학, 교육경영학이나 교육행정학 그리고 평생교육학 등 다양한 분야에서 전개되어 왔다. 사회교과교육학과 교육방법학에서는 수업론적 입장이 강조되었고, 교육사회학이나 교육경영학 등에서는 제도론적 입장에서 연구가 진행되었다(千鎬誠, 2005). 이 글에서는 지면의 여건상 일본의 지역학습에서 가장 중점적으로 많이 논의되어 온 '사회과교육'을 중심으로 '수업론적 입장'에서 검토하고자 한다.

일본의 지역학습에 관해 이케노 노리오(池野範男)는 문제해결학습론, 코어 커리큘럼론, 향토교육론, 과학적 사회인식교육론으로 분석, 정리하였다(池野範男, 2005). 이케노의 연구는 일본 지역학습론에 대한 검토와 분석에 있어 매우 유용하다. 지역학습에 대한 관점을 교육의 목표와 학생의 성장, 교육과정의 구성, 각 교과와 결부시켜 종합적인 시각에서 분석하였기 때문이며, 이 글에서 추구하고자 하는 수업에서의 지역교육력 활용이라는 측면에서 가장 잘 부합하다고 판단된다. 이 글에서는 일본의 지역학습의 전개와 실천의 과정에서 가장 크게 영향을 미친 두 가지 관점, 즉 '문제해결학습론'과 '코어 커리큘럼론'의 관점을 중심으로 여러 연구자의 주장을 보완, 첨가해 가면서 검토 및 논의하고자 한다.

1) 문제해결학습론: 도구로서의 지역학습

1947년 일본 문부과학성이 사회과교육의 원리로서 제안했던 학습이론이 문제해결학습론이다. 문제해결학습의 대표적인 이론가는 우에다 카오루(上田薫)인데, 그가 주장하는 핵심 원리는 학생의 성장에 기초를 둔 '학생중심주의' 이론이다. 그는 사회과교육의 대원칙으로서 '학생이 주어진 환경에 입각해서 문제를 인식하고 해결해 가는 것'을 사회과교육의 목표로 해야 한다는 것을 제시하였다. 문제해결학습론에서는 학생들의 사회생활에서 직면한 문제가 사회과 목표에 도달하기 위한 직접적인 재료이며 도구가 된다. 따라서 문제해결학습론의 관점에서 사회과의 학습지도요령은 사회과 학습에서의 교재가 문제의 형식으로 제시된다. 예를 들어, 우리는 어떻게 하면 건강하고 안전하게 살 수 있는가? 다른 지역 사람들과 사이좋게 살기 위해서는 어떻게 해야 하는가? 민주적인 생활태도를 몸에 익히기 위해 어떻게 하면 좋은가? 왜 농촌 사람들은 도시로 떠나는가? 등 사회과에서는 학생들의 생활 속에서 마주하는 구체적인 문제를 강조한다.

그렇다면 문제해결학습론 입장에서 사회과 학습은 구체적으로 어떤 것이며, 여기서 지역은 어떤 기능을 하는 것인가에 대해서 살펴보자. 학생들은 자신이 살아가는 환경 안에서 놀이, 견학, 학습을 통해 문제를 해결하고, 다시 새로운 문제가 생기면 이 또한 놀이나 학습을 통해 해결해 나간다. 이런 점에서 우에다의 이론에서는 환경은 학생들과 벗어나지 않고 항상 가깝게 있어야 한다는 것을 강조하였다. 따라서 학습 과정에서 환경(지역)은 학생들에게 가까운 환경(지역)에서 먼 환경(지역)으로 동심원적으로 확대하도록 설정하는 것이 중요하다. 요컨대, 문제해결학습론적 관점에서 보면 지역은 학생들이 문제에 직면하는 곳이고, 또 다른 문제를 생성해 내는 곳이기도 하다. 따라서 지역은 학습에서 도구로서의 의미를 지닌다고 볼 수 있다(池野範男, 2005: 38-39).

이때 수업에서는 학생들이 스스로의 환경을 확대할 수 있는 새로운 환경을 교사가 수업에서 어떻게 제공할 것인가 하는 점이 가장 중요한 과제다.

2) 코어 커리큘럼론: 목적으로서의 지역학습

코어 커리큘럼론이란, 전후 최초의 사회과 학습지도요령과 문제해결학습론에 입각하여 사회과교육에서 지역은 교재로서만 기능한다는 주장에 정면으로 대응하는 이론으로서, 그 대표적인 학자는 카이고 카츠오(海後勝雄)다. 그는 지역사회의 학교에는 두 가지 원칙이 있다고 강조하였는데, 하나는 지역사회 주변이나 마을로부터 학생들의 경험을 발전시키려고 하는 '경험주의'이고, 또 하나는 지역사회에서 학생들이 생활하는 것을 통해 학생들의 현실 생활을 발전시켜 가려고 하는 '생활주의'다(池野範男, 2005: 40). 카이고가 주장하는 경험과 생활은 모두 지역사회에 한정된 것이며 지역에서만 가능하다. 그는 교육에 대하여 "지역사회에서의 생활이나 행동을 통하여 인간의 형성을 도모하는 것이다"라고 정의하면서 학생들은 경험을 통해 배우고 생활 과정을 통해 성장한다는 점을 특히 강조하였다. 요컨대, 학생들의 교육이라는 관점에서 지역사회는 가장 중요한 기반이고, 학습의 목표이자 학습의 재료가 된다고 보았다. 따라서 학습에 있어서 지역사회는 절대목적론으로 존재하는 것이라고 해석할 수 있다.

지역사회의 입장에서 보면 지역은 학생들이 존재하기 이전부터 이미 존재하고 있다. 지역, 국가, 세계 등 계층화되어 있는 각각의 사회에 사회과의 과제가 투영되어 있는데, 학생들은 가장 가까운 지역사회의 과제에 대응하는 것에 의하여 처음으로 사회화되고 사회인이 되어 간다. 따라서 학생들의 올바른 교육을 위해서는 지역사회 과제의 모든 측면을 커리큘럼에 넣어야 한다고 본다. 그러나 사회과라는 일개 교과의 틀에 다 들어갈 수가 없어 사회과를 중핵으로 한 코어 커리큘럼을 만들 수밖에 없다는 것이다. 그 전형적이며 대표적인 예가 '가와구치(川口)플랜*'이다. 요컨대, 가와구치플랜처럼 커리큘럼을 이미 존재하는 지역사회의 과제로 만들고, 이 과제를 학생들이 자기 나름대로 해결하게 함으로써 지역사회의 발전과 문제해결을 실천해 가는 시민으로 학생들을 교육시키는 것이 지역사회 학교의 목적이 되는 것이다(池野範男, 2005: 40-41).

지역사회로부터 과제를 찾고, 그것을 해결하는 것이 지역사회에도 공헌한다는 점에서 볼 때, 코어 커리큘럼론의 입장에서 지역은 학습의 출발점이기도 하고 도착점이기도 하다. 따라서 지역학습은 교육의 목적, 내용의 모든 것을 포괄하는 절대적인 것으로 이해될 수밖에 없다.

....
* '가와구치(川口)플랜'이란 전후 최초의 학습지도요령이 나오기 이전에 사이타마현의 가와구치시 사회과 위원회와 중앙교육연구소와의 공동 프로젝트에 의해 가와구치시내의 24개 소·중·고등학교(1947년도)가 협력 체제를 짜서 중앙교육연구소의 지도를 받으며 작성된 '가와구치시 사회과학습과제표' 및 그에 기초를 둔 수업 실천을 말한다. 요컨대, 전후의 초기 사회과 중에서도 지역교육 계획형으로서의 대표적인 실천이며, 학생들이 일상생활을 영위하는 지역의 생활 현실로부터 교육 내용을 구성해 지역사회의 발전에 공헌하는 인재를 육성하는 것을 목적으로 하였으며 '사회과 중심 커리큘럼'이라고도 불린다.

3. 지역학습의 전개와 실천

일본에서의 지역학습은 상당히 체계적이고 지속적으로 실시되었으며, 다양한 형태 및 다양한 과목을 중심으로 진행되어 왔다. 일반적으로 일본의 학습지도요령에 의하면 지역학습은 특성상 '사회교과'를 중심으로 진행되어 왔으며, 1989년 '생활과'의 신설과 그 후 '종합적인 학습의 시간'이라는 교육과정의 신설과 함께 지역학습의 중요성과 실천이 더욱 강조되고 있다.

[그림 4-1] 종합적인 학습의 시간: 아이치현(愛知県) 미야자키소학교(宮崎小学校)

1) 지역학습의 전개 과정

일본 지역학습의 전개 과정을 고찰해 보면 크게 성립기, 쇠퇴기, 재인식기, 부흥기로 나눌 수 있다(千鎬誠, 2005). 일본 지역학습의 역사는 메이지(明治) 시대로 거슬러 올라가지만 전쟁 이후를 중심으로 검토해 보면 1950년대를 성립기로 규정할 수 있다. 그 대표적인 예가 미국의 영향을 받은 커뮤니티스쿨(community school)의 도입이다. 커뮤니티스쿨은 학부모와 지역 주민이 참가하는 학교 커리큘럼 편성이나 학교운영, 그리고 지역 주민의 학습력 향상이나 지역사회의 민주화를 추진하려는 구상으로부터 전개되었다. 1950년대의 커뮤니티스쿨은 학교교육을 적극적으로 추진하면서도 학교가 지역의 민주화에 기여하는 것을 최우선의 실천 과제로 여겼으며, 학교의 지역사회에 대한 역할을 강조하는 것이 주요한 내용이었다. 요컨대, 학교를 중심으로 지역의 봉건성이나 지역의 격차를 시정하려는 목적이 강하였다. 따라서 이 시기는 지역이 학교에 주는 교육효과의 측면보다는 학교의 지역사회에 대한 역할이 더 강조되었다고 할 수 있다.

한편, 1960~1970년대는 일본 사회의 고도 경제성장이 이루어졌던 시기로서 지역학습이 쇠퇴한 시기다. 이 시기에는 학생들에게 지역과 가정에서 본래 길러 왔던 사회성이나 주체성 등 전인적인 발달 조건을 경시하는 경향이 나타났다. 실제로 이 시기에는 치열한 시험 경쟁과 지식 중심의 학력관이 중시되었고, 교육계의 주요한 관심도 학교교육 내부에 머물렀으며, 교육개혁의 과제 역시 학교교육의 커리큘럼의 충실에 초점이 맞추어져 있었다. 이러한 상황에서 지역학습론은 쇠퇴될 수밖에 없었다. 그러나 1980년대에 이르러 일본 사회가 급속하게 변화하는 가운데 학생들의 비행과 폭력이 급격하게 증가하였고, 이지메(집단 따돌림)와 등교 거부 등 학교교육 환경을 둘러싼 여러 가지 문제가 폭증하게 되면서 학력 개념에는 객관적으로 측정 가능한 지식만이 아니라 의욕, 창조력, 사회성까지 포함해야 한다는 것을 인식하기 시작하였다. 또한 학생들의 지역 생활의 상실은 학생들의 발달을 왜곡시킬 뿐만 아니라 좁은 의미의 학력에도 심각한 영향을 줄 수 있다는 것을 알게 되었다. 이러한 인식의 변화는 다시 지역사회학습 등 학교와 지역사회와의 연대를 통한 교육의 중요성을 재인식하게 되는 계기가 되었다. 즉, 교육을 둘러싼 사회문제의 폭증과 함께 지역교육력의 회복에도 관심이 높아지는 계기가 되었다.

한편, 최근 일본의 교육에서 강조하는 것은 학생들에게 '살아가는 힘(いきる力)'을 길러 주는 것이다. 과거 지역사회에서 학생들 간의 동료 관계나 사회성, 체험을 통해 배워 온 '살아가는 힘'을 어떻게 회복시켜 줄 것인가에 노력을 기울이고 있다. 이를 위해 다시 지역학습이 주목을 받게 되었고 새로운 부흥기를 맞게 된 것이다. 이러한 상황에서, 일본에서는 지역교육력의 회복과 학교와 지역사회의 연대 및 융합의 방안 등이 새롭게 조명되고 있다.

2) 지역학습의 의미와 교육적 의의

좁은 의미로서의 지역학습은 초 · 중 · 고등학교의 학습지도요령에서 제시하고 있는 것을 의미한다. 예를 들어, 초등학교 중학년의 사회과 '시정촌 및 도도부현 단계에서의 지역사회의 학습'과 중학교 사회지리 분야의 '신변 지역'을 의미한다. 그러나 보다 넓은 개념으로서의 지역학습은 학생들이 살고 있는 주변 지역의 자연이나 역사, 생활, 문화, 산업, 환경이나 복지와 관련된 사회문제, 정치나 경제의 구조 등에 관한 학습을 의미한다. 일본 학습지도요령에서는 지역학습에 관해 향토학습, 지역학습, 신변학습 등 다양한 형태로 제시해 왔다. 이 글에서는 지역학습론에 대한 의미로서 지역에 대한 학습만이 아니라 학생들의 학습 과정에서 필연적으로 동반되는 학교와 지역의 연대 과정도 중요한 부분으로 인정하고 이에 대한 것도 포함하여 검토하고자 한다.

그렇다면 교육에 있어서 지역은 어떤 의미를 갖고 있는가? 우선 지역은 학교교육이 원활하게 성립될 수 있도록 지원하고, 학생들의 생활과 체험의 공간으로서 역할을 수행하는 매우 중요한 장소다. 대부분의 학생들은 지역을 놀이 공간으로서 활용할 수 있고, 학교의 수업에 있어서도 지역의 다양한 자료가 교재로서 활용 가능한 가치를 갖고 있다. 따라서 지역은 학교의 동반자로서 공동으로 자녀들을 교육하는 곳이라고 말할 수 있으며, 지역의 특색과 상황은 학교교육에 커다란 영향을 미치게 된다.

아라이 이쿠오(新井郁男, 2002)는 학생들에게 있어서의 지역의 의미를, 지역에 존재하는 것과 지역이 가지는 기능으로부터 생활 범위로서의 지역, 커뮤니티로서의 지역, 자연환경으로서의 지역, 문화환경으로서의 지역, 노동환경으로서의 지역으로 나누어 제시하였다.

한편 나카무라 미나코(中村水名子, 2003)는 학생들이 가까운 사람들과의 관계나 환경으로부터 배운다는 것, 학교교육의 내용으로서 설정된 지역으로부터 배운다는 것 두 가지 측면에서, 학생들에게 있어서 지역은 '배움으로서의 지역'이라고 하는 교육적 관점에서 의미를 부여하고 있다.

히비 유타카(日比裕, 1999)는 지역학습을 "학생들이 생활하고 있는 지역 그 자체뿐만 아니라 지역에서 벌어지고 있는 일상생활을 학습 내용에 포함하는 학습"이라고 정의하면서, 지역학습의 목적은 학생들의 생활에 관한 의식을 풍부하게 하는 것이어야 한다고 주장하였다. 일상적인 사례로부터 지역 교재를 발굴한다고 하는 히비의 관점은 지역학습을 통한 학생들의 생활의식의 변화라는 점에서 보면 큰 의미가 있다. 여하튼 수업론적 입장에서 지역학습을 볼 때, 중요한 것 중의 하나는 '학습 과정에서 한 지역을 아이들이 어떻게 이해하는가?'다(千鎬誠, 2005).

[그림 4-2] 지역학습: 아이치현 미야자키소학교의 애조활동(愛鳥活動)

3) 학교와 지역사회의 연대와 지역학습

학생들의 교육활동에 한정해 볼 때, 학교와 지역의 연대를 통한 지역학습에 대한 교육적 의의는 다음 두 가지 점에서 살펴볼 수 있다. 하나는 현실 사회의 축소판이라고 할 수 있는 지역의 다양한 인간관계와 사회관계를 학생들에게 경험하게 하는 것은 잠재된 지역사회의 교육력을 높이는 데 유용하다는 점이다. 또 하나는 학교와 지역의 연대에 의해 학교 행사나 지역 자원의 교재화 등을 통해 학교교육활동이나 학교교육과정의 운영을 원활하게 할 수 있다는 것이다. 이 두 가지를 통해서 학생들에게 전면적인 교육환경으로서 '지역사회의 교육화'와 '교육의 지역사회화'라는 쌍방의 통합이 가능할 것이다. 요컨대, 학교와 지역사회 양쪽의 관점에서 지역학습의 의미를 부여할 수 있다.

[그림 4-3] 학교와 지역이 연대한 지역학습: 아이치현 미야자키소학교

코지마 쿠니히로(児島邦宏, 2003)는 학교와 지역의 관계에 대해 다음과 같이 말하고 있다.

> 학교는 학생들이 지역사회 안에서 얻은 생활이나 지식, 체험으로부터 배운 지식을 과학적 인식이나 합리적 기술, 과학적으로 배우는 방법의 장소로서 존재한다. 게다가 이렇게 획득된 지식, 기술, 방법 등은 지역의 실생활에서 시험되고 실천화되는 것에 의해 살아가는 힘으로서 생활을 지지하는 힘이 된다. 이 점에 학교와 지역사회의 교육을 통한 기본적 관계가 있다.

즉, 학교교육에 있어서 지역이 배움의 장소로서의 역할 뿐만 아니라 배운 지식을 실천하면서 살아가는 힘을 키워 가는 중요한 곳으로 인식하는 방법론적 입장에서도 학교와 지역사회의 연대가 얼마나 중요한지에 대해 지적하고 있는 셈이다.

따라서 지역학습이 단순히 지역에 대해서 배우거나 지역으로부터 배우는 학습에 머물지 않고, 학생들이 지역의 구성원으로서 지역이나 지역 주민을 위해 무엇을 할 수 있는가에 초점을 둔 교육으로의 패러다임의 전환이 필요하다. 즉, 지역학습이 학생들에게 지역사회를 학습의 대상이나 학습의 장소로서만이 아니라 학습하는 것을 통해 지역의 구성원으로서 지역사회의 발전에 공헌하는 태도를 기르는 학습도 함께 포함되어야 할 것이다.

4. 지역학습의 과제와 전망

이 글에서는 지역교육력의 관점에서 일본의 지역학습의 이론과 전개 과정을 검토, 고찰하였다.

일본의 지역학습론에 대한 고찰 결과, 문제해결학습론에서는 학생이 문제에 직면하고 또 해결해 가는 학습 과정에서 지역은 환경의 하나로 이해된다. 특히 학생들에게 지역사회의 모든 것이 학습 내용을 구성하는 교재의 일부로 이해된다는 점에서 지역은 학습에 있어서 도구로서, 혹은 하나의 수단으로서의 의미를 지닌다.

한편 코어 커리큘럼론에서의 학교는 지역사회의 학교이며, 이미 존재하고 있는 지역사회에서 학생들이 태어나 자라는 것으로 본다. 또한 학생들이 가장 가까운 지역사회로부터 사회화되고, 이 사회화 기능이 가장 중요한 교육의 원리로 작용하고 있다고 본다. 커리큘럼의 목표와 내용이 지역사회의 과제로 등장하여 커리큘럼 전체를 차지하게 된다는 점에서 코어 커리큘럼론적 입장에서 지역은 절대목적론적인 의미를 가진다.

최근 일본의 교육에서 강조하는 것은 학생들에게 '살아가는 힘(いきる力)'을 길러 주는 것이다. 요컨대, 과거의 지역사회에서 배양해 왔던 학생들 간의 동료관계나 사회성, 체험을 통해 배워 온 '살아가는 힘'을 어떻게 회복시켜 줄 것인가에 초점을 두고 학습지도요령의 개정을 통해 이를 적극적으로 반영하고 있다. 특히 1989년 이후에 신설된 '생활과'와 1998년 학습지도요령의 개정을 통해 전국적으로 실시된 '종합적인 학습의 시간'에서는 학교와 지역사회의 연대나 지역학습을 굉장히 강조하게 되었고, 최근의 학습지도요령의 개정에서는 체험활동이나 지역교육력의 활용을 지역 재생의 관점으로까지 확대하여 제시하고 있다. 이러한 시대적 요구에 부응하여 학교는 지역사회와의 연대를 통해서 교과서 중심의 획일적인 수업에서 탈피하고 학생들에게 체험의 기회를 확대하여 '살아가는 힘'을 기를 수

있도록, 새로운 변화를 요구받게 되었다. 이러한 현상은 자연스럽게 일본에서 다시 지역학습과 지역교육력에 눈을 돌리는 계기가 되었고 지역학습 또한 부흥기를 맞고 있다.

수업론적 관점에서 일본의 지역학습에 관한 연구에 한정해 보면, 지역과 관계되는 '종합적인 학습의 시간'의 사례 보고나 지역학습의 의의를 논한 연구, 커리큘럼의 구성론으로서 지역의 자원을 어떻게 활용해야 하는가에 관한 연구가 많다. 이러한 연구에서는 지역을 다룬 학습에 대한 의의와 성과에 대해서 언급하고 있지만 지역에 대한 학생들의 의식의 변화 과정에 대해 언급한 연구는 거의 찾아볼 수 없다. 그러나 일정 기간 지역에서 생활하며 지역학습을 하고 있는 학생들을 '인간 형성'이라고 하는 관점에서 보면 지역에 대한 의식의 변화 과정을 명확히 할 필요가 있다. 이 변화 과정을 해명하는 것으로 지역학습에 있어서 교사가 수업을 어떻게 계획하고 실천해 가야 하는지, 지역과 관련한 수업에 있어서 어떤 부분에서 도움이 필요하고 또 해결해야 할 문제점은 무엇인지 등의 지역을 활용한 수업에 대한 전망을 얻을 수 있기 때문이다. 이런 점에서 앞으로의 일본의 지역학습에 대한 실천과 연구의 방향은 지역학습에 참여한 학생들의 변화 과정에 대한 구체적인 규명과 분석도 병행되어야 할 것이다.

한편, 지금까지의 지역교육력은 지역의 자연, 사람, 물건, 문화, 조직 등 지역의 소재나 자료를 교육에 활용한다는 점에서 지역학습이 '지역사회의 교육화'라는 관점에서 매우 중시되었다고 볼 수 있다. 이러한 관점은 지역에서 그리고 지역으로부터 배운다는 측면에서 지역학습의 방법적인 측면이 강조되었다. 그러나 학생들의 지역학습이 지역을 위한 것이라는 의미가 있다는 점을 고려해 볼 때, 즉 학생들이 학습의 과정에서 지역의 문제를 접하고 지역의 미래를 열어 가며, 지역의 발전과 성장에 기여하는 동시에 지역사회에 참여한다는 점에서 본다면 목적 지향의 지역학습으로서 '교육의 지역사회화'라는 관점이 동시에 고려되어야 할 것이다.

참고문헌

이케노 노리오(池野範男, 2005). 일본에서의 대표적인 지역학습론. 경상대
　　학교 중등교육연구소. 중등교육연구, 제17집. 35－47.

新井郁男(2002). 地域の教育力. **現代学校教育大事典**. ぎょうせい. 8－9.

上田薫(1997). 社会科50年と今後の使命. **問題解決学習の継承と革新**.
　　東京: 明治図書.

桑原正雄(1958). **社会認識をそだてる教育**. 113－114.

児島邦宏(2003). 地域の特色を生かした教育課程編成はどこまで可能か.
　　教職研修, 7月増刊号. 教育開発研究所. 20－23.

佐藤照雄(1990). 学校教育と地域. 佐藤照雄先生退官記念会編, **社会
　　科地域学習の方法**. 東京: 明治図書.

社会科の初志をつらぬく会(1997). 21世紀社会科教育への提言１. **問題
　　解決学習の継承と革新**. 東京: 明治図書.

千鎬誠(2005). 総合的な学習における授業者・学習者・協力者の地域意
　　識に関する研究. 名古屋大学大学院教育発達科学研究科博士論文.

中村水名子外(2003). 学校と地域の連携に関する研究. **研究紀要. (大
　　阪市教育センター)160号**. 教育開発研究所. 5.

日比裕(1999). **教育の全体構造とその展開(下)**. 名古屋大学教育学部
　　教育方法研究室. 122－124.

제2부

지역교육력 실제 Ⅰ:
지역의 사회기관

제5장 아동관의 지역교육력

이성한
(고신대학교)

1. 아동관이란

아동관(児童館)은 영유아의 놀이에서부터 초등학생의 방과후 보육을 비롯하여 중고생까지 폭넓게 이용할 수 있는 지역육아지원기관이다. 「아동복지법」 제40조에 의하면 아동관이란 아동후생시설의 한 가지로서, 「아동복지법」상 0~18세 미만의 아동에게 건전한 놀이를 부여하고, 건강을 증진시키며, 정서를 풍요롭게 하는 것을 목적으로 설치된 옥내형 아동후생시설이다. 아동관에는 집회실, 유희실, 도서실, 정양실(静養室*), 육성실(育成室**), 상담실, 창작실, 컴퓨터실 등이 마련되어 있고 전문지도원(아동의 놀이를 지도하는 자, 아동 후생원***)이 계절이나 지역 실정에 맞는 건전한 놀이지도를 행한다. 또한 아동관은 지역의 실정에 따라 아동회(子ども会), 어머니클럽(母親クラブ) 등 지역 조직 활동을 근거로 육성 지도를 하거나 아동관 내에 방과후 아동클럽을 병설함으로써 지역의 육아환경을 조성하고 방과후 아동에게 놀이터 장소를 제공한다. 참고로 일본 도쿄에

---

* 몸이 불편할 때 휴식하는 휴게실(休憩室)
** 초등학교 저학년 아동에게 전담 지도원의 감독 하에 놀이와 생활을 통해서 건전한 육성과 보호를 도모하는 곳으로서 월요일에서 금요일까지 하교 시부터 오후 6시까지 운영한다.
*** 아동후생원은 아동의 놀이를 지도하는 자로서 구체적으로는 보육사, 사회복지사 자격을 가진 자, 고졸로서 2년 이상 아동복지에 종사한 자, 유치원, 초등, 중·고등의 교사 자격을 가진 자, 대학에서 교육·심리·예술·체육학과를 졸업한 자로서 시설설치자(都道府県知事 혹은 市町村長)가 인정한 자다.

는 2012년 4월 당시 6개구에 총 63개소의 아동관이 있는 것으로 집계됐다. 도쿄도 내의 아동관의 명칭은 '아동관' 이외에도 '아동가정지원센터' '아동고령자 교류프라자' '아동중고생 프라자' '아동센터' 등으로 불린다.

아동관은 옥내형의 복지시설이지만 옥외에서도 캠프 등 필요한 모든 활동을 할 수 있다. 이러한 아동관은 등교 거부나 집단 따돌림에의 대응, 학대 등의 심각한 아동문제가 조기에 발견되는 장소로서도 기능한다. 또한 가정이나 학교, 아동상담소와 연계하여 아동이 자립할 수 있도록 지원하는 활동도 증가하고 있다. 놀이시설로서 자리 잡은 아동관은 아동의 최선의 이익을 보장하는 지역복지활동의 거점 시설로서 복지적 기능을 발휘하고 있다.

2. 아동관의 역사, 현황 및 특징

일본의 아동관의 기원은 세틀먼트(settlement)*운동의 '아동클럽'에서 그 원형을 볼 수 있다. 세틀먼트는 메이지(明治) 시대 말기에 시작하여 다이쇼(大正), 쇼와(昭和) 시대에 걸쳐 주로 대도시에서 발달해 왔으며, 다양한 상황의 아동들을 놀이를 통해 집단적, 개별적으로 지도해 왔다.

1948년 「아동복지법」이 시행되어 아동관은 법률적인 위치를 가

---

* セツルメント(settlement)는 종교가나 학생 등이 사회의 하층에 속한 사람들에 대한 사회사업의 한 가지로서 주로 종교적 · 교육적 입장에서 행한다. 사업 내용은 다양하며 일반적으로 보육, 학습, 클럽, 산모 돌보기, 의료, 각종 상담 등이 있다(브리태니커 대백과사전).

지게 되었고, 지역의 아동들에게 여가활동의 거점으로서 불특정 다
수 지역의 아동들에게 건전한 놀이를 제공하고 건전한 육성 활동을
행하는 장소로서 인식되었다. 1951년 일본 후생노동성의 아동국에
서는 아동관 운영에 관한 기본 방침인 '아동관후생시설 운영 요령'을
제정했다. 그리고 1963년은 시정촌(市町村)*의 아동관의 설비 및 운
영비에 대한 정부 차원의 국고보조 제도가 창설된 획기적인 해다.
국고보조 대상에게는 설치 및 경영 주체, 기능, 설비, 직원 배치 등에
관한 기준을 제시했다. 2011년에는 소형아동관을 대상으로 한 '아동
관 가이드라인'(厚生労働省, 2011a)을 제정했다. 가이드라인에는 아동
관의 이념, 기능과 역할, 활동 내용, 지역과의 연계, 설비 등을 제시
했다. 2012년에는 숙박과 야외활동을 시행하는 아동관을 정비하고
자 '아동관 설치 운영 요령'을 정했다(厚生労働省, 2012a).

〈표 5-1〉 아동관의 역사

연 도	정 책
1948년	「아동복지법」 시행으로 아동관이 법적인 지위 획득
1951년	아동관 후생시설 운영 요령
1963년	아동관 국고보조 제도가 창설
2003년	「차세대육성지원 대책 추진법」
2004년	지구(地區) 아동관 설치 운영 요령
2011년	아동관 가이드라인 책정
2012년	아동관 설치 운영 요령 책정
2012년	지역육아지원거점사업의 지역육아 '아동관형'이 '연계형'으로 명칭 변경

---

* 일본은 한국의 시 · 군 · 구 기초단체에 해당하는 1,727개의 시정촌(市町村)으로 구성되
  어 있다.

아동관의 기능은 다음과 같다(厚生労働省, 2011a). 첫째, 놀이를 통한 아동 건전 육성이다. 다양한 연령의 아동이 모이는 아동관은 놀이를 위한 최적의 장소다. 둘째, 사회의 변화에 따라 육아가정이 고립화되고 육아불안에 따른 파고가 넓어져 가므로 폭넓은 육아 지원을 한다. 셋째, 지역의 육아환경을 조성한다.

아동관의 구체적인 사업 내용은 다음과 같다. 건강·체력증진[운동놀이, 식육(食育)*], 자연체험(캠프, 농업체험), 육아가정 지원(방과후 아동클럽), 창작활동, 문화활동(아동극 감상, 영화 모임, 책읽기), 중고생 활동(쉼터 만들기, 자원봉사자 육성, 영유아 교류), 상담·정보 제공(아동·가정상담 서비스, 육아 정보 제공), 전통놀이, IT활동, 다연령 교류, 다세대 교류활동 등이다.

아동건전육성추진재단(児童健全育成推進財団, 2011)에 의하면 오전 중의 활동내용(복수응답)에는 아동관 주최의 육아지원사업이 74.2%로서 가장 많다. 2010년 이용한 영유아의 수를 0명에서 20,000명 이상으로 나누었을 때 대표적으로 1,000명 미만이 31.4%로 가장 많았고, 다음으로 1,000~2,000명 미만이 13.6%, 2,000~3,000명 미만이 12.0%로 집계되는 등 과반수의 아동관은 영유아 이용자가 2,000명 미만이며, 아동관의 약 80%에서는 영유아 이용자 수가 연간 6,000명 미만이다. 초등학생이 2010년에 이용한 숫자는 대표적으로 10,000명에서 20,000명 이내가 36.5%로서 가장 많았고 다음으로 20,000명 이상이 8.6%, 8,000~9,000명 미만과 1,000명 미만이 5.9%였다. 영유아와 비교하면 초등학생의 이용자 수가 많은 것을 알 수

---

* 식육(食育)이란 먹는 방법이나 영양교육이라고 생각되기 쉬우나 보다 더 큰 의미를 가진다. 식사를 통해서 인간으로서의 '살아가는 힘'을 기르는 것이다(http://www.jfcs.co.jp/).

있다. 2010년에 이용한 중고생 인원수는 1,000명 미만이 63.9%로 가장 많고, 다음으로 한 명도 없는 곳이 13.9%, 1,000~2,000인 미만인 곳이 9.7%이다. 중고생의 이용은 대부분의 아동관에서 2,000인 미만으로 영유아보다 이용자 수가 적다. 보호자 수(지역주민 포함)의 합계는 대체적으로 1,000명 미만이 22.8%로 가장 많았고 1,000~2,000명 미만이 13.4%, 2,000~3,000명 미만이 12.0%이다. 지역주민 이용자 수는 영유아 이용자 수와 비슷하다. 그리고 아동관과 어머니클럽의 연계사업(복수회답)에는 부모자녀교류사업이 83.6%, 세대간교류사업이 55.6%, 가정양육에 관한 연수활동이 38.6%였다.

아동건전육성추진재단에서는 5년마다 아동관 실태조사를 실시한다. 설치 현황은 2011년 10월 1일 4,318개소로서 공영 2,673개소, 민영 1,645개소다. 시설 종류별로는 소형아동관 2,568개소, 아동센터 1,625개소, 대형아동관 23개소, 그 외의 아동관이 102개소 설치되어 있다. 2013년에는 4,598개소로 증가했다(厚生労働省, 2016). 소형 아동관(小型児童館)은 주로 3세 이상의 유아와 초등학교 1학년에서 3학년 및 주간에 보호자가 없는 가정의 아동이 대상이다. 소(小) 지역의 아동을 대상으로 하여 일정한 요건을 구비한 아동관이다. 건전한 놀이를 통하여 집단 및 개별지도를 하며, 연장아동의 자주적 활동을 지원하고 어머니 클럽, 아동회(子供会) 등 지역 조직 활동의 육성 조장 및 지도자 양성을 한다. 또한 육아불안이나 고민을 가진 어머니의 상담을 하며, 육아가정을 지원하고, 기타 지역 아동의 건전 육성에 필요한 활동을 한다.

아동센터는 소형아동관 기능에 추가하여 놀이(주로 운동)를 통한 체력 증진을 도모하는 것을 목적으로 하는 사업으로서 설비를 갖춘 시설이다. 놀이(주로 운동)를 통한 운동 습관 형성, 체력 증진 지도를 통한 사회성 신장, 몸과 신체의 건강 만들기를 도모한다. 아동센터 중에서도 대형 아동센터는 연장 아동을 우선으로 하며 문화 활동, 예술 활동, 스포츠 및 사회 참가 활동을 하도록 배려한다. 음악, 영상, 조형 표현, 스포츠 등의 다양한 활동을 통해 연장 아동의 사회성을 신장하고 몸과 마음의 건강을 도모한다. 아동의 사회 참가 활동이나 국제 교류 활동 등도 진행한다. 운동 부족, 운동 혐오 등에 의해 체력이 부족한 유아와 아동을 우선으로 한다(厚生労働省, 2012a).

대형아동관(大型児童館)은 도도부현(都道府県) 내의 아동을 대상으로 한 활동을 행하는 것이 원칙이다. 대형아동관은 세 가지로 구분된다. A형 아동관은 도도부현 내의 소형아동관과 아동센터의 지도나 연락 조정 등의 역할을 한다. B형 아동관은 풍요로운 자연환경에 둘러싸인 지역 내에 설치되어 있어 아동이 숙박을 하면서 자연을 살린 놀이를 통해 건전 육성 활동을 행할 수 있다. 숙박 시설과 야외 활동 설비가 있다. C형 아동관에는 아동관의 모든 기능에 추가하여 예술, 체육, 과학 등의 종합적인 활동이 가능하도록 극장, 갤러리, 옥내풀, 컴퓨터놀이실, 숙박연수실, 아동놀이공원(児童遊園) 등이 부설되어 있다(厚生労働省, 2012a).

3. 지역육아지원거점사업으로서의 아동관형의 '연계형'으로의 변화

일본의 지역육아지원거점사업은 1989년 '보육소지역활동사업'이라는 이름으로 육아상담이나 지도, 육아강좌를 시행하는 사업으로 시작되었다. 2007년에는 '모임광장' 사업과 '지역육아지원센터' 사업이 '지역육아지원거점사업'으로 일원화되어 상설의 모임광장형, 민영의 아동관 내의 아동관형, 종래의 지역육아지원센터인 센터형의 세 가지 유형으로 확장되었다. 2012년 지역육아지원거점사업 실시 개소의 수는 광장형 2,266개소, 센터형 3,302개소, 아동관형 400개소로 합계 5,968개소다(厚生労働省, 2012c). 따라서 아동관에서 지역육아지원거점사업을 하는 비율은 약 10% 내외로 추정 가능하다.

아동관형 지역육아지원의 실시 장소로는 아동관과 아동센터이며, 일반아동이 이용하지 않는 시간을 활용하여 기존의 유희실, 상담실 등에서 부모-자녀가 교류하고 모이기 쉬운 장소에서 실시한다. 장소의 넓이는 10쌍 정도의 부모-자녀가 이용할 수 있는 크기이면 가능하다. 수유 코너, 세면대, 아기침대, 장난감, 그 외에 영유아가 이용해도 지장이 없는 설비가 갖추어져 있다. 주 3일 이상, 하루 3시간 이상 개설하며 직원은 육아 지식과 경험을 가진 자를 한 명 이상 배치한다. 아동복지시설 최저 기준(1948년 「후생성령」 제63호 제38조)에 규정하는 아동의 놀이를 지도하는 자는 담당자를 도와서 육아부모-자녀에 대한 원조를 한다. 이 사업은 필요한 경비의 일부를 보호자로부터 징수할 수 있다(厚生労働省, 2007).

지역육아지원거점사업은 2013년부터(2012년부터 안심어린이기금 사업으로 바뀜) 새로운 확충을 도모했다. 먼저, 기능별로 광장형, 센터형을 '일반형'으로 재편하고 직원 배치나 활동 내용에 따른 지원을 했다. 아동관형은 '연계형'으로서 실시 대상 시설을 재고했다. 아동관형을 연계형으로 재편하는 것은 아동관을 비롯한 육아 관련 시설에서 지역육아지원사업을 실시한다는 것이다. 다음으로는 기능의

강화다. 즉, '이용자 지원' '지역지원'을 행하는 '지역 기능 강화형'을
창설(신설)했다.

4. 지역교육력으로서의 아동관의 활용 사례*

1) 소형아동관의 사례: 사쿠라기

사쿠라기아동관(주소: 〒436-0225　静岡県掛川市家代1738-1)은
0~18세 아동의 놀이 장소로서 자유로이 놀 수 있다. 영아를 위한
코너도 있으며, 넓은 부지 내에 자연이 있다. 주로 야채 수확을 하거
나 생물체와 접촉하는 등의 놀이를 할 수 있다. 영아를 위한 코너 운
영과 함께 자연 공간이 드러나는 아동관이다. 육아상담도 하며, 도
서관과 체육시설이 있다. 중고생교실이 열리기도 하며, 취업부모를
위한 방과후 아동교실이 있다. 초·중학생을 대상으로 일본의 전통
문화를 배우는 소그룹모임이 많다.

* 이 사례는 아동관의 유형별 분포에서 저자가 임의로 추출한 것임.

[그림 5-1] 사쿠라기 아동관

출처: http://e-jan.kakegawa-net.jp/

아동관 내에는 그림책 도서관도 있다. 산에서 모험놀이를 하거나 체육관에서 터치 볼을 하거나 다양한 놀이가 가능하다. 실내에서는 게임놀이를 하거나 책을 읽거나 바깥놀이도 한다. 매주 수요일은 중·고생교실을 연다(15:00~17:30). 중·고생용 만화나 도서, 컴퓨터 이용이 가능하다. 매주 수요일, 금요일은 식물의 날이며, 도시락 지참의 날이다. 수시로 육아상담을 받을 수 있으며 미취학 원아의 부모자녀용 강좌인 '벚나무 광장'을 연다. 보호자가 취업한 경우 방과후에 아동(초등 1~6년)을 맡아 준다. 봄, 여름, 겨울방학에는 보육을 실시하기도 한다. 아동관에는 아동에서 성인까지 즐거운 활동교실이 많다. 단, 등록제이며 탁아는 하지 않는다. 주 1~2회의 초등학교 2~6학년 대상의 컴퓨터 클럽, 초등 1~3학년 대상의 운동클럽, 초·중학생 소그룹 대상의 차 마시는 모임, 일본의 전통문화를 즐기는 모임, 초등학생 대상의 식물관찰 클럽, 초등학생 대상의 뉴 스포

츠, 목공놀이, 도예, 골프모임인 모험왕(冒險王)클럽, 서예(書道), 도
예, 요가, 스트레칭 클럽 등을 운영하고 있다(http://www.ans.co.jp).

2) 아동센터 사례: 야마구치현 아동센터

주소	山口県山口市維新公園四丁目 5番 1号(維新百年記念公園内)
개관시간	9:00~16:30
휴관일	매주 월요일, 축제일, 연말연시
입관료	무료. 단, 강좌·이벤트는 유료
영유아대상 정례행사	영유아에서 취학 전 아동과 보호자. 당일 자유 참가, 참가비 무료
시설	현관홀, 소규모 홀, 체육실, 공작실, 대강당, 플라네타륨(planetarium) 천문관, 유희실, 수유실, 꿈광장, 대형 다리, 아동센터, 우주기지

야마구치현 아동센터 전경
출처: http://www.centaro24.jimdo.com/

야마구치현(山口県) 아동센터는 아동의 아동다움을 중요하게 생
각한다. 센터에 모이는 많은 사람들과의 놀이나 체험을 통해서 친구
관계가 연결되고 넓어지도록 지원하며, 아동의 심신이 건강해지고

마음이 풍요로워지는 것을 목표로 한다.

　또한 야마구치현의 아동 건전 육성 활동의 중핵적 시설로서의 역할을 하기 위해서 시설 기능을 충분하게 발휘하며 선구적인 프로그램 개발에 노력하고 있다. 활력 있는 운영과 활동이 가능하도록 관계 기관과의 연계를 소중하게 여기며, 아동 건전 육성에 관계하는 모든 사업을 계획하며 적극적으로 추진한다(http://centaro24.jimdo.com/).

〈표 5-2〉 야마구치현 영유아 대상 정규 프로그램

프로그램명	시간	장소	내용
즐거운 공작놀이	매주 화 11:00~11:30	유희실	간단한 재료를 이용해서 공작 놀이하기
풍풍 광장	매주 수 11:00~11:30	홀	음악에 맞추어 몸을 움직이기, 매일 다양한 주제로 놀이하기
그림책 읽어 주기	매주 금 10:30~10:45	유희실	영유아용 그림책을 읽어 주기
모두 같이 음악을	매주 금 11:00~11:30	홀	부모자녀로서 음악놀이를 즐기기, 계절 노래 부르거나 손유희, 부모자녀 체조 등

3) 대형아동관: 오사카 부립 대형아동관 빅뱅(bigbang)

주소	大阪府 堺市 南区 茶山台 1丁 9番 1号
개관시간	10:00~17:00
휴관일	월요일(월요일이 공휴일인 경우에는 다음날인 화요일이 휴관일임.) 봄방학인 5월, 여름휴가인 10월은 월요일에도 개관한다. 연말연시 휴관은 12월 28일에서 1월 1일까지다.

	개인	단체
성인	1,000엔	800엔
중학생	800엔	640엔
초등학생	800엔	640엔
유아(3세 이상)	600엔	480엔
3세 미만 유아	무료	무료

입관료

출처: http://www.bigbang-osaka.or.jp/

시설

1층: 코스모포트, 안내, 로켓 엔진, 아동 극장, 보건실, 곡선 놀이기구
2층: 전자동물원, 창작공방, 요리 코너, 영아광장
3층: 수유실, 놀이도구(악어), 정글놀이 도구, 유아 코너, 나무장난감 코너, 휴게실, 발코니
4층: 시뮬레이션 극장, 쇼와 30년대의 거리, 장난감 타임캡슐, 장식품, 장난감 타임터널.
옥상: 정글짐, 수유실, 보건실, 아동용 화장실

오사카 부립 대형아동관 빅뱅 전경
출처: http://iko-yo.net/facilities/456

오사카 부립 대형아동관 빅뱅은 C형 대형아동관의 예로, 놀이를 주제로 하여 아동의 풍부한 놀이와 문화 창조의 중핵 거점으로서 1999년 6월에 오픈했다. 3세부터 초등학생 미만까지는 유아입장료를 징수하고, 3세 미만 아동은 무료다. 이 관은 놀이가 주제로 우주선을 모방한 관내에는 장난감이 많고, 그 가운데 지상 53미터의 거대한 정글짐이 있다. 어린 유아도 즐길 수 있는 음악실, 장난감이 있다. 이곳은 옥내 시설이며, 옥내에 놀이장이 있어 우천 시에도 이용이 가능하다. 봄방학에도 놀이를 할 수 있고, 장난감이 풍부하며, 연휴와 여름방학에 입장이 가능하고, 무료 주차장이 있다. 실내놀이장이 있으며, 유모차를 가지고 들어갈 수 있고, 식사를 지참할 수도 있다. 체험관 및 수유실이 있으며 카페가 딸린 옥내 유원지, 우주과학관, 체험박물관이 있다.

5. 지역교육력으로서의 아동관의 향후 전망 및 과제, 시사점

일본의 아동관은 영유아에서 중고생에 이르기까지 건강한 신체 발달과 정서 함양을 도모하기에 유익한 지역의 장소다. 아동관에서는 독립된 건물에서 아동의 건강한 신체 발달과 정서 함양에 유익한 놀이 활동을 다양하게 개설하고 프로그램을 제공하고 있다. 즉, 영유아를 위한 모임광장인 육아광장을 개최할 뿐만 아니라, 초등학생의 방과후 클럽, 악기와 체육시설 등 중고생을 위한 놀이 활동의 제공, 지역의 노인 자원봉사자를 활용한 세대 간 교류의 시도, 지역적 특성을 살린 다양한 문화체험 활동을 기획하여 제공하고 있다. 또한 지역에 적합한 다양한 문화 행사나 체험 행사를 통해 아동관 운영에 이바지하고 있음을 알 수 있다.

일본의 소형아동관은 건전 육성 지도를 필요로 하는 3세 이상의 유아와 초등학교 1~3학년의 저학년(学童) 및 주간에 보호자가 없는 가정의 아동 등을 대상으로 하고 있다. 아동센터 혹은 대형아동관은 연장 아동을 우선으로 하며 사회성 신장과 몸과 마음의 건강 만들기를 목적으로 한다. 아동센터형에서는 소형아동관 기능에 추가하여 놀이를 통한 운동 습관 형성, 음악, 영상, 조형 표현, 스포츠 등의 다양한 활동을 추구하여 연장 아동의 사회성을 신장하고, 몸과 마음의 건강 만들기를 지향하며, 아동의 사회 참여나 국제 교류 활동 참여 등에도 준비를 한다. 아동 청소년의 건전 육성을 위한 장소로서의 기능을 하면서, 더불어 지역육아를 위한 만남의 광장을 수시로 개설하여 육아부모의 고민을 해소하고 나눌 공간을 제공하는 복합적인 기능을 하고 있다. 대형아동관에서는 도도부현(都道府県) 내의 아동을 대상으로 한 활동을 행하는 것이 원칙이다. 앞으로 일본은 지역육아를 아동관 내에서만 하는 것이 아니라 여러 아동복지시설을 개방하고 다양한 유형을 연계하여 지역육아사업을 전개해 나갈 방침이다.

우리나라에도 아동 대상의 활동 사업이 있다. 지역아동센터는 2014년 12월말 당시 전국에 4,059개소가 있었다(보건복지부, 2014). 초·중등 학생에게는 방과후 보육의 비중이 더욱 크다. 또한 각급 학교에서 열리고 있는 방과후 학교교실은 초 1~3년은 방과후 보육 및 교육 욕구 해소, 초 4~6년은 특기 적성 및 다양한 교육프로그램, 중

1~3년은 수준별 교과 보충, 심화학습, 특기 적성 교육, 고 1~3년은 수준별 교육, 스트레스 관리지도, 진로지도 등으로 학년별 방과후 프로그램의 내용이 다르다. 우리나라에는 일본의 대형아동관의 기능과 유사한 것으로서 청소년 활동 시설(「청소년활동진흥법」, 2016)이 있다. 청소년 활동 시설에는 청소년 이용 시설과 청소년 수련 시설의 두 가지가 있다. 청소년 이용 시설은 문화시설, 과학관, 체육시설, 평생교육기관, 자연휴양림, 청소년회관, 어린이회관, 공원 등 청소년 활동 또는 청소년들이 이용하기에 적합한 기관이다. 청소년 수련 시설로는 청소년수련관, 청소년수련원, 청소년문화의집, 청소년야영장, 유스호스텔이 있다(보건복지부, 2014). 그 외에도 방과후아카데미, 청소년동아리, 청소년어울림마당이 전국에서 운영되고 있다. 우리나라도 청소년 이용 시설이 놀이공간, 휴식공간으로서 각 지역 및 구마다 활성화되어 간다면 바람직할 것이다.

앞으로의 과제에 대해 노나카 켄지(野中賢治)(2015)의 연구를 인용하여 정리하면 다음과 같다.

첫째, 국가는 아동관에 대한 가이드라인의 보급과 개발을 도모해야 한다.

둘째, 또한 보급 및 개발을 도모하고자 자치제 직원이나 아동관 직원 등에게 전국 규모의 연수회 등을 통해 내용을 이해시킬 필요성이 있다. 국가의 아동관 제3자 평가 기준은 2006년에 작성되어 현재 도도부현(都道府県)의 제3자 평가사업에 활용되고 있다. 그 내용을 국가 가이드라인에 준거하여 개선해야 한다.

셋째, 국가의 가이드라인과 시정촌의 아동관 시책 및 사업이나 활동 내용에 비추어 검토하는 조직연구가 진행되어야 한다. 국가 가이드라인에서 추구하는 아동관의 역할이나 기능에 관하여 아동관 활동 사례를 폭넓게 수집하여야 하고, 운영이나 활동 내용이 적절한지, 그리고 아동관의 발전에 도움이 된다고 생각하는 내용이 전국적으로 전개되고 있는지를 검증하여 향후 아동관 가이드라인의 개선을 검토하는 것이 바람직하다.

넷째, 아동관 취업을 희망하는 학생이 꿈을 실현하기 위해서는 직장으로서의 아동관이 보다 충실해지는 것이 바람직하다고 지적했다. 앞으로 일본의 아동관 사업은 각각의 유형에 대한 주민들의 반응과 평가체제에 대해 추후 더 연구해 나갈 필요성이 있다.

참고문헌

보건복지부(2014). 2014 보건복지통계연보 제60호.

보건복지부(2014). 전국지역아동센터 실태조사 보고서. 2014년 12월 기준.

브리태니커대백과 사전.

이성한(2013). 일본지역육아지원거점사업의 고찰 및 우리나라 육아지원
정책에의 시사점: 아동관의 지역육아지원을 중심으로. 한국일본교육
학연구, 17(2), 39 - 58.

「청소년활동진흥법」(2016). 법률 제14238호. 일부개정 2016. 5. 29.

한국일본교육학회, 한국교육과정평가원(2012).한국일본교육학회·한국교
육과정평가원 추계 학술대회 발표 자료집. 일본의 학교교육지원 지
역교육력전개. 한국교육과정평가원. 2012. 11. 3. 76 - 84.

井上仁(2005). 日本の家族支援(子育て支援制度に着いて). 一虐待防止
と少子化対策から見た子育て支援制度. *International Journal of Family
Welfare*, *1*, 123 - 138.

厚生労働省(2007). 地域育児支援拠点事業実施のご案内. NPO法人
子育てひろば全国連絡協議会財団法人児童育成協会. 厚生労働
庁雇用均等児童家政局総務課小子化対策企画室.

厚生労働省(2011a). 児童館ガイドラインについて. 雇用均等·児童家政
局 育成環境課. 平成 23年 3月 3日. 1 - 8.

厚生労働省(2012a). 児童館の設置運営要綱. 2012. 5. 15.

厚生労働省(2012b). 2008 児童館数(公営, 民営別)の追違.

厚生労働省(2012c). 地域育児支援拠点事業実施個所数.

厚生労働省(2016). 児童館について. 子育て支援.

厚生労働省雇用均等児童家政局(2011). 児童館ガイドラインについて. 1 - 7.

子供ネクスト(2006).　平成18年度全国児童館実態調査結果.　2006.　10.　1.
　　1－89.

財団法人子ども未来財団(2007).　子育てネット.　全国地域子育て支援セ
　　ンター概要.

児童健全育成推進財団(2010).　児童館チームアップに役立つ２０のヒント.
　　2010.　3.　25.　平成18年度全国児童館実態調査結果.

児童健全育成推進財団(2011).　平成23年度　全国児童館実態調査集
　　計結果.　調査基準日：平成 23年 10月 1日.　1－112.

児童健全育成推進財団(2016).　平成２７年度　子ども・子育て支援推
　　進調査研究事業　報告書.　**児童館における子育て支援等の実践**
　　状況に関する調査研究.　2016.　3.

鈴木一光(2009).　これからの児童館のあり方のついての調査研究.　平成
　　20年度児童関連サービス調査研究等事業.　第28回社会保障審議
　　会小子化対策特別部会.　1－4.

東京道児童相談センタ事業課児童館支援係(2012).　平成24年地域児童
　　館支援事業出席講座実施について.

野中賢治(2015).　平成26年度児童福祉問題調査研究事業報告書.児童
　　館の運営内容等に関する調査研究.　平成27年3月　秋草学園短期
　　大学, 98.

http://www.ans.co.jp

http://www.bigbang-osaka.or.jp/ (2015. 8. 24. 인출)

http://www.centaro24.jimdo.com/ (2015. 8. 24. 인출)

http://www.jfcs.co.jp

http://e-jan.kakegawa-net.jp/

http://iko-yo.net/facilities/456

제6장　공민관의 지역교육력

장지은
(고려대학교)

1. 공민관이란

일본에는 지방의 어느 지역을 가든지 볼 수 있는 교육기관 중 학교 외의 시설로서 공민관(公民館)이 있다. 초등학교나 중학교가 있는 곳이면 반드시라고 해도 좋을 정도로 주민들이 쉽게 모일 수 있는 학습·문화 교류 공간으로서 공민관이 자리하고 있다. 일본에서 공민관과 유사한 시설은 제2차 세계대전 전에도 존재하였다고 전해지나 법제적 기반을 가지고 공적 사회교육기관으로서 지역사회에 정비된 것은 전후(戰後)다. 공민관은 패전으로 인하여 참담케 된 일본 사회의 재건에 필요한 기반을 교육을 통하여 마련하기 위하여 설치되었다. 그리고 전후에 산업 재건, 생활 안정, 사회 체제 확립 등의 과제가 해결되어 가는 가운데, 점차적으로 새로운 지역사회의 과제에 대응하며 여러 가지 변화의 과정을 거쳐 왔다. 21세기 현재에도 변함없이 공민관은 지역사회의 요구와 과제의 해결에 학습·문화·교류 활동을 통하여 관여하고 있다.

그리하여 이 장에서는 '지역교육력'의 창출 기반으로서의 공민관의 특징을 살펴보고자 한다. 이를 위해서 공민관이 지역의 교육력을 만들어 가는 데 영향을 준 공민관 독자의 조건, 요컨대 역사적 특징, 법제적 특징 그리고 실천에서의 특징 등을 살펴보기로 한다. 그 이유는 공민관이 일본에 15,399관(2011년 문부과학성 발표 기준)이 존재하는데, 이러한 공민관에서는 타 교육 기관과는 구별되는 독자의 교육실천을 전개하고 있고, 이러한 과정과 성과에는 공민관 간의 유사함이 보이기 때문이다.

2. 역사 속의 공민관

1) 공민관의 출현

일본의 공민관은 「사회교육법」에 설립 근거를 둔 사회교육시설의 하나다. 공민관은 1945년 제2차 세계대전에서 일본이 패전한 후 당시 문부성(文部省, 지금의 문부과학성)의 관료였던 데라나카 사쿠오(寺中作雄)가 "일본 국민의 저조한 정치적 관심이나 의식을 보며 지방자치를 짊어지는 공민으로서의 교육과 훈련이 필요하다"라고 생각한 문제의식에 기인하여 구상되었다(上原直人, 2000: 32). 패전 후의 생활 불안 속에서 문부성의 사회교육과장으로 부임한 데라나카는 1945년에 발표한 논문을 통하여 "사회 속에서 자기를 발견함과 동시에 자기 속에서 사회를 발견하는 것이 근대의 특징이고 현대인의 임무"임을 주장하였다. 또한 공민교육을 '실천교육'(스스로 단체를 조직하고 그 운영에 참여하는 것), '상호교육'(서로 체득한 것을 연구, 비판, 토론함으로써 배우는 것), '종합교육'(정치적 견식뿐만 아니라 정조의 도야, 과학적 지능의 계발 등을 포함)으로서 제안하였다. 그리고 이러한 공민교육을 위해서 눈으로 보고 귀로 듣는 것이 교양이 될 수 있는 '환경'이 필요함을 역설하였다(上原直人, 2000: 33). 이와 같이 데

라나카가 말하는 환경, 즉 문화적 시설에 대한 기대가 곧 공민관 구
상의 토대가 된 것이다.

공민관 구상은 1949년 6월에 제정된 「사회교육법」 제22조에서
공민관의 사업으로 구체화되어 법적 근거를 얻게 되었고, 사카모토
노보루(坂本登)(2006)가 제기한 것 같이 '주민 본위의 사상과 집회,
학습, 교류, 진흥'이라고 하는 방향성을 가지는 교육기관으로서 규정
되었다. 그러나 전후의 피폐한 상황 속에서 신일본건설이나 신생활
운동 등을 통한 회복과 부흥의 과제가 긴급하였기 때문에 전후 개혁
기의 공민관은 빈곤을 극복하고 향토생활을 개선하는 데 주력하여
생산 공민관, 마을개혁공민관, 마을문화회로서의 공민관 그리고 설
립 자금이 없어 '마을 전체가 공민관'이라고 하는 하늘공민관(青空公
民館) 등 다양한 기능과 명칭을 가지고 있었다(戰後社会教育実践史刊
行委員会 編, 1974: 61, 74, 82).

2) 공민관의 변화와 발전

공민관은 전술한 것 같이, 전후 개혁기에 나온 공민관 구상과 「사
회교육법」의 공민관 규정에 사업의 토대를 두고 있으나 전후 몇 차
례에 걸쳐 공민관의 역할과 기능에 변화가 나타나며 방향 모색을 거
듭하여 왔다. 그 두드러진 계기는 다음의 세 가지로 나누어 논의되
고 있다.

첫째, 오사카부(大阪府) 히라카타(枚方) 시 교육위원회가 1963년
2월에 제시한 「히라카타(枚方) 테제」라고 불리는 '히라카타 시 사회
교육 금후의 방향'이다. 「히라카타 테제」는 1960년대에 지방자치단

체 노동자의 부당 전직을 배경으로 하여 공민관(직원)과 시민운동의 관계에 관한 방향을 모색하는 가운데 나온 강령이다. 미야자카 다카시(宮崎隆志)의 정리에 의하면, 사회교육의 주체는 시민이고, 사회교육은 국민의 권리이며, 그 본질은 헌법 학습이고, 주민자치의 힘이 되어야 하며, 대중교육의 교육적 측면으로서 민주주의를 키우고 지키는 것이다. 이와 같은「히라카타 테제」는 주창된 다음 해에 히라카타 시의 부인 학급의 하나(중앙부인학급)로서 구체화되었다. 그리고 중앙부인학급에서는 종래의 마을의 부인회 조직에 의존하고 있던 부인학급과는 달리, 학습의 주제를 '우리들의 생활과 시정(市政)'으로 설정하고 지방자치, 헌법학습, 지역 환경의 개선 요구 등을 학습 내용에 담았다. 그리고 회원 이외의 일반 부인에게도 교실을 개방하며 부인민주클럽이나 히라카타 시 부인회협의회가 조직한 학급에까지 영향을 주었다(宮崎隆志, 2005: 19-20).

그러나 이 부인학급의 개설과 동시에,「히라카타 테제」를 작성하고 실천을 도모하려던 직원의 전직이 발생하여, 중앙부인학급은「히라카타 테제」의 지지기반을 얻지 못한 채 시민의 노력으로 오늘날에 이르는 독자적인 발전 과정을 겪게 되었다. 한편에서는 1965년 이후 역사, 경제, 철학, 교육이라는 이른바 교양학습에 주력하며 여성으로서 엄마로서의 삶의 방식에 대한 의식을 고양하고, 또 다른 한편에서는 중앙부인학급 계열의 교실에서는 직접 '보육'을 해 보는 실천을 전개하였다. 그리하여 히라카타 시의 부인학급은 '버려지면서 오히려 성장한 주민이「히라카타 테제」를 재발견한 것'이라고 하는 평가를 받고 있다(宮崎隆志, 2005: 20-22). 나아가 이러한 히라카타 방침은 '전국적으로 주목을 받으며 도시형 공민관의 원형으로

서 위치 매김 되었고', 민주주의와 생활 개선 학습 자체에 역점을
둔 '데라나카 구상을 일면 계승하면서도' 후술하는 「산다마(三多摩)
테제」와 같이 '주민의 주체성을 전면에 드러내었다'고 하는 면에서
공민관의 새로운 방향 모색에 기여하게 되었다(飯田哲也, 2003: 71).

또한 1965년 나가노현(長野県)의 이다·시모이나(飯田·下伊那) 주
사회에서도 "공민관 주사의 성격과 역할은 민주적인 사회교육을 지
키는 것으로서 국민의 생활 요구, 문화 요구, 정치 요구, 그 외에 여
러 가지 요구에 근거하여 행하여지는 교육·학습 활동이 그것을 저
해하는 것들을 극복하는 실천을 통하여 '자유'를 발전시켜 가는 것"
이라고 천명하였다. 그리고 1968년 전국공민관연합회에서는 공민관
의 역할을 집회와 활용, 학습과 창조, 종합과 조정으로서 규정하고,
표준이 될 사업으로는 지역생활에 근거한 사업, 생활문화를 높이는
사업, 지역연대를 강화하는 사업 등으로 제기하였다(佐藤進, 2006: 192).

이로 인하여 1960년대의 공민관은 새로운 사회체계에의 적응을
위하여 학습에의 참여 자체가 우선시되었던 전후 개혁기와는 달리
주민을 위한 학습, 더 나아가 학습을 둘러싼 사회적 과정에 대한 비
판적 성찰이 지역의 공민관에서 이루어지고 있었음을 알 수 있다.

둘째로는 「산다마(三多摩) 테제」라고 불리는 도시형 공민관 상의
등장을 거론할 수 있다. 주민의 요구, 민주적인 사회교육, 자유의 확
장 등을 추구하며 거론된 1960년대의 공민관 활동을 집약하여 도시
형 공민관의 방향으로서 정리한 것이 일명 「산다마 테제」라고 알려
져 있는 도쿄도(東京都)의 『새로운 공민관 상을 향하여』(1973)와 『공
민관 직원의 역할』(1974)이다. 그 내용의 요점은 "공민관이란 주민
의 학습권을 보장하는 지역 시설로서 주민에게 학습 내용의 편성권

이 있고, 공민관 직원은 주민의 봉사자"라는 점이다(飯田哲也, 2003: 71). 또한 도시형 공민관의 역할로서 주민의 자유로운 모임의 장, 집회 활동의 거점, 주민의 대학(작은 문제를 통하여 근원적인 문제를 학습하는 장), 생활 속에서 태어나 발전하는 문화 창조의 광장 등이 제기되어(佐藤進, 2006: 192), 공민관 활동의 주체로서 지역주민의 요구와 역량이 점차 공민관 활동의 기반이 되어 가고 있음을 시사하고 있다.

셋째로는 생애 학습 시대의 공민관이다. 1981년에 중앙교육심의회의 답신 '생애교육에 관하여'에서 사람들의 학습 요구가 증가하고 다양화, 고도화하므로 정보 제공·상담 기능을 확충하는 공민관의 '지역학습센터'로서의 역할을 강조하였다. 또한 1991년에 생애학습심의회에서 발표한 '공민관의 정비, 운영 방향에 관하여'에서도 공민관은 생애 학습 실현을 위하여 시정촌(市町村)*에서는 중핵적인 역할을 다하여야 하고 학습 정보의 수집, 정리, 제공이나 학습 상담 기능에 충실할 것을 제언하고 있다. 더 나아가 도시화, 핵가족화 등의 사회 변화 속에서 지역 활동 거점의 하나로서 지역연대 형성에 주력하는 커뮤니티 센터로서의 역할도 강조하고 있다.

이와 같이 공민관은 전후 학습 활동의 중핵으로서의 학습센터와 지역 진흥의 중핵으로서의 커뮤니티 센터 양쪽으로부터 그 역할이 모색, 확립되어 왔음을 알 수 있다(本玉元, 1999: 42). 요컨대, 일본의 공민관은 새로운 사회체계에의 적응 및 생활 개선의 과제 대응으로부터 시작하여 점차 주민의 학습권을 보장하고 지역사회의 연대를 도모하기 위하여 역할과 기능을 개선, 확대하여 온 것이다.

---

* 市町村은 '시쵸손'이라고 부르고, 일정의 자치권을 가지는 일본의 기초지방자체단체, 포괄적인 광역지방공공단체인 도도후켄(都道府県)과 대비됨. 일본의 기초지방자치단체, 특별구를 포함하여 '시구정촌'이라고도 함.

3. 공민관의 법제적 특징 _ 127

3. 공민관의 법제적 특징

공민관은 일본의 「사회교육법」에 설치와 역할이 규정되어 있는 공적 사회교육기관이다. 이와 같은 공민관은 「사회교육법」의 공민관의 설치 및 운영에 관한 규정과 문부과학성이 공시하는 공민관의 설치 및 운영에 관한 기준에 준하여 운영되는데, 이러한 법제에서의 특징을 살펴보면 지역에서 교육력을 생성하여 내는 공민관 독자의 사업 기반과 교육의 특징을 이해할 수 있다. 여기에서는 법제적 특징이 분명히 드러나 있는 공민관의 학습 방향과 공간 특징을 살펴본다.

1) 공민관의 학습

「사회교육법」(1949년 제정) 제5장은 공민관의 목적 및 사업, 그리고 그 사업을 추진하기 위한 방침 및 자원 등에 관한 규정으로서 공민관 교육력의 생성 기반을 이해하는 데 유용하다. 「사회교육법」에 따르면, 공민관의 목적은 실제 생활에 즈음한 교육·학술 및 문화에 관한 각종 사업을 행하고 그로써 주민 교양의 향상, 건강의 증진, 정조의 순화를 도모하여 생활문화를 진흥하고, 사회복지 증진에 기여하는 것이다(제20조). 이와 같은 목적을 위하여 추진하는 공민관의 사업(제22조)은 정기 강좌의 운영, 토론회·강습회·강연회·실습회·전시회 등의 개최, 도서·기록·모형·자료 등의 구비 및 이용, 체육·레크리에이션 등에 관한 집회의 개최, 각종 단체·기관 등의 연락 조정, 주민의 집회 및 공공이용을 위한 시설의 제공 등이다.

이와 같은 공민관의 목적과 사업을 보면 교육의 방법, 자료의 구비, 집회의 유형, 연계의 대상에 있어서 공민관이 지역사회 및 주민의 다양한 과제나 요구에 대응 가능한 광범위한 기능과 잠재력을 가지고 있음을 알 수 있다. 이러한 법률적 규정에 따라 일본의 공민관에서 추진하는 교육사업의 특징과 사업 운영을 원활하게 하는 요인을 살펴보면 다음과 같다.

■ 공민관의 교육 사업과 학습의 특징

공민관은 전술한 것 같이, 「사회교육법」에서 규정한 공민관의 목적에 부응하여 교양 향상(예능, 표현문화, 생활문화 등), 건강 학습, 사회동화학습, 인권 및 시민교육, 지도자 연수 등 다양한 사업을 강좌 개설 및 운영을 통하여 추진하여 왔다. 현재는 2001년(平成 13년) 「사회교육법」의 일부 개정에 의하여 교육위원회의 사무로서 가정교육에 관한 학습 기회의 제공, 청소년을 위한 사회봉사·자연체험활동의 제공, 학교·가정·지역사회와의 연계 등이 요구되어 이와 관련된 학습강좌 등도 운영되고 있다. 2011년도 기준으로 공민관에서는 취미·문화·학습을 포괄한 교양 향상을 위한 학습이 20만 2천 개(51.6%), 가정교육 및 가정생활이 7만 8천 개(20%), 체육·레크리에이션이 6만 8천 개(17.5%) 등의 순으로 개설되었다(문부과학성, 2011). 이러한 규모는 타 사회교육기관의 추종을 불허하는 상당한 양적 규모가 되고 있어 이러한 강좌들이 공민관을 통하여 그 설립 목적에 부응하는 학습으로 거듭나는 특징을 탐색하여 보면 다음과 같다.

첫째, 교양학습으로서 개설되는 취미 · 문화학습의 경우, 표현 문화 활동의 의의에 주목한 강좌 운영을 지향하고 있다. 표현 문화 활동은 교양 향상을 위한 강좌로서 공민관에서 기획 · 제공되고, 강좌이수 후에는 많은 경우, 공민관 주사의 도움으로 문화 서클을 만들거나 공민관 내에 이미 등록되어 있는 학습 문화 활동 서클에 연계하여 계속적으로 집단 학습 및 활동을 유지한다. 내용은 합창, 밴드, 연극, 인형극, 댄스, 회화, 판화, 영상, 도예, 시, 문예, 독서, 생애사 등에 관한 강좌다. 하다준(畑潤)(2006)에 따르면, 이러한 표현 문화 활동은 '활동을 매개로 하여 활동 속에서 자기 자신의 내면에 깊이 있게 관여하는 특성'이 있고 이러한 특성을 살려 '자신과 타인을 재발견하는 활동으로서 자신답게 살아가는 방법'을 숙지케 하는 특징이 있다. 그렇기 때문에 데라나카의 공민관 구상에서도 사교오락을 거론하며 즐거움 속에 교양이 있고 문화가 있음을 제기하였고, 1973년의 『새로운 공민관 상을 향하여』에서도 공민관이 '주민에 의한 문화 창조의 광장'임을 제기하였던 것이다(畑潤, 2006: 195-196). 이와 같은 의의가 모색되고 있는 표현 문화 활동에서의 '문화'는 독일의 관념론에 근거한 학문, 사상, 예술 등의 정신작용일반이나 영미의 경험론에 근거한 인간의 행동 혹은 활동양식과는 다른 또 하나의 문화(Alterative culture)로서 지역을 거점으로 하여 자주적 · 자력적으로 영위되는 것이고, '지역문화'에 기반을 둔 학습활동이다(瀬沼克彰, 1994: 237). 그리하여 표현 문화 활동은 문화 학습의 즐거움의 향유뿐만 아니라 지역문화의 창조라고 하는 의의를 가지며 지역 주민의 참여를 지속적으로 끌어내는 가운데 공민관 사업의 중요한 축이 되고 있다.

둘째로, 건강학습이 공민관 학습으로서 기획, 추진될 때 그 의미가 심화되는 특징을 통하여 공민관의 교육 사업에 나타나는 학습의 특징을 이해할 수 있다. 마츠시타 히로무(松下拡)(2006)의 정리에 따르면, WHO의 정의에서 건강이란 신체적 · 정신적 · 사회적으로 안정되고 양호한 상태로서 질병이라고 하는 신체적 문제로부터 인간관계의 단절, 그리고 사회참여를 저해하는 편견 등과 관련지어 인식되는 개념이다. 이러한 건강의 문제는 개인의 문제로서 나타나지만, 실은 사회적 요인과의 관련성이 있어 건강학습은 정보 습득뿐만 아니라 "사회 구조와 사회 정책을 자기 자신의 노동이나 생활, 삶의 보람에 연결하는 인식"을 포함한다(松下拡, 2006: 199). 이와 같은 인식에서 마츠시타 히로무는 일찍이 나가노현(長野県)의 마츠가와(松川) 마을에서 건강학습 실천을 전개하였는데, 이에 대하여 스즈키 도시마사(鈴木敏正)는 학습자가 건강문제를 자기와의 관계로서 파악하는 데 주목하여 건강학습의 의의를 '자기의식의 형성과정'으로서 제기하였다(1991: 179). 이는 "학습이 심화되는 가운데 자신의 몸과 그 실태에 관한 이해를 돕는 학습, 더 나아가 건강문제를 해결하는 실천을 통하여 ……중략…… 가족관계나 노동의 자세, 여성문제나 농업문제 등 건강문제를 저해하는 사회적 요인에 접근함으로써 이 전 과정을 통하여 학습에서 '주체화'가 이루어지는 의의를 의미한다(千葉悦子, 1994: 173). 이러한 접근은 구마모토시(熊本市)시가 추진한 동구 건강 마을 만들기의 실천에서 볼 수 있듯이, 주민이 건강을 스스로 관리하는 힘을 가지기 위해서는 건강정보학습뿐만 아니라 예방행동의 중요성을 주변에 발신하여 건강정보발신원이 되는 능동성과 주체성을 형성하는 것을 의미하기도 한다(横山七重 外, 2013: 91).

이와 같이 공민관에서 의식과 실천력을 고양하는 건강학습은 역사적으로 계속 존재하여 왔다. 1960년대에는 공해문제를 계기로 하여 생명을 지키는 사상의 학습 운동을 전개하였고, 1980년대에는 고령화의 진행 속에서 고령자 복지의 과제와 연결되어 생활습관에 의한 예방이 건강 학습의 과제가 된 바 있다(松下拡, 2006: 199 – 200).

셋째로, 공민관의 환경 및 지역학습에서도 앞과 유사하게 의식을 고양하는 학습문화의 특징을 이해할 수 있다. 공민관에서는 '지역학습' '지역과제'라고 하는 말이 많이 사용되는데, 이때의 지역은 일반적으로는 일상생활 공간이나 행정구역을 의미한다. 그런데 환경학습과 관련하여서 행하여지는 지역학습은 보다 다양한 의미를 가지고 있다. 요컨대, '공민관이 지역의 자연, 역사, 사람, 문화를 대상으로 한 학습을 통하여 지역의 성립, 현재의 과제를 이해하고 새로운 지역창조를 위하여 책임있는 행동을 할 수 있는 인격 집단을 만들어 주민자치에 이르는 복합적인 학습의 계기'로 활용하고 있다는 점이다. 이러한 입장에서 공민관은 자연을 관찰하는 모임, 야외 활동, 자연체험 활동, 지역과제 활동 등을 공민관 교육 사업으로서 추진한다(伊東静一, 2006: 205 – 207; 朝岡幸彦編, 2005).

이외에도 공민관은 사회동화교육과 문해교육, 그리고 지도자 육성 사업 등을 추진하여 왔다. 한편, 2003년(平成15年) 6월 6일자로 공시된 공민관 설치 및 운영 기준에는 공민관의 사업을 지역의 학습 거점, 봉사·체험 활동의 추진, 가정교육 지원 거점, 학교·가정·지역사회와의 연계 거점, 그리고 지역 실정을 토대로 한 운영 등의 기준을 제시하고 있어 공민관은 기존의 사업영역을 더 확장하여 다양한 학습 기획을 추진하게 되었다.[*]지역의 성인 뿐만 아니라 청소년에 대하여도 지역단위에서 가정교육, 학교교육, 사회교육을 하나로 통합하여 협동교육 체제를 형성하는 데에도 중요한 역할을 하고 있다(장지은, 박지숙, 2014).

이와 같이 공민관의 교육 사업에서는 지역사회의 요구나 과제에 부응하며「사회교육법」에서 규정하는 목적과 같이 '실제 생활에 즈음한 교육, 학술 및 문화에 관한 각종 사업을 행하고' 지식과 정보 획득을 위한 학습, 의식 고양을 위한 학습, 행동 실천을 통한 문제해결 학습을 전개하고 있다. 그리하여 주민 의식의 고양과 실천력의 구비, 더 나아가 특정 교육 및 문화활동을 통하여 사회를 알아 가며 학습자·생활자로서의 주체 형성을 도모하고 지역과제를 함께 해결하는 사회적 능력을 계발함을 알 수 있다.

2) 공민관의 공간

일본의 공민관이 지역의 교육력을 생성, 발휘하는 데에는 공민관의 공간적 특징도 중요한 요인이 되고 있다. 공민관의 공간 구획 및 정비는 전후 개혁기 공민관 설치 시기에서부터 공민관 설치 규정에 의하여 상세하게 제시되어 있다. 공민관이 가지는 시설의 특징은 다음에서 설명하는 바와 같이 지역에서 주민의 자치, 학습, 여가 활동을 가능케 하고 지역사회의 과제 해결과 통합을 기하는 독자적인 환경 및 조건을 마련하고 있다는 점에서 주목할 필요가 있다.

---

[*]「公民館の設置及び運営に関する基準」の告示について(平成15年6月6日 15文科生第343号 各都道府県教育委員会教育長あて 文部科学省生涯学習政策局長通知)에서 참고하여 정리한 것임.

(1) 공민관 설치 및 운영에 관한 기준

「사회교육법」에는 전술한 바와 같이, 공민관의 사업을 여섯 가지로 규정하고 있다. 정기 강좌의 개설, 토론회·강습회·강연회·실습회·전시회의 개최, 도서·기록·모형·자료 등의 구비 및 이용 도모, 체육·레크리에이션 등에 관한 집회 개최, 각종 단체 기관 등에의 연락, 시설의 공공적 이용에의 제공 등이다. 공민관이 앞의 사업들을 적절히 수행하기 위해서 일본의 「사회교육법」은 공민관의 설치에 대한 기준에 대하여 규정을 두고 있다. 「사회교육법」의 기반 위에 1959년에 문부과학대신이 고시한 「공민관의 설치 및 운영에 관한 기준(公民館の設置及び運営に関する基準)」에는 공간으로서의 공민관의 특징을 알 수 있다. 이 기준은 2003년(平成15年) 6월 6일에 고시된 개정 기준에 의하여 내용이 추가·변경되어 있기는 하지만 전후 현대사에서 공민관이 지역의 교육력을 키워 내는 기능을 할 수 있도록 환경 조성을 한 법제적 기반이 되어 온 점에는 차이가 없다.

구체적으로, 먼저 공민관은 시정촌의 초등학교 혹은 중학교 통학 지구의 인구, 인구 밀도, 지형, 교통 조건, 사회교육 관계 단체의 활동 상황 등을 감안하여 해당 시정촌의 구역 내에서 공민관 사업을 전개하도록 되어 있다. 또한 공민관의 건물 면적은 330m²(100평) 이상으로 하고 강당을 구비할 경우에는 강당 이외의 건물의 면적을 230m²(70평) 이상으로 하도록 하고 있다. 이와 같이 일정 규모 이상의 면적이 요구되는 것은 공민관이 갖추어야 할 시설의 기준에 강당 및 회의실, 도서실·아동실·전시실, 강의실 혹은 실험 실습실(조리실, 다도실 등), 사무실과 숙직실 및 창고의 구비가 필요하기 때문이다. 그리고 이와 같이 실내 시설의 구비 규정 외에 체육 및 레크리에

이선에 필요한 광장 등도 정비하도록 노력사항으로 권고되어 있다.

(2) 그 외의 공민관의 공간에 대한 규정과 논의들

앞의 공민관 설치 및 운영에 관한 기준 이외에도 1965년부터 전국 공민관연합회에서 검토해 오고 1982년에 그 해설서가 집대성된 「공민관의 나아갈 모습과 금일의 지표(公民館のあるべき姿と今日的指標)」(1967)에는 공민관의 역할과 기능을 '집회와 활용'(모이다: 지역생활에 근거한 사업), '학습과 창조'(배우다: 생활문화를 높이는 사업), 그리고 '종합과 조정'(연결되다 : 지역 연계를 강화하는 사업)으로 제시하였다. 그리고 이와 같은 역할을 수행하는 데 있어 공민관이 가지는 특징을 지역성, 전문성, 시설성, 공공성으로서 제기하였다. 특히 시설성에 관해서 공민관은 교육시설로서의 특징이 강조되어야 하며 이를 위해서는 전용의 시설과 설비, 그리고 시대의 진전에 부응하는 교구, 교재를 충분히 갖추어야 함을 제시하고 있다. 그리고 직원의 전문성에 대하여도 공민관의 기능을 효과적으로 제고하는 능력에 주안을 두고 직원의 시설 경영 능력을 중시하였다. 또한 금후의 방향으로서는 공민관 사업의 근대화를 주창하며 수동적인 학습이 아니라 창작, 창조, 실습, 실험 등 생활과 생산에 관련지어 현대인의 심리에 적합한 능동적인 사업을 중시하고 과학기술에 대응한 사업을 실시할 것을 제시하여, 공민관 활동이 시설 자원의 구비와 활용을 통하여 효과적으로 추진될 수 있음을 시사한 바 있다(文部科学省 国立教育政策研究所, 2010: 290 - 291). 그리고 시설 및 설비로서는 공민관 설치 및 운영에 관한 기준을 보강하여 본관의 면적은 1,000m²(302평) 정도로 제시하였다. 그리고 1974년에 도쿄도 공민관 자료작성위원회의 보

고서에는 '공민관의 시설' 항에서 구비할 시설로서 "시민교류로비, 갤러리, 집회실, 와실(일본식 방), 단체활동실, 청년실, 홀, 보육실, 학습실, 도서실, 미술실, 음악실, 실험 및 실습실, 시청각실" 등을 제기하고 있다(浅野平八, 2006: 254).

이와 같이 전후 60년의 전개 속에 공민관이 추구하여 온 시설의 특징은 아사노 헤이하치(浅野平八)(2006)가 제시한 것 같이 '지역사회 형성의 사상과 논리를 토대로 한 거점 시설' '다목적·다용도에 이용되는 시설 공간' '배움의 공간에 어울리는 정신성'을 기반으로 하고 있다는 점이다.

현재 일본에는 인구 규모가 적은 시정촌에서 앞의 최소한의 기준을 충족한 공민관과 도시형으로 거대하게 건축된 공민관이 공존한다. 그러나 이러한 시설을 통하여 공민관이 만들어 내고자 한 기능과 성과에 있어서는 「사회교육법」과 공민관 설치 및 운영 기준 등에서 지향하여 온 초기 공민관의 이념을 변함없이 실현하고자 하고 있다. 요컨대, 1946년 7월 5일 문부차관통달(文部次官通達)로 나왔던 「공민관의 설치 운영에 관하여」에서 제시된 것 같이 "주민의 실생활에 필요한 교양 향상, 자치 향상, 향토 진흥을 위한 교육, 사교, 실천의 거점"인 것이다(大堀哲, 斉藤慶三郎, 村田文生, 1994: 47).

4. 공민관의 교육 실천

일본의 공민관은 사회의 변화에 따라 직면하는 지역과제 및 주민의 요구에 대응하면서 지역·주민의 학습, 교류, 사회참여, 운동의 거점이 되어 왔다. 전후 초기에는 민주주의 국가 체제에의 적응을

위하여 공민관에서 신헌법 보급 특별강좌를 마련하여 주민들에게
국민 주권, 기본적 인권 등의 이해를 도모했다. 그리고 주민들이 신
헌법의 정신을 일상생활을 통하여 구현하도록 하기 위한 항구시설
로서 공민관의 설치를 독려하였다(藤田秀雄, 1979). 또한 공민관은
일본의 건설과 향토 재건을 위하여 농업 문제, 기술 강습, 문화적 요
구에 대응하며 '교육, 학술, 문화에만 한정하지 않고 지역 부흥, 산업
부흥 전체에 관여하는' 성격을 포괄하고 있었다(小林文人, 1999; 上田
幸夫, 2006: 82). 이렇듯 사회와 지역의 과제를 해결하는 공민관의 실
천은 전후 현대사에도 계속되는 가운데 다양한 교육방법을 창출해
내었다.

1) 공민관의 실천과 학습 방법

공민관은 지역과제에 관한 '종합적인 관여와 해결을 위한 실천의
거점으로서 주로 지역 만들기에 관련한 학습 활동'을 추진하지만, 다
른 한편에서는 '무엇이든지 다룬다고 하는 잡동사니'와 같은 면도 있
다. 그런데 1950년대부터는 이러한 공민관의 학습 활동에 무엇인가
공통성을 부여할 수 있는 보편적 현상으로서 '집단학습'이 전개되었
다. 1950년대에는 공민관의 주된 이용자였던 청년이나 부인들이 일
을 마치고 공민관에 모여 생활기록을 하기 시작하였고, 공민관을 무
대로 하여 공동학습, 토론학습, 그리고 서클 활동이 확대되어 갔다.
이 가운데 공민관에서 지향할 실천의 가치로서 '자주성' '주체성' '합
리적 사고' '공동성'을 키워 가는, 소위 연구자들이 '공동학습'이라고
개념화한 집단 과정이 만들어졌다(上田幸夫, 2006: 82-83).

　공동학습을 통하여 도시부에 사는 주부들의 생활기록집『연필을
쥔 주부들』이 1952년에 출간되었는데, 서문에서 부인들은 공동의
생활기록의 과정에서 "자신의 고통이 타인의 고통에 연결되어 있는
것을 알게 되어 자신들이 무언가 해야 한다"고 하는 생각이 일상의
실천을 고안하게 되었음을 표현하고 있다(鶴見和子編, 1954). 이러한
공동학습에 대하여 기타다 고야(北田耕也)는 "자신의 인식과 타인의
인식이 연결되는 객관적 인식과 문제를 자신들이 해결할 수밖에 없
다고 하는 주체적 판단, 그리고 새롭게 살아가려고 하는 인생관의
모색, 곧 실천과의 관련성을 만들어 가는 자기교육과 상호교육이 반
영되어 있다"고 지적하였다. 또한 우스이 마사히사(碓井正久)는 "쓰
는 활동을 통하여 집단의 공동 및 상호 협동 속에서 잘 듣고(쓰인 것
을 읽고) 잘 말하는(잘 격려하는) 심리적인 해방 과정을 경험하고 서
로 이야기한 내용 ……중략……에 나타난 문제를 해결하기 위하여
이론을 흡수하는 과정"으로서 공동학습을 의의지었다(碓井正久, 1970;
北田耕也, 1986: 97에서 재인용).

　한편, 도시부에서도 공민관에서는 생활 기술이나 취미, 교양 등의
강좌 개설과 동시에 서클이나 단체 활동이 활발하게 전개되었다. 일
찍이 1963년에는 기타큐슈시(北九州市) 도바타(戸畑) 공민관의 부인
학급에서는 계통적인 공해학습이 전개되었고, 도쿄도(東京都)의 구
니다치(国立) 공민관에서는 공민관 3층론을 주장하였다. 즉, 1층에
서는 체육 및 레크리에이션 등의 사교 활동, 2층에서는 그룹·서클
의 집단학습·문화 활동, 3층에서는 사회과학이나 자연과학에 관한
기초강좌나 교양강좌 등으로 공민관 사업을 구조화하였다(上田幸夫,
2006). 특히 3층의 시민대학은 계통성과 체계성에 있어 종래의 학습

으로부터 비약을 보여주었다. 사회교육실천사에 따르면, 앞의 구니다치 공민관에서는 1964년에 역사, 사상, 경제의 원리적 · 본질적 지식을 내용으로 한 3개월 코스의 강좌를 운영하였다. 또한 1966년부터는 시민대학 세미나를 기획하여 조사 및 토론을 통하여 반 년 간 격주 수업을 하고, 종료 시에는 논문 혹은 레포트를 제출하는 사고심화형 강좌를 운영하였다. 이러한 공민관의 변화는 당시의 공민관 직원의 해석에 따르면, 격동하는 현대 사회에서 어떻게 살아갈까를 진지하게 묻는 사람들에게 그때까지 일본 사회교육에서 행하여 온 계몽 학습이나 독서회 등으로는 만족을 줄 수 없음에 기인하고 있다(戰後社会教育実践史刊行委員会編, 1974: 240 - 243).

이처럼 공민관의 교육실천은 학습형태 면에서는 자기교육과 상호교육의 역동성을 끌어 내는 공동학습으로, 내용면에서는 계몽이나 정보 제공을 넘어 체계적인 사회인식 및 과제 해결에 돌입할 수 있는 계통적 교양학습으로 진화하여 왔음을 알 수 있다.

2) 공민관의 이용자 서클

공민관의 실천은 앞과 같이 공민관이 주도하는 자주적 혹은 공동주최사업을 통하여 전개되는 경우도 있지만 다른 한편에서는 공민관 강좌를 통하여 탄생한 학습문화서클이나 공민관을 이용하는 지역단체활동(이용자단체라고 칭함)을 통해서도 전개된다. 공민관이 설립 목적이나 교육정책을 반영한 강좌 개설이나 지역 과제 해결에 주력한다면 이와 같은 이용자 단체는 비교적 자유롭게 활동을 전개하는 가운데 단체구성원의 사회 참여, 학습의 확충, 기능의 숙달, 교류의 심화 그리고 서클 독자의 미션 달성을 도모하여 운영되고 있다. 일본의 지역사회의 공민관은 비교적 규모를 크게 갖춘 중앙공민관과 나머지 학구별로 존재하는 지구 공민관으로 분포되어 있다. 이와 같은 공민관의 실태를 수도권 외곽의 지방자치단체의 하나인 사이타마현(埼玉県)(2015년 기준, 인구 720만 명)의 경우를 통하여 앞의 두 가지 유형을 살펴보면, 이용자 서클의 실태와 그 의의를 보다 잘 이해할 수 있다. 하나는 농가에 가까운 전원형으로서 사카도시(坂戸市)에 소재한 기타사카도(北坂戸)지구 공민관의 경우이고, 다른 하나는 도쿄도에 가까워 도시형에 해당하는 와코(和光)시의 중앙공민관의 경우다.

사카도시(인구 101,359명, 2015년도 기준)는 농경지역이지만 지역주민들이 도심부로 출근하는 겸농 가구가 많은 지역이다. 사카도 시내의 9개의 공민관 중의 하나인 기타사카도(北坂戸) 공민관은 공민관의 최소 설치 기준인 100평을 넘는 면적을 확보하여 뜰과 체육관 겸 강당, 다도실, 다목적실, 조리실, 학습실, 사무실, 로비 및 담화실 등을 고루 갖춘 지구공민관이다([그림 6-1] 참조). 이 기타사카도 공민관은 공민관이 기획하는 자주 사업으로서는 주로 공공적 과제에 관련하여 사회동화교육, 대인관계 및 교제의 지혜, 스포츠에 관한 강습 등을 운영한다. 이에 대하여 이 공민관에 등록된 이용자단체는 예능, 문예, 학습, 생활문화, 볼런티어 등에서 활동이나 학습 주제를 가지고 매주 혹은 격주로 공민관에서 자주적인 모임을 가지고 있다. 서클 구성원들은 공민관 문화제나 기타 기관에서의 초청 발표회를 통하여 지역주민들을 만나고 있다. 또한 지역사회의 동류 단체 혹은 상위 단체와 연계하여 자신들의 활동 범위를 넓히며 더 나아가서는

전국연맹, 세계연맹에까지 그 교류를 확대하고 있다(예를 들면, 스퀘
어댄스서클은 국제대회에도 참여함)(全国公民館連合会, 2004: 12-14).

[그림 6-1] 기타사카도 공민관의 전경

출처: 사카도시 홈페이지 http://www.city.sakado.lg.jp/(2015. 9. 30. 인출).

〈표 6-1〉 기타사카도 공민관 이용자 서클 현황

서클 영역	서클 활동 내용 유형
문예 어학 서클(4개)	하이쿠, 표현, 영어회화, 수화
음악(11개)	가요, 노래, 샤미센 등 전통악기, 만도린, 하모니카, 합창 등
미술, 수공예(16개)	종이연극, 그림편지, 수묵화, 사진, 서도, 자수, 종이붙이기, 뜨개질, 가죽공예, 칠보공예
스포츠, 체조, 댄스(19개)	포크댄스, 스퀘어댄스, 등산, 테니스, 탁구, 체조, 검도, 가라테, 태극권 등
기타 생활 교양(14개)	요리, 봉사, 화법, 비디오, 장기 등
총 64 개	월 1회(38개), 월 2회(6개), 월 4회(20개)

출처: 사카도시 홈페이지 http://www.city.sakado.lg.jp/ (2015. 9. 30. 인출).

한편, 도시형에 해당하는 와코시(和光市)의 중앙공민관([그림 6-2] 참조)은 공민관의 주최 강좌보다는 이용자 서클에 의한 학습문화 활동이 압도적으로 많은 편이다. 공민관의 사업은 이용자 서클에 대한 대관 기능에 비중을 두고 있고, 공민관의 주최 강좌는 10개 정도에 머문다. 그러나 이용자 서클 활동은 와코시 중앙공민관 단독으로도 172개의 서클을 보유하고 있고, 주 1회부터 월 1회에 이르기까지 다양한 모임이 이루어지고 있다.

이와 같이 오늘날 일본의 공민관은 어느 지역에 가든지 한편에서는 공민관이 주최하는 강좌의 운영, 그리고 다른 한편에서는 이용자 서클을 통하여 학습 기회가 마련되고 있다. 그리하여 공민관 이용자들은 지도계 직원인 공민관 주사가 기획 · 제공한 학습이 종료하여도 서클활동을 통하여 계속해서 역량 계발, 지역공동체 활동 그리고 사회참여를 할 수 있다.

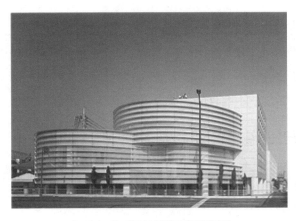

[그림 6-2] 와코시 중앙공민관의 전경

출처: 와코공민관 홈페이지 http://www.city.wako.lg.jp/home/kyoiku/gakusyu/kouminkan
(2015. 9. 30. 인출).

〈표 6-2〉 와코공민관 이용자단체 현황

영역	활동 내용 유형
문예 어학(29개)	고전, 단가, 하이쿠, 영어, 독어, 프랑스어, 이탈리아어, 한국어, 중국어, 낭독, 이문화학습 등
음악(32개)	합창, 오케스트라, 합주, 오카리나, 하모니카, 영어 노래, 오페라, 아동 합창, 전통 악기 등
미술, 수공예(27개)	회화, 수채화, 연필화, 목판화, 수묵화, 그림편지, 목공예, 뜨개질, 가죽공예, 목조 제작, 도예, 가족도예, 서도, 사진, 아트플라워, 카토나쥬, 종이공예 등
요리, 식생활(10개)	요리, 전통 요리, 식문화연구, 제과 · 제빵 및 케이크, 외국 요리 등
전통 예능(6개)	시낭송, 민요와 사미셍, 민요 춤, 일본무용, 현대무용 등
스포츠, 체조, 댄스(39개)	배드민턴, 바스켓볼, 탁구, 배구, 궁도, 가라테, 태극권, 사교댄스, 레크리에이션 댄스, 요가, 기공, 건강 체험, 스트레칭과 체조, 양생체조 등
생활문화 · 교양 서클(29개)	다도, 서도, 펜습자, 바둑, 기모노봉제, 가정생활학습, 영화, 그림엽서, 사교댄스, 마술, 보육양육연구, 고고학연구, 수화, 시각장애인음역, 지역 만들기, 원폭 및 방사능 연구, 보육공부회, 자연환경보전, 지역발전, 문장표현, 사진 강좌, 봉사, 지하수림연구, 수화학습, 국제교류, 장기의 보급 등

출처: 와코공민관 홈페이지 http://www.city.wako.lg.jp/home/kyoiku/gakusyu/kouminkan (2015. 9. 30. 인출).

5. 공민관의 지역교육력

지금까지의 내용을 통하여 일본의 공민관이 보유하고 있는 교육력의 특징을 역사 속의 공민관 활동 실태를 검토해 보았다. 일본의 공민관은 전후 초기부터 지역 주민의 실생활의 과제, 사회적 과제를 학습을 매개로 하여 해결하는 가운데 다양한 교육실천의 경험을 축적하여 왔다. 공민관이 방대하고 다양한 학습·문화·교류 활동을 일정의 방향성을 가지고 운영하여 온 기반에는 공적 사회교육기관 으로서의 정체성을 확립하여 가는 데 필요한 구체적인 사업 방침이 법제적으로 마련되어 있었고, 공민관의 사업을 원활하게 전개할 환 경이 구비되어 있었기 때문이라고 할 수 있다. 더 나아가 이러한 공 민관 학습 활동의 성과를 다양한 서클활동을 통하여 지역사회에 계 속적으로 재생산하고 있는 점 또한 주목하여 볼 만하다.

그러므로 오늘날 공민관의 자주 기획 사업으로서 운영되는 학습 활동이나 이벤트 그리고 공민관에 확산되어 있는 이용자 서클은 학 습문화를 향유하는 개인의 요구 충족뿐만 아니라, 지역주민들이 지 역사회에 대한 관심과 교류를 지속적으로 가지게 하는 사회적 의의 를 만들어 내고 있다. 이러한 강좌나 서클 활동을 통하여 주민들은 즐거움을 얻는 것에 더하여, 개인의 과제를 공동의 과제로, 개인의 재능을 공동의 역량으로 승화하여 가는 집단 과정에 계속적으로 참 여하게 된다. 그리고 공동 학습·공동 활동의 문화는 지역 과제가 발생하였을 때 지역 연대를 끌어 내는 데 있어서도 중요한 구심적 기반이 된다.

그러므로 공민관의 지역교육력은 개인이 공민관 활동을 통하여 성장을 자각하고 생활의 과제를 해결하는 자기 형성·주체 형성을 도모하는 것이고, 더 나아가 지역의 과제 및 공동의 문제를 타인과 의 협동을 통해 배우며 해결하는 능력, 요컨대 '상호 학습의 주체'로 서 성장하는 힘의 육성에 있다고 할 수 있다.

참고문헌

장지은, 박지숙(2014). 지역연계를 바탕으로 한 학교교육지원－일본의 학
교지원지역본부와 학교볼런티어 프로그램을 중심으로－. **평생교육학
연구**, 20(1). 213－243.

朝岡幸彦編(2005). **新しい環境教育の実践**. 東京: 高文堂出版社.

飯田哲也(2003). 公民館と生涯学習(１)－生涯教育・学習論の現代的
課題－. **立命館産業社会論集**, 39(1), 67－81.

伊東静一(2006). 野外活動－公民館で環境学習に取り組むには－. 日本
公民館学会編. **公民館コミュニティ施設ハンドブック**. エイデル研究所.

上原直人(2000). 寺中作雄の公民教育観と社会教育観の形成. 東京大学
大学院教育学研究科. **生涯学習・社会教育学研究**, 25, 31－40.

碓井正久(1970). **社会教育**. 第一法規出版.

大堀哲, 斉藤慶三郎, 村田文生(1994). **生涯学習と開かれた施設活動**.
学文社.

北田耕也(1986). **大衆文化を超えて**. 東京: 国土社.

小林文人 編(1999). これからの公民館－新しい時代への挑戦. 東京:
国土社.

坂本登(2006). 公民館の設置, 公民館の機能, 公民館の課題. 日本公
民館学会編, **公民館コミュニティ施設ハンドブック**. エイデル研究所.

佐藤進(2006). 公民館の事業・編成. 日本公民館学会編, **公民館コミュ
ニティ施設ハンドブック**. エイデル研究所.

鈴木敏正(1991). 健康学習における自己意識の形成－松下拡 '健康問
題と住民の組織活動' を題材として－. **北海道大学教育学部紀要**,
第56号. 143－181.

瀬沼克彰(1994). 地域文化振興. 日本生涯教育学会編, **生涯学習事典** (増補版).

戦後社会教育実践史刊行委員会編(1974). **戦後社会教育実践史 第 1巻**. 東京: 民衆社.

戦後社会教育実践史刊行委員会編(1974). **戦後社会教育実践史 第 2巻**. 東京: 民衆社.

全国公民館連合会(2004). **月刊 公民館 12月号**.

千葉悦子(1994). 生涯学習政策下の農村女性の自己教育活動. **福島 大学 行政社会論集**, 7(2·3), 156－184.

鶴見和子編(1954). エンピツ鉛筆をにぎる主婦. 毎日新聞社.

畑潤(2006). 文化と表現. 日本公民館学会編, **公民館コミュニティ施設 ハンドブック**. エイデル研究所.

藤田秀雄(1979). **社会教育の歴史と課題**. 学苑社.

本玉元(1999). 新しい時代に対応する公民館の在り方についての一考察―コ ミュニティセターとしての公民館―. **武庫川女子大学紀要**, 47, 39－47.

宮崎隆志(2005). '枚方テーゼ'と市民の自立. **社会教育研究**, 23, 19－36.

文部科学省(2011). 社会教育調査書概要.(www.mext.go.jp).

文部科学省国立教育政策研究所(2010). 平成24年度 公民館に関する 基礎資料.

文部省(1988). 我が国の文教施策(昭和63年).

横山七重, 小仲靖江, 山崎越子, 西川いと, 東貴子, 林由香(2013). 住 民が自ら動いた「東区健康まちづくり」の取り組み: 住民の主体性を 生み出し連鎖する働きかけ. **熊本大学政策研究**, 4, 91－101.

사카도시 홈페이지. http://www.city.sakado.lg.jp/ (2015. 9. 30. 인출)

와코공민관. http://www.city.wako.lg.jp/home/kyoiku/gakusyu/kouminkan

제7장 도서관의 지역교육력[*]

임형연
(경일대학교)

1. 지역사회 교육기관으로서의 도서관

현대에는 도서관이 지역 주민의 학습 공간이 되는 '러닝코먼스화(임형연, 2015)'가 진행되면서 도서관이 지역교육력에 미치는 영향이 더욱 커지고 있다. 지역 주민들은 일생을 통하여 다양한 형태의 비형식적 학습을 필요로 하고 있으며, 도서관은 이러한 지역 주민의 요구에 맞춰 사회교육기관으로서 도서관의 사명을 실천하고 있다. 즉, 도서관은 정보의 보관과 제공이라는 전통적인 공급자 기능을 넘어서 지역 주민의 교육적 요구에 대응하는 수요자 관점의 기능이 활성화되고 있다. 특히 일본의 도서관은 지역사회와 협력해 나가는 과정에서 지역공동체의 교육, 문화를 지원하는 역할을 수행하고 있다.

1963년에 발표된 '중소도시의 공공도서관 운영'의 이론을 실천한 히노시(日野市) 도서관은 '누구라도, 어디에서라도 이용할 수 있는 도서관'을 목표로 하였다. 이를 위해서 시민의 가장 가까운 곳에서 쉽게 책을 읽을 수 있도록 시민이 원하는 책을 자유롭고 쉽게 대출하도록 하였다. 또한 아동의 독서 요구에 부합하여 철저한 아동서비스를 실행하며, 모든 도서를 대출하고 도서관을 시민 가까이 두기 위해 지역으로 서비스망을 구축하는 것을 실천했다(児童図書館研究会,

---

* 이 글은 '일본 지역교육력 인프라로서 도서관의 역할 분석'과 「도서관 정보코먼스에서 러닝코먼스로의 진화: 일본 공공도서관의 러닝코먼스화 사례를 중심으로」에서 발췌, 재구성하여 작성한 것임을 밝혀 둠.

2004). 히노시 도서관의 자동차도서관 '히마와리호(ひまわり号)'는 시 전역으로 서비스를 전개하기 위해서 1965년에 이동도서관 1대를 출발시켰으며, 대출 서비스에서부터 시작하여 시민의 요구에 응하는 자료 제공이 가능한 도서관이 되도록 하였다. 그 후 많은 도시에 어린이 도서관, 복지센터 도서관, 사회교육센터 도서관 등이 개관하기 시작하였으며, 일본 히노시의 '시민의 도서관'은 지금까지의 도서관 운영의 전환을 통해 시민이 주인이라고 하는 새로운 도서관 이론을 탄생시키는 역할을 했다. 이처럼 일본의 경우, 도서관의 지역사회 교육기관으로서의 역할은 활발하게 전개되고 있다.

2. 일본 도서관의 역할과 현황

1) 지역교육 인프라로서 도서관의 역할

2004년에 개정된 일본 공립도서관 목표에서 주민이 도서관을 이용함으로써 달성되는 것을 다음과 같이 제시하고 있다.

• 일상생활 또는 일을 위해 필요한 정보 · 지식을 얻는다.
• 관심 있는 분야에 대해 학습한다.
• 정치적 · 사회적 문제 등에 대해 다양한 사상과 견해에 접근하고, 그것이 자신의 생각을 결정하는 근거가 된다.
• 자신이 사는 지역의 행정, 교육, 문화, 산업 등의 과제 해결에 도움이 되는 자료에 접근할 수 있고 정보를 얻을 수 있다.

- 각자의 취미를 살리고 생활의 안락함을 가진다.
- 어린이들은 독서 습관을 기르고, 책을 읽는 즐거움을 알고, 상상력을 풍부하게 한다.
- 강연회, 독서회, 감상회, 전시회 등에 참가하여 문화적 생활을 즐긴다.
- 사람과 만나고, 이야기하고, 교류하여 지역문화 창조에 기여한다.

이와 같이 공립도서관은 어린이에서 노인에 이르는 지역 주민을 대상으로 자료와 정보, 프로그램을 제공하는 교육적 역할을 강조하고 있다. 즉, 독서를 진작시키고 지역 주민의 생활에 적극적으로 관여할 것을 주문하고 있다. 또한 이러한 활동들을 통하여 지역 주민이 필요로 하는 자기교육, 자기계발을 달성할 수 있도록 하며 궁극적으로는 지역 주민의 삶의 보람과 전인적 완성을 돕도록 명시하고 있다.

특히, 도서관은 어린이들에 대한 지역교육력의 인프라로서의 역할이 커지고 있다. 최근 어린이들의 '탈활자' 현상은 나라를 막론하고 점차 사회문제화되고 있다. 이를 해결하기 위해 읽고 쓰는 능력뿐만 아니라 대화하고 소통하는 능력의 신장을 통해 심신이 건강한 어린이를 위한 교육이 강화되고 있다. 「어린이 독서활동 추진에 관한 법률」이 제정된 2001년 이래 어린이의 독서활동에 대한 사회적 관심이 높아지면서 도서관의 역할이, 특히 독서활동 지원을 중심으로 활발해지고 있다. 이의 일환으로 도서관은 아동교육 프로그램을 다양하게 제공하고 있다.

도서관의 교육적 활동에는 책 읽어 주기, 독서토론, 견학, 어학프로그램, 컴퓨터교실, 만들기, 참여하기 프로그램 등이 있다. 이런 프로그램들은 아동 및 청소년의 정서 함양에도 도움이 되고 있으며, 성인이 되어서도 자기계발과 자기교육이 가능한 지역 주민으로 성장하게 한다(임형연, 2013). 지역의 유아 및 초등학교 저학년 이용자를 위해서는 사서의 책 읽어 주기, 부모와 또래들과 함께하는 율동과 노래, 책과 놀기 등의 프로그램을 개설하고 있다. 초등학교 고학년, 청소년을 대상으로는 독서치료, 독서토론 등을 통하여 사회적 · 문화적 교육도 하고 있다. 이런 관점에서 볼 때 도서관은 지역 주민에 맞는 교육적 활동을 제공함으로써 주민의 지적 · 정서적 능력 향상 및 지역 공동체의 사회적 · 문화적 소통 능력을 향상시킨다고 할 수 있다.

2) 일본 도서관의 현황

(1) 공공도서관의 수 및 장서 수, 대출 수, 이용자 현황

〈표 7-1〉은 일본 공공도서관의 수 및 장서 수의 증가를 나타내고 있다. 일본의 공립도서관의 설치율은 2012년에는 3,234관으로 도도부현립(都道府県立)의 도서관 설치 보급율이 100%에 이르고 있으며, 시구립(市区立)에는 도서관 설치 보급율이 98.5%다. 이처럼 도도부현립이나 시구립과 같은 대도시에서는 대부분 도서관이 건립되어 지역 주민의 지역교육력의 인프라로 활용되고 있다. 또한 디지털 자료의 확대에도 불구하고 인쇄 자료의 수가 꾸준히 늘어나고 있으며, 대출 건수를 보면 장서의 두 배 가까이 대출되는 것으로 나타나고 있다. 이는 지역 주민들이 도서관을 통해서 지식에 접근하는 비중이 여전히 크다는 것을 알 수 있다.

〈표 7-1〉 일본 공공도서관의 수, 장서 수의 증가 현황

연도	도서관 수	장서 수(천 권)	대출 수(천 권)
2012	3,234	410,224	714,971
2011	3,210	400,119	716,181
2110	3,196	393,292	711,715
2009	3,164	386,000	691,684
2008	3,126	374,729	656,563
2007	3,111	365,713	640,860
2006	3,083	356,710	616,385

출처: 일본도서관협회, 일본의 도서관통계 각 연도.

일본 공공도서관 이용자는 [그림 7-1]에서 볼 수 있듯이, 다른 사
회교육기관의 이용자가 정체 또는 감소하는 것에 비해 도서관 이용
자는 꾸준히 증가하고 있다. 지역 주민이 쉽게 접근할 수 있는 주민
센터 등의 설립에서 도서관도 함께 설립되고, 언제 어디서나 쉽게
접근할 수 있는 곳, 지역 주민이 편안하게 책도 읽고 교류도 할 수 있
는 곳으로 도서관이 인식되고 있다.

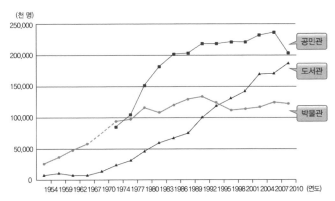

[그림 7-1] 도서관, 공민관, 박물관의 이용자 추이 비교

출처: 일본문부과학성, 사회교육조사.

(2) 도서관의 교육프로그램 현황

공공도서관에서는 지역 주민을 위한 다양한 교육프로그램을 제공하고 있다. 도서관이 책만 읽는 곳이 아니라 프로그램을 제공하여 교육적 역할을 하는 것은 보편화되었다. [그림 7-2]를 보면, 공공도서관에서 평생교육 관련 프로그램 현황의 추이가 꾸준하게 상승하고 있음을 알 수 있다. 개관 도서관의 3분의 2 정도가 어떤 형태로든 교육적 프로그램을 제공하고 있는 것을 알 수 있다. 이는 현대의 도서관은 단지 가만히 앉아서 책을 빌려서 읽기만 하는 곳이 아니라, 그곳에 와서 프로그램에 참여하여 활동을 통해 배우고, 사람을 만나서 의견을 나누며 교류하는 장소라는 것을 시사한다.

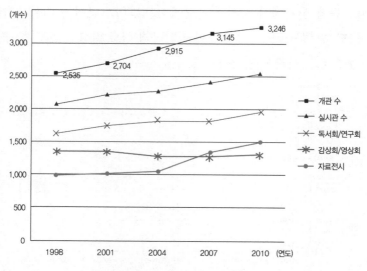

[그림 7-2] 도서관 교육프로그램 현황과 확산 추이

출처: 일본도서관협회, 일본의 도서관통계 각 연도.

3. 도쿄도립도서관의 사례

1) 러닝코먼스화를 통한 지역교육력 역할

일본의 공공도서관은 이용자의 학습 공간이라는 '러닝코먼스' 개념이 활성화되면서(小西 和夫, 2011), 지역공동체를 위한 교육인프라 역할을 하고 있다. 도쿄도립도서관(東京都立図書館)도 도쿄도(東京都)의 미래를 위해 지역 주민에게 서비스한다는 사명을 실천하고 있다. 이를 위해 지역 주민에게 단지 필요한 자료와 정보만을 제공하는 기능을 넘어서, 지역 주민들이 도서관에 와서 배우고 머무르면서 새로운 것을 창출 할 수 있는 학습 공간으로서의 러닝코먼스를 지향하고 있다.

도쿄도립도서관의 예를 들어 보면, 도서관을 들어가는 입구에 게시판을 통해 학습 관련 행사들의 계획과 도서관 내 공간 등에 대한 정보를 상세히 제공하고 있다. 도서관 입구에서부터 각 층별 열람실 앞, 열람실 내에 도서관에서 실시하고 있는 강연회, 전시회, 영화 감상회, 특정 주제의 도서관 소장도서 안내를 전단지와 포스터를 통해 제공하고 있다. 이는 도서관이 단순히 정보를 제공하는 것을 넘어 지역 주민이 도서관에 와서 지식을 배우고 새로운 지식과 문화를 만들어 내는 러닝코먼스의 장소로서 역할하고 있음을 알 수 있다. 이러한 학습의 공간과 이용자들의 교류 공간은 도서관 곳곳에서 제공되고 있는데, 4층에는 그룹 열람실을 제공하여 독서토론 등이 가능하며, 전시실, 다목적 홀을 마련하여 이용자들이 학습을 위해 모일 수 있는 장소를 제공하고 있다. 5층에 위치한 카페테리아에서는 도시락, 음료, 식사 등이 가능한 장소를 제공하여 이용자들이 도서관을 모이는 장소, 생각하고 쉬는 장소로 활용할 수 있도록 하고 있다.

2) 정보 제공을 통한 지역교육력 역할

도쿄도립도서관은 정보 제공을 통하여 지역교육력에 기여하고 있다. 도쿄도에 대한 정보 코너를 설치하여 도쿄도와 시의 정책, 역사, 문화에 대한 자료를 제공하고 있다. 또한 특별 문고실에는 에도(江戸)시대에서 메이지(明治)시대 중기까지의 위탁도서, 기증도서, 제2차 세계대전 자료 등 귀중본을 소장하고 있다. 도서관 1층에는 각종 온라인 데이터베이스를 검색할 수 있는 공간이 마련되어 있으며, 여기서 학술, 통계, 잡지기사, 법률, 의료 등 대부분의 자료에 접근할 수 있다. 이와 같이 희귀본에서 가상 정보까지 지역 주민이 필요로 하는 다양한 매체의 정보를 제공함으로써 도서관에서 자기교육, 자기학습이 이루어질 수 있도록 하고 있다.

도서관에서는 지역 주민들을 위한 적극적 정보 제공도 이루어지고 있는데, 도쿄도 관내 주민을 대상으로 중소기업진단사에 의한 '기업(起業) 및 창업 상담회'를 개최하여 주민에게 필요한 비즈니스 정보를 제공하고 있다. 특히 지역의 중소기업에 대한 정보도 제공하고 있는데, 이들 기업의 세미나 관련 자료 리스트를 PDF 파일로 제공하고, 동종 업계 정보 및 업계별 신문 기사 목록도 제공하고 있다.

도서관은 전시를 통해서 지역 주민이 미처 인식하지 못한 지식과 정보도 자연스럽게 접할 수 있도록 하고 있다. 도서관 내에 기획전시실, 실내전시실을 두고 있으며, 복도나 승강기 앞 등에서도 미니 전시회를 실시하고 있다. 2014년 8월 기획전시에는 '발명, 기술, 꿈을 이루는 힘'이라는 학술적 주제를 가지고 자료를 전시하였고, 미니 전시로는 '전통 유리공예품—시원함을 찾아서'라는 주민들의 실생활에 즐거움을 주는 주제로 자료를 전시하고 있다.

청소년을 위한 정보도 제공하고 있는데, '학습 응원 미니 북' 코너를 만들어 학생들이 교과목에 흥미를 가질 수 있도록 하고 있다. 여기에는 '재미있는 교과별 추천도서' '싫어하는 과목도 조금 흥미를 가질 수 있도록 우리들 가까이에 있는 것부터 조사해 보자' '수학자들은 어떤 사람일까?' '세계 여러 나라에 대해 조사하기' '영어로 읽어 보자' '우주를 알자' 등의 주제 밑에 이와 관련된 도서관 소장 자료를 소개하고 있다.

또한 도내 주민, 직장인을 대상으로 전자메일로 질문을 받아 도서관 사서가 답해 주는 전자메일 레퍼런스 서비스를 제공하고 있다. 비즈니스 정보, 법률 정보, 도쿄도와 관련된 정보, 건강·치료 정보, 경영지표, 업계 동향, 시장 규모, 도내 사업자 실태 등 주민생활 전반에 관련된 정보를 도서관에 오지 않고 제공받을 수 있음을 의미한다.

3) 프로그램 제공을 통한 지역교육력 역할

도쿄도립도서관은 프로그램 제공을 통하여 지역교육력에 기여하고 있다. 도서관에서 제공하고 있는 프로그램의 예로 2014년도 취업 활동 세미나인 '자신에게 딱 맞는 기업을 찾자'라는 강연회를 개최하였다. 이는 청년층과 전직(転職)을 고려하는 주민들을 대상으로 하는 프로그램으로, 취업 활동에 도움이 되는 통계 정보의 제공뿐만 아니라 기업에 대한 정보 수집 방법 등을 알려 준다. 자신에게 맞는 기업을 찾아낼 수 있는 전략과 방법을 단계별로 제시하고, 정보 수집을 위해 검색해야 할 데이터베이스 소개와 검색 방법에 대해서도 알려 준다.

도서관 이용교육의 일환으로 검색강연회도 실시하고 있는데, 도립 중앙도서관은 내관 이용자의 주된 목적을 보면 일과 관련한 것이 50% 정도다. 이를 위해 도서관이 구입하고 있는 온라인 데이터베이스를 소개하고, 데이터베이스의 검색 방법, 기기 조작 등에 대한 강습회를 실시한다. 2010년의 경우 1년에 71회 실시하였다. 가상 정보뿐만 아니라 기업 정보, 법령 정보, 통계 정보, 백서, 인물 정보, 잡지 기사조사, 신문기사조사, 사례로 읽는 비즈니스 정보 검색 가이드 등 도서관에서 자료를 찾는 방법을 설명해 주는 프로그램을 개설하여 운영하고 있다.

지역의 아동 및 청소년을 위한 독서교실 프로그램에서 수업한 것을 사진과 함께 PDF 파일로 111장의 카드를 만들어서 제공하고 있다. '이거라면 할 수 있어 자유연구 111장 아이디어 카드'는 어린이들이 집에서도 책을 읽고 다양한 독후 활동을 해 볼 수 있도록 소개하고 있다. 아이들이 도서관을 견학하여 실제로 도서관에서 하는 업무를 해 보는 도서관 견학 프로그램도 실시하고 있다. 이 프로그램에서는 견학을 신청한 어린이들에게 도서관 지하에 있는 전동서가를 알아보고 조작해 보는 일, 도서관 소장 자료인 에도시대 풍속화 견학, 벌레 먹은 책을 수리하는 현장 등을 견학한다.

4) 관련 기관과의 협력을 통한 지역교육력 역할

도쿄도립도서관은 관련 기관과의 협력을 통하여 지역교육력에 기여하고 있다. 2005년부터 도립특별지원학교와 연계 사업의 일환으로 도서관 사서가 특별지원학교를 방문하여 책 읽어 주기를 실시하고 있다. 어린이들의 장애 특성에 맞는 책 읽어 주기 방법과 책 선정에 대해서 사서와 교사가 협의하고 있다. 또한 관내 일반 학교 학생들의 독서활동에 대한 상담도 하고 있으며, 교사, 사서교사들을 대상으로 추천도서 목록과 책 내용 등을 제공하고 있다. 또한 지역 주민의 창업, 비즈니스를 지원하기 위하여 공익재단법인, 도쿄일자리재단과 공동으로 행사를 기획하여 세미나를 개최하고, 기업 및 업계 정보 리스트도 사회 각 기관과 연계하여 도서관 홈페이지를 통해 제공하고 있다.

4. 결어

일본의 도서관은 러닝코먼스로 진전되면서 자료의 보관과 제공이라는 전통적 도서관의 기능을 넘어 지역 구성원들의 교육적 기능을 수행하는 기관으로 확장, 이동하고 있다. 공공도서관은 인쇄 자료를 보존하고 정보를 제공하는 것뿐만 아니라 지역 주민을 위해 교육 기회를 제공하는 적극적 지역교육력 인프라로서 자리매김하고 있는 것이다. 일본 도서관의 역할을 지역교육력의 관점에서 정리하여 보면 다음과 같다.

첫째, 지역교육의 인프라로서 일본 공공도서관은 설치율, 장서 수, 대출 수, 이용자 현황에서 꾸준한 증가세를 보이고 있다. 디지털 자료의 확대에도 불구하고 인쇄 자료의 수가 늘어나고 있으며, 장서의 두 배 가까이가 대출, 활용되고 있다. 또한 다른 사회교육기관에 비해 도서관 이용자 수가 증가하고 있어 그 역할이 확대되고 있음을 알 수 있다.

둘째, 도서관은 책뿐만 아니라 다양한 교육프로그램을 제공함으로써 지역교육력의 역할이 활발하게 전개되고 있다. 일본 사회에서 도서관은 점차 전통적 도서관의 정보 공급자적 역할을 넘어서서 학습 공간으로서 러닝코먼스화 되고 있는 것이다. 독서, 책 읽어 주기, 북 토크, 토론회, 독서 감상회, 강연회, 설명회 등은 지역 주민들에게 제공되는 생활밀착형 서비스로 안착되고 있다.

셋째, 일본의 공공도서관은 물리적·공간적 측면에서는 과거의 열람실 위주의 공간 활용에서 이용자의 학습 요구의 필요에 맞게 다양하게 공간을 제공하고 있었다. 도쿄도립도서관의 경우, 지역 주민을 위한 정보서비스를 제공하는 정보코먼스를 넘어 학습 공간으로서의 러닝코먼스로 발전하고 있다. 공간 제공, 정보 제공, 프로그램 제공, 관련 기관과의 협력을 통한 지역교육력에 기여하고 있다.

결론적으로 일본의 도서관은 이용자의 교육적 수요 증가에 따라 지역 주민을 위한 교육적 역할을 키워 가고 있다. 지역교육력의 중심으로서 교육 활동 지원과 지역 주민 공동체의 형성이라는 사회 평생 교육기관으로서 도서관이 자리매김하고 있는 것이다. 앞으로도 이러한 기능은 더욱 강화될 것으로 전망되며, 이러한 추세는 한국의 도서관도 자료 보관 기능 중심에서 사회교육기관으로서 역할 변화에 커다란 시사점을 던져 준다.

참고문헌

임형연(2013). 공공도서관 아동 교육적 역할과 아동 교육 프로그램의 구성주의 교수학습 모델의 설계. 한국문헌정보학회지, 47(1), 175 – 195.

임형연(2013). 일본의 도서관 역할 변화와 정보 공유지 공간으로서 도서관의 서비스모델. 한국일본교육학연구, 18(1), 95 – 109.

임형연(2014). 도서관 정보코먼스에서 러닝코먼스로의 진화: 일본 공공도서관의 러닝코먼스화 사례를 중심으로, 한국도서관정보학회지, 45(3), 441 – 462.

임형연(2014). 일본 지역교육력 인프라로서 도서관의 역할 분석. 한국일본교육학연구, 18(2), 121 – 141.

임형연(2015). 일본 도서관의 러닝코먼스화에 따른 독서지도사 활용에 관한 연구: 독서지도사 양성 사례 분석을 중심으로. 한국도서관정보학회지, 46(3), 71 – 88.

小西 和夫(2011). 市立図書館の改革: 知識創造型図書館へ(発表1, シンポジウム 「次代を切りひらく図書館の挑戦」, 〈特集〉第52回(2010年度)研究大会). 図書館界, 63(2), 74 – 80.

児童図書館研究会(2004). 児童図書館のあゆみ. 教育史料出版会.

日本図書館協会(2004). 公立図書館の任務と目標.

根本彰編著(2013). 探究学習と図書館, 調べる学習コンクールがもたらす効果. 東京: 学文社.

図書館調査 – 統計表一覧 政府統計の総合窓口.
　　http://www.e-stat.go.jp/SG1/estat/List.do?bid=000001025995&cycode=0

社会教育調査 – 結果の概要.
　　http://www.mext.go.jp/b_menu/toukei/chousa02/shakai/kekka/1268528.htm

제8장 | 박물관의 지역교육력*

남경희
(서울교육대학교)

1. 박물관의 역할 증대

2006년도에 개정된 일본의 「교육기본법」 제12조(사회교육)에는
"국(国) 및 지방공공단체는 도서관, 박물관, 공민관, 기타 사회교육
시설의 설치, 학교 시설의 이용, 학습 기회 및 정보의 제공, 기타 적
당한 방법으로 사회교육의 진흥에 노력해야 한다."라고 하면서 평생
학습 사회에서 사회 전체의 교육력 향상을 위한 사회교육 시설의 역
할에 대해 언급하고 있다. 평생학습사회에서 교육은 학교만이 아니
라 가정이나 지역사회 등 모든 장에서 이루어져야 하는 것이고, 동
시에 이들 학습은 상호 연계·협력하여 실천하는 것이 중요하다. 학
교가 유일의 교육기관이 아니라는 점을 인정하고, 학교 이외의 교육
의 장을 학생들에게 보장하는 것이다. 오늘날 학교교육에서는 지역
교육 자원과 사회교육 시설의 적극적인 이용이 이루어지게 되었다.
그 하나가 학사(學社) 연계의 실천을 선도하고 있는 박물관이다.

또한, 학습지도요령(우리의 '교육과정') 개정에 따른 박물관의 교육
적 기대의 증대를 들 수 있다. 박물관을 교육에 활용하는 것은 1989년
이후의 사회과 학습지도요령 및 1998년 학습지도요령에 신설된 영
역인 '종합적 학습 시간(우리의 '창의적 체험 학습 시간'과 유사)'에서

* 이 글은 2013년 3월 『사회과교육』 제52권 제1호에 게재된 '일본에서 지역사회 학습거점
  으로서 박물관의 역할 변화─박물관과 학교교육과의 연계·융합을 중심으로─'에서 발
  췌·재구성하여 작성한 것임을 밝혀 둠.

박물관 등의 활용에 대한 내용이 언급된 것을 계기로 하고 있다. 이러한 시대적 요구와 새로운 교육 방침에 따른 박물관에 대한 사회적·교육적 요구로 인하여 박물관이 지역사회의 학습 거점으로 중요한 역할을 담당하게 된 것이다.

한편 학사 연계에 대한 박물관 측의 대응에 대하여 일본 박물관협회에서는 박물관의 바람직한 모습의 하나로 학교교육과의 연계가 중요한 과제라는 점을 지적하고 있다. 2008년에 개정된 「박물관법」 제31조에도 "학교, 도서관, 연구소, 공민관 등의 교육, 학술 또는 문화에 관한 여러 시설과 협력하고, 그 활동을 원조하는 곳"이라고 하면서 지역사회의 학습 거점으로서 박물관의 역할을 강조하고 있다.

이에 따라 박물관은 과거의 전시 활동 위주에서 벗어나 해설, 강연회, 강좌, 체험 학습 등의 교육 활동도 활발히 하는 등 그 역할이 증대하고 있다. 박학(博學) 연계도 박물관 교육에서의 학교교육이라는 일방향(一方向)적 활동에서 박물관에서의 학교교육, 학교교육에서의 박물관 교육이라는 쌍방향적 활동을 중시하는 방향으로 변화하고 있다. 학교 측에서는 살아가는 힘(生きる力)을 육성하는 중요한 수단으로서 박학 연계를 강조하고, 박물관 측에서는 평생학습사회에서 박물관 이용자의 개성적이고 다양한 수요에 부응하기 위하여 박학 연계를 중시하고 있는 것이다.

2. 박물관의 종별 및 사업 현황

1) 박물관의 현황

(1) 박물관의 종류와 특성

일본에서 박물관은 〈표 8-1〉에서 보는 바와 같이 등록박물관, 박물관 상당시설, 박물관 유사시설의 세 가지 종별로 분류된다. 2010년 10월 1일 기준으로 등록박물관은 913관(15.9%), 박물관 상당시설은 349관(6.1%), 박물관 유사시설은 4,485관(78.0%)으로 합계 5,747관 이 설치되어 있다. 등록박물관은 「박물관법」에 의해 박물관 자료, 직원, 시설, 사업 내용 등에 관련되는 심사를 거쳐 국민의 교육, 학술, 문화의 발전에 기여하는 것으로 등록된 것이다. 박물관 상당시설은 「박물관법」에 의해 등록박물관의 사업에 준하는 사업을 달성하기 위하여 필요한 자료, 직원, 시설, 사업 내용 등에 관련되는 심사를 거쳐 지정된 것이다. 박물관 유사시설은 「박물관법」의 적용을 받지 않는 시설이지만, 등록박물관과 동종의 사업을 하는 것으로서 지방자치단체에서 사회교육조사의 대상으로서 파악하고 있는 것이다.

〈표 8-1〉 박물관의 종별 특성

구분	등록박물관	박물관 상당시설	박물관 유사시설
설치 주체	지방공공단체, 일반·사단공익법인, 종교법인 등	제한 없음	제한 없음
직원	관장, 학예원/법에 규정하는 목적 달성을 위해 필요한 학예원과 그 외 직원이 있을 것	학예원에 상당하는 직원	제한 없음

개관 일수	150일 이상	100일 이상	제한 없음
자료	법에 규정하는 목적을 달성하기 위하여 필요한 박물관 자료가 있을 것	박물관 사업에 준하는 사업을 달성하기 위하여 필요한 자료를 정비하고 있을 것	제한 없음
설치 수	913관	349관	4,485관

박물관의 종별 수의 추이를 보면, 〈표 8－2〉에서와 같이 그 수가 점차 증가하고 있다. 1990년의 2,968관이 2011년에는 5,747관으로 20년 사이에 거의 2배 가까이 그 수가 폭발적으로 늘어났다. 종별로도 등록박물관이 562관에서 913관으로, 박물관 상당시설이 237관에서 349관으로, 박물관 유사시설이 2,169관에서 4,485관으로 증가하였다. 이는 박물관이 일본 사회의 발전에 따라 이용자인 국민의 다양한 교육·문화적 수요에 적극적으로 부응해 오고 있다는 것을 의미한다.

〈표 8-2〉 박물관의 종별 수의 추이 (단위: 관)

구분/년도	'81	'87	'90	'93	'96	'99	'02	'05	'08	'11
등록박물관	446	513	562	619	715	769	819	856	907	913
박물관 상당시설	230	224	237	242	270	276	301	331	341	349
박물관 유사시설	–	–	2,169	2,843	3,522	4,064	4,243	4,418	4,527	4,485
계	–	–	2,968	3,704	4,507	5,109	5,363	5,605	5,775	5,747

(2) 종류별 박물관의 수

종합박물관, 과학박물관, 역사박물관 등 종류별 박물관의 수는 〈표 8－3〉과 같다. 역사·미술류가 4,404관으로 가장 많고, 종합·과학류가 903관으로 그 다음으로 많음을 알 수 있다.

〈표 8-3〉 종류별 박물관의 수(2011년도)   (단위: 개)

구분	계	종합	과학	역사	미술	야외	동물원	식물원	동식 물원	수족관
계	5,747	431	472	3,317	1,087	118	92	123	24	83
등록박물관	913	122	71	326	372	11	1	2	0	8
박물관 상당시설	349	21	38	122	80	7	31	8	8	34
박물관 유사시설	4,485	288	363	2,869	635	100	60	113	16	41

2) 박물관의 사업 현황

박물관의 2010년도 사업 현황을 보면 〈표 8-4〉와 같이 강연회, 연구회, 학급·강좌, 영사회 등이 있고, 실시 관 수 및 실시 건수로는 학급·강좌가 가장 많다는 것을 알 수 있다.

〈표 8-4〉 박물관의 사업 현황(2010년도)   (단위: 관/건)

구분		계* 개관수: 1,243 실시 관 수: 992	등록박물관 개관수: 902 실시 관 수: 756	박물관 상당시설 개관수: 341 실시 관 수: 236	박물관 유사시설 개관수: 4,310 실시 관 수 1,823
강연회	실시 관 수	754	586	168	985
	실시 건수	5,143	3,324	1,819	7,421
연구회	실시 관 수	190	146	44	225
	실시 건수	1,397	1,047	350	2,603
학급· 강좌	실시 관 수	798	662	176	1,425
	실시 건수	28,087	19,614	8,473	30,933
영사회 등	실시 관 수	238	194	44	313
	실시 건수	9,833	6,322	3,511	11,126

* 계는 박물관법의 적용을 받는 등록박물관과 박물관 상당시설의 합계임.

또한, 박물관의 정보 제공 방법은 〈표 8－5〉와 같이 정보시스템 네트워크, 매스미디어, 기관지, 공공안내지 등의 방법이 많이 활용되고 있다. 사회 변화에 따른 정보시스템 네트워크를 통한 정보 제공 방법이 가장 많이 활용되고 있음을 알 수 있다.

〈표 8－5〉 박물관의 정보 제공 방법(2010년, 복수 회답)   (단위: 건)

구분	개관 수	실시 관수	정보시스템 네트워크	공공 안내지	기관지	매스 미디어	설명회·방문	기타
계	1,243	1,205	1,135	869	946	964	213	114

3. 학습지도요령과 박물관 및 박학 연계 활동

1) 학습지도요령과 박물관

(1) 종합적 학습 시간과 박물관

1998년에 개정된 소학교(우리의 '초등학교') 학습지도요령과 중학교 학습지도요령에 신설된 '종합적 학습 시간'을 운영하기 위해서는 각 학교가 창의적인 연구를 통해 특색 있는 교육 활동의 전개가 요구되는데, 이때 지역사회와의 관계가 필수불가결한 것이 되었다.

소학교 학습지도요령 제1장(총칙)의 '제3(종합적 학습 시간의 취급)'의 '3'과 '6－(4)'에는 지역이나 학교의 특색을 살린 과제 등에 관하여 학교의 실태를 반영한 학습 활동을 하도록 하면서 학교 도서관의 활용, 다른 학교와의 연계, 공민관, 도서관, 박물관 등의 사회교육 시설이나 사회교육 관련 단체와의 연계, 지역 교재나 학습 환경의 적극적인 활용 등에 대해 궁리하도록 하고 있다. 또한 제1장(총칙)의 '제5' 의 '2-(11)'에는 열린 학교 만들기를 진전시키기 위해 지역이나 학교 실태 등에 따르고, 가정이나 지역 사람들의 협력을 얻는 등 가정이나 지역사회와의 연계를 심화하도록 하고 있다.

이처럼 학교가 가정 및 지역사회와의 연계를 심화하고, 학생 생활의 충실과 활성화를 도모하기 위해서 지역의 교육 자원이나 학습 환경의 활용, 학교와 가정, 지역사회와의 의사소통, 휴업일도 포함한 학교 시설의 개방 등에 따라 학교, 가정, 지역사회가 각각 가지고 있는 고유한 교육 기능이 종합적으로 발휘되도록 하는 것을 강조하고 있다.

종합적 학습 시간의 학습 활동 전개나 열린 학교 만들기를 진전시키기 위한 실천에서 학교교육과 사회교육과의 연계·협력의 필요성에 따라 2008년에 개정된 소학교 학습지도요령 해설 제5장(종합적 학습 시간) 제3절(지도 계획의 작성과 내용의 취급)의 2항(내용의 취급에 관한 배려 사항) (6)에서도 박물관 등의 사회교육 시설과의 연계, 지역 교재나 학습 환경의 활용 방안 등을 모색하도록 하고 있다.

(2) 사회과교육과 박물관

1989년의 소학교 학습지도요령에는 '박물관이나 향토자료관 등의 활용을 도모하면서 신변(身邊) 지역 및 국토의 유적이나 문화재 등의 관찰이나 조사'를 하도록 제시하고 있다. 중학교 학습지도요령 역사 분야에서도 내용을 다룰 때 '박물관이나 향토자료관 등의 견학 조사를 통해 생활문화의 전개를 구체적으로 배울 수 있도록 할 것'을 명시하고 있다.

또한 2008년 소학교 학습지도요령 사회편 제3장(지도 계획의 작성
과 내용의 취급) 제1절(지도 계획 작성상의 배려 사항)의 (2)에서도 박물
관이나 향토자료관 등의 시설 활용을 도모하면서 신변 지역 및 국토
의 유적이나 문화재 등의 관찰이나 조사를 이용할 것을 명시하고 있
다. 그리고 중학교 학습지도요령 제2장(사회) 제2절에서 일본인의
생활이나 생활의 바탕에 있는 문화에 대해서는 박물관, 향토자료관
등의 시설을 견학 · 조사하거나 하여 구체적으로 배울 수 있게 할 것
을 명시하고 있다.

이처럼 종합적 학습 시간에서와 같이, 사회과 학습지도요령에서
도 지역교육력의 강화를 위하여 박학 연계를 통한 학습을 강조하고
있다.

2) 박물관과 학교와의 연계 활동

일본 박물관의 대부분은 최근 학교의 박물관 활용에 대한 수요에
대응하여 종래의 자료 수집, 보존, 전시, 연구와 같은 활동과 더불어
학교교육과의 연계에 따른 사업에도 적극 대처하고 있다. 이러한 학
교와의 연계 현황을 알기 위해서 일본박물관협회에서는 2013년에
박물관 2,258관을 대상으로 2012년의 실적을 조사하였는데, 그 연
구보고서를 통해 살펴보면 〈표 8-6〉 〈표 8-7〉과 같다.

먼저, 박물관의 교육 보급 활동으로는 〈표 8-6〉에서와 같이 실
습형 강습회 · 실기교실, 강연회 · 심포지엄, 현지 견학회 · 관찰회,
학교에의 출장 강좌, 연속 강좌가 많이 이루어지고 있다.

〈표 8-6〉 박물관의 교육 보급 활동의 실시 상황(전체) (복수 회답)

구분		활동 실시 유무	
		실시 관원 수	비율(%), 조사관원 수 = 2,258
관내 사업	강연회 · 심포지엄	1,064	47.1
	연속 강좌	635	28.1
	실습형 강습회 · 실기교실	1,086	48.1
	영화회	201	8.9
관외 사업	현지 견학회 · 관찰회 등	708	31.4
	숙박형의 현지 견학회 · 관찰회 등	72	3.2
	학교에의 출장 강좌	730	32.3
	사회교육시설에의 출장 강좌	573	25.4
	학교, 사회교육시설 외 장소에의 출장 강좌	445	19.7
출장 전시	학교에의 출장 전시	115	5.1
	사회교육시설에의 출장 전시	195	8.6
	학교, 사회교육시설 외 장소에의 출장 전시	200	8.9

　다음으로, 학교와의 연계는 〈표 8-7〉에서와 같이 학교에서 소풍이나 수업의 일환으로 박물관을 방문하고, 학예원이 관내나 학교에 가서 지도하는 것 등으로 이루어지고 있다. 박물관협회의 조사에 따르면, 학예원이 관내에서 학생들을 지도하는 일이 '자주 있다' 와 '가끔 있다'라고 회답한 비율은 1997년, 2004년, 2008년, 2013년의 조사에서 47.3%, 55.7%, 55.8%, 56.8%로 증가하고 있다. 또한 출장 수업이 15.6%, 33.0%, 35.5%, 39.8%, 교원 대상의 강습회가 14.3%, 22.3%, 24.1%, 25.8%로 증가하는 등 학교와의 연계 활동이 해를 거듭할수록 활성화하여 가고 있음을 알 수 있다.

〈표 8-7〉 박물관의 학교와의 연계 현황(전체)

구분		학교와의 연계나 학교교육과의 관계(%)(조사관원 수 = 2,258)			
		자주 있다	가끔 있다	없다	무응답
연계 등의 종류	소풍 · 수학여행 등 행사로 내관	32.0	45.2	19.1	3.7
	수업의 일환으로서 내관	40.7	50.0	5.8	3.5
	직장 체험의 일환으로 내관	20.2	45.6	30.6	3.6
	학예원이 관내에서 지도	19.8	37.0	39.0	4.2
	학예원이 학교에 가서 지도	9.0	30.8	56.1	4.1
	교사 대상 오리엔테이션 실시	15.9	40.3	39.9	3.9
	교원 대상 강좌 및 강습회 실시	3.4	22.4	69.8	4.4
	교육청의 교원 연수와의 연계	3.9	29.9	61.7	4.5
	자료 · 도서 대출	5.2	31.3	59.3	4.2
	특정 학교와의 교육 실천 연구 실시	2.4	12.8	80.1	4.7

4. 박학 연계의 특징과 전망

　일본의 박물관 수는 2011년에는 5,747관으로, 박물관은 유물의 수집과 보존, 전시, 문화재 조사 등의 활동과 더불어 평생교육 기관, 지역교육의 기반이 되는 장으로서의 역할 등 그 중요성이 날로 증대되고 있다. 박물관과 학교와의 연계는「교육기본법」, 문부과학성의 박물관과 관련한 각종 심의회 답신,「박물관법」, 학습지도요령 등을 통하여 지원되면서 박물관과 학교의 쌍방향적 활동을 중시하는 방향으로 나아가고 있다. 일본의 박학 연계의 특징과 문제점을 다음과 같이 정리해 볼 수 있다.

첫째, 박학 연계가 활성화되고 있다. 박물관에서는 학습 프로그램 개발, 교원 연수, 사회과 및 종합적 학습 시간과의 연계, 자료 대출, 출장 수업 등의 노력을 기울이고 있다.

둘째, 박물관에서는 프로그램을 다양화하고 전문화하여 다양한 소비층의 필요를 충족시키기 위해 노력하고 있다. 평생학습 차원에서 초·중학생에서부터 성인에 이르기까지 다양한 연령층을 대상으로 한 프로그램을 맞춤형 방식으로 마련하여 운영하고 있다.

셋째, 박물관 측에서는 학생들에게 풍부한 체험 및 학습의 장을 제공하기 위해 학교 교육과정과 연계하기 위한 노력을 기울이고 있다. 학교에서 박물관을 보다 적극적으로 이용할 수 있도록 교사들과 공동으로 수업지도안을 연구하고 작성하는 등 쌍방향적인 차원에서 박학 연계 활동을 강화하고 있다.

넷째, 학교 측에서는 학습의 장의 이원화, 교사 및 학습 교재의 다원화를 시도하고 있다. 학습의 장을 학교에서 지역 박물관으로 넓혀 전시 자료뿐만 아니라 인적 자원을 활용한 수업을 실천하려는 노력을 하고 있다. 박물관의 전시 자료나 소장 자료를 활용하여 학생들이 직접 체험하면서 배울 수 있도록 하고, 다양한 분야에서 풍부한 경험을 지닌 지역 주민, 학예원 등과 학생들이 교류하는 수업을 실천하고 있다.

다섯째, 박학 연계에서 나타나는 학교교육과정과 박물관 프로그램과의 불부합, 교원의 박학 연계에 대한 인식 부족, 박물관의 전문 인력 부족, 박물관의 학습 방법 및 박물관 자료의 활용 방법 미숙 등의 문제점은 상호 이해와 협조 및 인식의 공유를 통해 극복해야 할 과제다.

　　이처럼 박물관과 연계한 박학(博學) 및 박사(博社) 프로그램은 학생들을 포함한 평생학습사회를 살아가는 모든 세대에게 학습 공간과 관심을 지역사회로 확대시켜 준다는 점에서 지역교육력의 향상에 크게 기여하고 있다고 할 수 있다.

　　차이를 가져오는 정보의 창출 능력이 요구되는 21세기 포스트 산업사회에서 박물관은 다양한 자료의 전시 등을 통해 내관자(학습자)로 하여금 지식을 재구성하여 사회 인식력을 높이는 환경을 제공하는 데 크게 기여할 것으로 전망된다. 이러한 점에서 지역사회의 모든 세대가 박물관을 지역사회의 평생학습 공간으로서 인식, 활용하는 것은 포스트 산업사회의 성공적인 삶의 영위라는 측면에서 매우 중요한 과제라 하겠다. '또 하나의 교재'로서, '또 한 명의 교사'로서, '또 하나의 교실'로서의 박물관이 학교 및 사회와 연계·협력하여 표상(表象)교육의 보완재이자 지역교육력의 향상 인자로서의 역할을 증대해 가고 있다는 점은 우리에게도 매우 시사적이다. 이런 점에서 우리 사회 역시 박물관의 시대적 역할 변화에 따른 박학 및 박사 연계, 협력에 대한 관련 당사자들의 인식 전환과 더불어 지역교육력 강화 차원에서 국가와 사회의 물적·제도적 지원이 적극 요망된다.

참고문헌

남경희, 이정희(2013). 일본에서 지역사회 학습거점으로서 박물관의 역할과 변화 —박물관과 학교교육과의 연계·융합을 중심으로—. 사회과교육, 52(1), 1–15.

大友秀明(1997). 生涯学習体制における地域社会学習プログラムの開発に関する研究. 平成7年度—平成8年度科学研究費補助金研究成果報告書.

小笠原喜康(2005). 博学連繋と博物館教育の今日的課題. 森茂岳雄編, **国立民族学博物館を活用した異文化理解教育のプログラム開発**, 281–307.

社会認識教育学会編(2003). **社会科教育のニューパースペクティブ**. 東京: 明治図書.

日本博物館協会編(2015). '博物館総合調査'(平成25年度)の基本データ集.

日高幸男, 福留強編(1993). **学社連携の理念と方法**. 財団法人日本社会教育連合会.

文部科学省国立教育政策研究所社会教育実践研究センター(2012). 平成24年度博物館に関する基礎資料.

山本孝司・久保田治助・元田充洋(2011). 地域博物館の教育的機能に関する考察: 玉名市歴史博物館 'こころピア' における '親子ふれあい博物館' 実践を手がかりに. **九州看護福祉大学紀要**, 11(1), 21–32.

| 제9장 | 스포츠클럽의 지역교육력 사례 및 특징 |

미즈노 지즈루
(장안대학교)

1. 스포츠클럽의 필요성과 특징

일본 스포츠를 둘러싼 사회 환경이 크게 변화하고 있는 가운데 스포츠에 대한 요구가 다양화, 전문화되고 있는 한편, 해마다 스포츠 참여율이 낮아지면서 장기적으로 어린이의 체력도 저하되고 있다. 한 사람이라도 더 많이 스포츠에 참여하여 건강한 생활을 누릴 수 있도록, 언제든지 누구나 가까운 곳에서 부담 없이 스포츠를 즐길 수 있는 스포츠 시설의 제공이 요구되고 있다. 스포츠 시설은 국민이 평생 동안 일상생활 속에서 스포츠를 즐기고, 건강의 유지 및 증진과 체력 단련을 도모하여 풍요로운 삶을 보내는 데 기반이 되는 것이며, 그것의 정비는 스포츠 진흥을 도모하는 데 지극히 중요한 것이다(柳沢知雄, 2012: 1).

현재까지 일본의 스포츠는 학교와 기업이 중심이 되어 발전해 왔다. 그러나 학교에서는 출생률 감소에 따른 부원의 감소나 담당교사의 고령화나 이동으로 인하여 계속적인 지도가 곤란해져 부활동을 단독으로는 유지할 수 없는 상황이나 종목을 축소할 수밖에 없는 상황에 놓였다. 또, 기업에서는 장기간의 일본 경제 불황으로 스포츠에서 멀어지는 기업이 잇따르고, 일본의 톱 스포츠를 유지해 온 기업 스포츠는 축소되고 있다(內藤正和, 2006: 10). 이러한 상황에서 일본 문부과학성(文部科学省)은 1995년도부터 '종합형 지역 스포츠클

럽 육성 모델 사업'을 추진하기 시작했다. 종합형 지역 스포츠클럽
은 지역 주민의 스포츠 활동 장소이며 그 역할은 생애 스포츠에 기
여, 스포츠 활동을 통한 가족 간과 세대 간의 교류, 청소년의 건전 육
성과 거처 만들기 등이고, 종합형 지역 스포츠클럽은 지역교육력의
재생에 꼭 필요한 것이다. 또한, 초보자에서 숙련자까지 각각의 취
향, 수준에 맞게 다양한 스포츠를 애호하는 사람들이 참가할 수 있
고, 지역주민이 자주적 · 주체적으로 운영하는 것이 특징이다(文部科
学省, 2008)(総合地域スポーツクラブ育成マニュアル).

이 장에서는 일본의 종합형 지역 스포츠클럽이 학교와 지역사회
에 어떤 역할을 하고 있는지 그 현상과 두 사례를 통해 그 시사점을
얻고자 한다.

2. 종합형 지역 스포츠클럽 현상

1) 종합형 지역 스포츠클럽 육성 상황

2002~2014년도 종합형 지역 스포츠클럽 육성 상황의 추이([그림
9-1] 참조)를 살펴보면 2005년도를 기점으로 약 두 배 정도 클럽 수
가 증가했다. 이는 문부과학성의 육성추진사업(2004~2008년도)과
스포츠 진흥복권(toto)에 의한 지원 사업(2002년도~)의 육성이 가속
화되었기 때문일 것이다(共立総合研究所, 2012: 5).

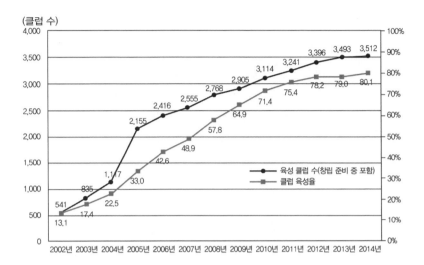

[그림 9-1] 종합형 지역 스포츠클럽 육성 상황의 추이(2002~2014년도)

출처: 文部科学省(2014). 平成26年度 総合型 地域 スポーツクラブ育成状況稚移(H.14~26).

2) 종합형 지역 스포츠클럽 활동 상황

(1) 클럽 회원

2014년도 종합형 지역 스포츠클럽에 관한 실태조사 결과에 따르면, 총 회원 수는 1,308,836명이며, 그 내역은 〈표 9-1〉과 같다. 이 결과를 보면, 초등학생이 가장 회원 수가 많고, 그 후 고등학생까지는 감소했다. 중·고등학생이 되면 지역 스포츠클럽의 참여보다 학교 중심의 운동부 활동 참여가 중심이 된다. 30세 이후부터는 남자보다 여자가 많아지고, 60세 이후의 회원 수는 초등학생의 회원 수보다 현저히 증가했다.

〈표 9-1〉 2014년 종합형 지역 스포츠클럽 총 회원 수 내역

총 인원 = 1,308,836명

	미취학 아동	초등 학생	중학생	고등 학생	19~ 29세	30~ 39세	40~ 49세	50~ 59세	60~ 69세	70세 이상
남자	4.6%	24.3%	7.0%	3.1%	7.8%	9.1%	10.7%	9.6%	11.7%	11.9%
여자	4.2%	15.4%	4.6%	2.3%	6.9%	9.5%	12.2%	11.9%	16.4%	16.5%
평균	4.4%	19.9%	5.9%	2.7%	7.4%	9.3%	11.4%	10.8%	14.1%	14.2%

출처: 文部科学省(2014).

(2) 클럽 활동 내용

클럽 활동 내용으로, 스포츠 · 레크리에이션 활동 종목은 '6~10종목'이 40.1%로 가장 많고, 이어서 '11~20종목'이 26.7%, 21종목 이상이 3.8%, 6종목 이상 활동하고 있는 클럽은 70.6%다. 또한, 스포츠 · 레크리에이션 활동별로 보면 다양한 종목이 개설되어 있다. 개설되어 있는 종목 중에서 많이 활동하고 있는 종목은 다음과 같다(〈표 9-2〉 참조).

활동 거점 시설의 종류로는 '학교체육시설'이 48.2%로 가장 많고, 뒤이어서 '공공 스포츠 시설'이 40.4%다. 클럽 활동 거점 시설은 대부분 이 2개의 시설이 중심이 되어 있다. 클럽 설립 효과로서 클럽 설립 후 지역 주민의 생활에 변화가 일어났다. '지역 주민의 스포츠 참여 기회 증가'가 71.2%, '지역 주민 간 교류 활성화'가 67.5%, '건강한 고령자 증가'가 53.5%, '아이들이 밝고 활발하다'가 37.7%다.

〈표 9-2〉 스포츠 · 레크리에이션 활동 종목별 1~10위(복수 응답)

응답 클럽 수 = 2,761

순위	종목	클럽 수	순위	종목	클럽 수
1	탁구	1,449	6	워킹	933
2	배드민턴	1,336	7	건강 체조	902
3	그라운드 골프	1,147	8	소프트 배구	838
4	배구	1,143	9	야구	825
5	축구	1,063	10	농구	778

출처: 文部科学省(2014).

(3) 클럽의 현재 과제

클럽의 현재 과제는 '회원 수 확보'가 75.6%, '재원 확보'가 68.1%, '지도자 확보'가 63.4%로 되어 '회원 수' '재원' '지도자'의 확보가 각 지역에서 해결해야 할 문제다. 기타 다양한 과제가 있으나 자세한 내용은 다음과 같다(〈표 9-3〉 참조).

〈표 9-3〉 클럽의 현재 과제(복수 응답)

응답 클럽 수 = 2,704

순위	과제	%	순위	과제	%
1	회원 수 확보	75.6	11	기존 단체와의 관계	25.2
2	재원 확보	68.1	12	회비 설정(징수)	23.6
3	지도자 확보	63.4	13	클럽 매니저 확보	22.0
4	회원의 세대 확보	46.8	14	클럽 경영에 관한 정보 수집	19.1
5	사무국원 확보	35.3	15	타 클럽과의 정보 교환	17.7
6	활동 종목 확대	35.3	16	법인화	12.4
7	활동거점 시설 확보	34.8	17	경기력 향상을 위한 활동 내용	12.1
8	행정과의 조정	27.8	18	대회 참여 기회 확보	9.3
9	학교부활동과의 제휴	26.0	19	상담 창구 확보	7.3
10	클럽하우스 확보 · 유지	25.9	20	기타	4.7

출처: 文部科学省(2014). 平成26年度総合型地域スポーツクラブに関する実態調査結果概要.

3. 종합형 지역 스포츠클럽 소개

1) 아이치현 한다시 나라와 스포츠클럽

(1) 나라와(成岩) 스포츠클럽의 설립 계기

아이치현(愛知県)은 2014년 효고현(兵庫県)에 이어 2번째로 많은 종합형 지역 스포츠클럽을 설립하고 있는 지역이다(文部科学省, 2014). 그 중에서도 한다시(半田市)는 문부과학성 모델 사업의 지정을 받은 나라와(成岩) 스포츠클럽을 비롯하여 각 중학교 학군에 스포츠클럽이 차례로 설립되어 다양한 활동을 전개하고 있다. 그 선진적인 대책은 전국적으로 주목을 받고 있으며, 1996년 3월에 종합형 지역 스포츠클럽을 선구적으로 발족시킨 것으로 알려져 있다(夏秋英房, 2003: 15). 나라와 지구에는 40년 가까운 역사를 가진, 나라와 지구 소년을 지키는 모임이 있다. 이 단체는 청소년 비행 방지를 위한 순찰 활동이나 여름방학 동안 라디오 체조 모임 등을 하고 있으며, 학교, PTA, 자치회장, 아동위원 등의 조직으로 구성되어 있다. 지역과 학교를 포함한 소년을 지키는 모임을 바탕으로, '지역 아이들은 지역 모두가 육성하자'를 슬로건으로 스포츠클럽을 시작하였다(夏秋英房, 2003: 17).

(2) 나라와 스포츠클럽의 특징

이와 같은 경위로 발족하여 전개해 온 나라와 스포츠클럽의 조직과 운영의 특징은 다음과 같다.

- 복수 종목을 선택할 수 있다. 초 · 중등 과정에 일관된 지도 체제가 되어 있다.
- 나라와 초등학교, 미야지 초등학교, 나라와 중학교의 체육시설 등을 활동 거점으로, 정기적 · 계획적인 스포츠 활동을 한다.
- 열정이 있는 우수한 스포츠 지도자를 배치하여 각각의 스포츠 니즈에 호응한 지도를 한다.
- 나라와 지구 소년을 지키는 모임 산하의 공적인 클럽이다.
- 회원은 원칙적으로 나라와 중학 교구에 거주하는 가족으로 입회한다.
- 현지 신문사의 협력을 얻어 홍보지를 나라와 지구에 매월 배포한다.
- 나라와 스포츠센터의 관리 운영을 행정기관으로부터 위탁받는다.
- 지역과 학교가 일체가 되어 시작하였다.
- 회원이 클럽 라이프를 즐길 수 있는 클럽 만들기를 목표로 하고 있다.
- 클럽 운영은 지역 주민의 손에 의한 자주 운영이다. 실제 운영이나 역할을 담당하는 사람은 모두 지역 주민이나 현지 교사다(夏秋英房, 2003: 19).

(3) 나라와 스포츠클럽의 개요

나라와 스포츠클럽은 학교체육시설을 일반인에게 개방하는 이용 조정권을 한다시로부터 위탁받아 클럽단체 등록 제도를 제정하였다. 이른바, 학교체육시설의 자주적 관리가 시작되었으며, 많은 이

벤트와 대회를 실시하여 회원 1,431명, 지도자 102명으로 확대되었
다. 또한, 어린이들이 스포츠 활동을 편리하고 즐겁게 할 수 있도록
가족의 이해와 응원이 필요하다고 생각되어 연회비 1만 엔의 가족
회원 제도를 도입하여 재정자립도의 기반을 확립하였다. 특히 가족
과 지역 기업으로부터 스폰서십을 받아 초·중학생들은 회원으로
참여하고, 지역 지도자와 학교 교원들은 코치, 상담원 역할을 맡고
있다. 청년부터 고령자까지 다양한 구성원(471세대 743명, 서포터 1,011
명, 회원 170명, 지도자 105명)이 활동하고 있고, 이 구성원 수는 지역
인구(약 1만8천 명)의 약 11%를 차지할 정도로 성장하였다. 2015년 3
월 31일에는 클럽 회원의 수가 2,130명에 이르렀다. 활동 종목과 클
럽 하우스 시설은 다음과 같다(NPO法人ソシオ成岩スポーツクラブ).

〈표 9-4〉 나라와 스포츠클럽 스쿨활동 종목과 서클활동 종목

스쿨활동 종목		서클활동 종목	
축구	야구	중고년 건강체조교실	패밀리 소프트 배구
배드민턴	배구	축구	그라운드 골프
소프트 테니스	농구	태극권	커롤링(curolling)
검도	토탈 스포츠	스낫구 골프	테니스
탁구	하키	네잎(근력, 워킹, 오락, 체력 측정)	
육상	유아체조(미취학)		

출처: (NPO法人ソシオ成岩スポーツクラブ) 소셜프로그램에서 저자 작성.

1층 메인아레나 · 서브아레나   2층 접수 · 탈의실 · 카페테리아

3층 라운지 · 욕조(기포 욕조)   4층 스카이아레나

[그림 9-2] 클럽하우스 시설

※ 클럽하우스 이용 티켓(어른 700엔/일, 어린이 300엔/일)
　출처: NPO法人ソッオ成岩スポーツクラブ에서 인출.

(4) 나라와 스포츠클럽의 활동 성과

질이 높은 지도자에게 지도를 받을 수 있게 환경을 제공한 결과, 중·고등학생들이 클럽의 활동에 적극적인 참여를 보여 주었고, 클럽하우스에서는 세대를 뛰어넘는 교류가 확대되었다. 가족 프로그램을 실시함으로써, 육아의 고민을 안고 있는 부모 동아리가 만들어지고, 계속적인 운동회를 제공함으로써 육아 부모의 운동 부족이 해소되고, 가족 간에 의사소통이 촉진되었다. 또한 코디네이터 연수회, 코디네이터와 교사의 정보 교환 회의를 실시한 결과, 학교의 체육시간에 운동이 서투르고 뒤처진 학생에게 면밀한 지도가 이루어지고 적극적인 참여 태도를 보여 주는 학생이 증가하였다(文部科学省, 2011).

2) 도치기현 우츠노미야시 유유이즈미 클럽

(1) 유유이즈미 클럽의 설립계기

도치기현(栃木県)에는 2014년 52개의 스포츠클럽이 육성되어 있고, 일본에서는 평균적인 육성율을 유지하고 있는 지역이다(文部科学省, 2014). 유유(友遊)이즈미 클럽이 소재하는 이즈미가오카 지구는 원래 스포츠가 활발한 지역이고, 자치 조직도 원활하게 운영되어 있는 지역이다. 또한, 초·중등학교가 인접하고 있어서 1,000명 이상의 회원이 활동할 수 있는 시설이 확보되어 있다는 이유로 이 지구에서 클럽의 성립이 결정되었다. 유유이즈미 클럽은 2004년도에 설립된 클럽이고, 지역체육협회, 자치회, 어린이회 등 각 분야의 단체가 협력하는 형태로 성립되어 있다.

첫 해에는 회원 수가 600명이고, 종목 수가 증가한 다음 해에는 800명이 되어서 3년째에는 천 명을 넘었다. 2015년에는 회원 수가 약 1,400명이 되었다(日本体育協会, 2011).

(2) 유유이즈미 클럽의 특징

유유이즈미 클럽의 목표는 지역 주민이 힘을 모아서 차세대를 이끄는 아이들을 육성하는 것, 지역 주민이 일주일에 한 번은 건강 만들기를 즐기는 것이다. 클럽의 특징은 다음과 같다.

• 다양한 종목이 준비되어 있다.
• 연령, 흥미, 관심, 체력, 기능 수준에 맞게 활동한다.
• 활동 거점이 되는 스포츠시설에서 정기적·계속적으로 활동한다.

• 질이 높은 지도자에게 각자 스포츠 니즈에 응한 지도를 받을 수 있다.

또한, 유유이즈미 클럽은 자주 운영, 수익자 부담, 클럽 이념 공유의 3개의 기둥으로 성립되어 있다. 클럽 이념은 '건강(Health)'이고 스포츠·레크리에이션 활동, 문화·예술 활동, 음식으로 인한 건강 만들기 등 다채로운 활동을 통해서 지역밀착형 클럽을 만드는 것이다(文部科学省, 2009).

(3) 유유이즈미 클럽의 개요

2015년 11월 활동 상황은 어린이 풋살·미니 농구·어른 건강 체조·에어로빅스 등 32종목, 월간 130강좌를 개최하여 월간 총 5,000명의 참가자가 활동하고 있다. 회비는 보험료를 포함해서 어른 6,000엔, 어린이 3,600엔, 가족 10,000엔이다. 활동 장소는 우츠노미야시립 이즈미가오카 초·중등학교 체육관, 운동장, 테니스장 그리고 지역 커뮤니티센터를 이용하고 있다. 운영진은 임원·지도자 98명의 체제로 운영되고 있다(友遊いずみクラブ). 실천프로젝트는 어린이 스포츠 스쿨, 지역 주민의 다세대 스포츠 교류회, 자체적으로 고안한 어린이 체력테스트, 스포츠와 건강에 관한 연수회, 클럽 사업의 충실과 발전을 위한 좌담회, 과제 해결을 위한 스포츠 지도원과 학교 교직원과의 연락회의 등 다양한 대책이 이루어지고 있다. 그 활동 종목(〈표 9-5〉 참조)과 실천 프로젝트 상황([그림 9-3] 참조)은 다음과 같다(文部科学省, 2009).

〈표 9-5〉 유유이즈미 클럽 스쿨활동(강좌)과 서클활동 종목

스쿨활동(강좌) 종목			서클활동 종목
배드민턴	훌라댄스	그라운드 골프	축구 / 풋살
풋살	소프트 배구	레크리에이션 게임	배구
소프트 테니스	미니 농구	에어로빅스	미니 농구
테니스	라운드댄스	리듬 워킹	야구
탁구	태극권	요리교실	배드민턴
소프트 요가	건강 체조	컴퓨터교실	소프트볼

출처: 友遊いずみクラブ 활동종목에서 저자 작성.

[그림 9-3] 실천 프로젝트 상황

출처: 友遊いずみクラブ 실천프로젝트에서 인출.

(4) 유유이즈미 클럽의 활동 성과

어린이 스포츠스쿨에서는 스포츠의 이해도와 즐거움이 증가함으로써 90% 이상의 참여자가 계속 참여하고 싶다고 대답하였다. 다양한 행사를 통해 어린이와 보호자뿐만 아니라 지역 주민까지 참여함

으로써 폭넓은 교류가 이루어졌다. 어린이 체력 테스트에서는 기존
의 체력 테스트에 비해 어린이들이 생생한 모습으로 적극적으로 참
여하고, 실시 종목을 통해 체력 향상뿐만 아니라 스포츠에 대한 의
식의 고양을 보였다. 다시 말해, 스포츠 환경을 제공함으로써 심신
모두가 건강해진 것이다. 스포츠 지도원과 학교 교직원과의 연락회
의에서는 어린이를 위한 풍족한 환경을 만들자는 의식이 더욱 높아
졌다(文部科学省, 2009).

4. 향후 과제

종합형 지역 스포츠클럽은 사회 상황이나 보조 사업 등에 따라 계
속 증가하고 있고 앞으로도 수많은 종합형 지역 스포츠클럽이 전국
에서 설립된 것으로 예상된다. 그러나 종합형 지역 스포츠클럽의 대
부분은 반드시 운영이 잘 되고 있다고는 할 수 없고, 오히려 잘 되지
않는 클럽이 많은 실정이다(內藤正和, 2006: 11 – 12). 앞서 언급한 두
스포츠클럽의 사례를 포함해서 종합형 지역 스포츠클럽에는 다음과
같은 문제점이 있다.

- 각 단체 간의 의견 차이로 인하여 종합형 지역 스포츠클럽이라
  는 새로운 구조에 대하여 저항감이 있거나 오해가 생겨 각 단체
  나 조직의 제휴가 원활하지 않을 수 있다.
- 종합형 지역 스포츠클럽이라는 새로운 구조에 대하여 장점이나
  이미지를 그리는 것이 어렵고, 이로 인해 주로 지역 주민에 대하
  여 이해를 구하는 것이 어렵다.

- 운영하는 단계에 들어가도 지역 주민이 적극적인 운영 참여를 보이지 않고 행정기관 의존으로부터 탈피하지 못하고 있는 경우가 적지 않다.
- 운영 · 매니지먼트의 매뉴얼이 확립되어 있지 않아서 운영 · 매니지먼트 자체가 아직 미숙하다(黑須充, 2006: 128－131).
- 종합형 지역 스포츠클럽을 육성할 때 지도자 · 운영진의 확보가 어렵고, 스포츠클럽과 학교의 제휴 · 협력이 약한 지역이 많다.
- 설립 자체가 목적이 되어 버리고, 지역 주민을 충분히 활용하지 못하고 있다.
- 저액 회비인 반면에 지도자에게 고액 사례금이 지불되고 있다 (山口泰雄, 2006: 163－166).

이와 같은 문제점을 안고 있는 종합형 지역 스포츠클럽을 향후 어떻게 운영 · 관리할 것인지, 또한 지역에 어떻게 확대시켜 나갈 것인지가 앞으로의 주요한 과제다.

종합형 지역 스포츠클럽이 학교와 지역을 연결할 수 있는 역할을 하게 되면 지역 주민의 건강 증진, 체력 향상, 육아 지원 등 지역사회가 안고 있는 과제들을 해결할 수 있을 것이다. 이는 지역사회의 활성화로 연결되어 지역사회의 재생에 기여할 것이다.

参考文献

黒須充(2006). 総合型地域スポーツクラブの理念と現実. **現代スポーツ のパースペクティブ**. 大修館書店, 128－131.

内藤正和(2006). 総合型地域スポーツクラブのNPO法人化に関する研究. **愛知学院大学心身科学部紀要 第2号**, 9－18.

夏秋英房(2003). 愛知県半田市の総合地域スポーツクラブの展開と運動部活動. 生涯学習研究, **聖徳大学生涯学習研究所紀要 第1号**, 15－24.

山口泰雄(2006). 地域を変えた総合型総合型地域スポーツクラブ 大修館: 163－166.

NPO法人ソシオ成岩スポーツクラブ(2002).
  http://www.narawa-sportsclub.gr.jp/socio/ (2015. 6. 30. 인출)

共立総合研究所(2012). スポーツで深まる地域の絆.
  http://www.okb-kri.jp (2015. 6. 30. 인출)

日本体育協会(2011). 2011年メルマガ10月(72号)〈特集〉安全基盤の '会員数 1,000名' に至るには.
  http://www.japan-sports.or.jp (2015. 11. 18. 인출)

文部科学省(2008). 総合型地域スポーツクラブ育成マニュアル.
  http://www.mext.go.jp (2015. 7. 8. 인출)

文部科学省(2009). 平成21年度総合型地域スポーツクラブを核とした活力ある地域づくり推進事業の実践事例.
  http://www.mext.go.jp (2015. 12. 2. 인출)

文部科学省(2011). 平成23年度 'スポーツコミュニティの形成促進' 事業の
　実践事例.
　http://www.mext.go.jp (2015. 11. 16. 인출)

文部科学省(2014). 平成26年度 総合型地域スポーツクラブ育成状況.
　http://www.mext.go.jp/ (2015. 6. 30. 인출)

文部科学省(2014). 平成26年度 総合型地域スポーツクラブ育成状況推移
　(H14〜26).
　http://www.mext.go.jp (2015. 6. 30. 인출)

文部科学省(2014). 平成26年度 総合型地域スポーツクラブに関する実態
　調査結果 概要.
　http://www.mext.go.jp (2015. 6. 30. 인출)

柳沢和雄(2012). '新しい公共' 空間としての学校体育施設に向けて.
　http://www.mext.go.jp (2014. 10. 8. 인출)

友遊いずみクラブ(2004).
　http://park19.wakwak.com/〜izumigaoka/index.html (2015. 11. 18. 인출)

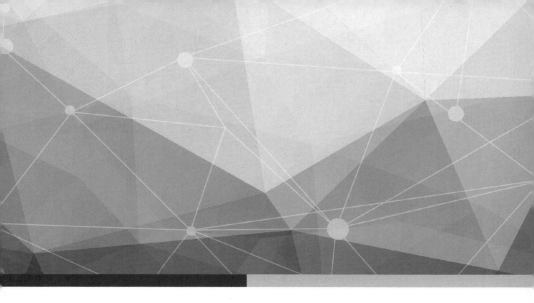

제3부

지역교육력 실제 Ⅱ: 보육과 학습

제10장 자녀양육지원센터의 운영과 사례[*]

최순자(국제아동발달교육연구원)
박주현(서울신학대학교)

1. 자녀양육지원센터의 출현 배경과 설립 목적

일본의 자녀양육지원센터는 1993년에 '보육소지역자녀양육지원
모델사업'으로 창설되었다가, 1995년에 '지역자녀양육지원센터사업'
으로 명명되었다(최영신, 2003). 일본에서 자녀양육지원사업이 사회
적으로 관심을 갖게 된 계기는 1989년에 출산율이 1.57명이라는 충
격에서 비롯되었다.

출산율 저하로 인한 인구 감소는 노동력 부족과 고령자 부양 부담
등으로 이어진다. 이를 해결하기 위한 방법 모색의 일환으로 1994년
6월에 후생, 문부, 노동, 건설 대신들의 협의회에서 엔젤플랜에 해당
하는 '앞으로의 자녀양육지원을 위한 시책의 기본적인 방향에 대해
서'라는 안을 만들게 되었다. 이는 1999년 신엔젤플랜으로 이어졌
다. 2003년에는 '차세대육성지원'이 생기면서 2013년에 6,233곳에서
지역자녀양육지원센터를 운영하게 되었다.

자녀양육지원센터의 성격과 목적은 후생노동성의 '보육 대책 등
촉진사업의 실시에 대하여'의 통지(厚生勞動性, 2000)를 통하여 살펴
볼 수 있다. 이에 의하면, 필요할 때 언제든지 이용할 수 있는 다양
한 보육서비스의 정비 및 영유아교육기관을 이용하고 있지 않은 영

* 이 글의 일부는 "일본의 지역자녀양육지원센터에 관한 일고찰—도쿄도(東京都) 무사시
노시(武藏野市) '0123 길상사(吉祥寺) 사례—"(최순자, 2008)를 일부 수정, 재인용함.

유아 및 그 보호자의 자녀양육지원 등에 대한 내용을 담고 있다. 자녀양육지원센터는 지역의 보육 자원의 정보 제공과 가정에서 보육을 하고 있는 양육자에 대한 지원을 목적으로 하고 있음을 알 수 있다.

핵가족화와 자녀를 둔 부모끼리의 상호 교류 부족, 아동 수의 감소 등으로 시작된 자녀양육지원사업은 해를 거듭하며 증가하는 추세다. 저출산과 고령 사회는 일본 사회만의 문제가 아니다. 한국도 마찬가지다. 이번 장에서는 한국보다 앞서 이러한 문제를 인식하고 자녀양육지원정책을 펼치고 있는 일본의 사례를 통해 시사점을 얻고자 한다.

2. 지역양육지원센터 운영과 지역교육력

1) 지역양육지원센터 설립 배경과 역할

자녀양육지원센터 사업은 지역 전체에서 자녀양육을 지원하는 기반을 만들기 위해 시작되었다. 전통적으로는 영유아를 키우는 데 지역사회가 함께 동참하였으나 산업화, 도시화에 따른 사회 변화로 이러한 점을 찾아보기 힘들게 되었다. 그러나 영유아의 건전한 발달은 가정뿐만이 아니라 지역사회가 함께하는 것이 바람직하다.

지역자녀양육지원센터의 실시 주체는 특별구를 포함한 시정촌(市町村)이다. 단, 자녀양육지원센터를 운영하기에 적절하다고 판단되는 보육소 운영자 등의 영유아 복지시설을 운영하는 자, 의료시설을 경영하는 자, 또는 특정 비영리활동법인에 위탁할 수 있다.

2. 지역양육지원센터 운영과 지역교육력 _ 195

주요 사업 내용으로는 육아불안 등에 대한 상담 지도, 자녀양육 모임 및 자녀양육 봉사활동의 육성 및 지원, 지역의 수요에 맞는 보육 서비스의 적극적인 실시 및 보급 촉진, 베이비시터 등 지역의 보육 자원에 대한 정보 제공, 가정 보육 실시자에 대한 지원 등이 있다.

이 중 규모에 따라 두 가지 또는 세 가지 사업을 실시하도록 되어 있다.

2007년부터는 아동관의 활용도 사업에 넣으면서 지역양육지원거점사업으로 명명하였다. 지역양육지원거점사업은 광장형·센터형·아동관형으로 재편성되었다. 광장형은 부모들이 서로 만나 양육에 관한 불안 해소와 정보 교환을 하는 장소를 설치하여 지역의 자녀양육 기능을 충실히 하기 위함이다. 센터형은 지역의 자녀양육에 관한 정보 제공과 수집, 그리고 양육 전반에 걸쳐 전문적인 지원을 하는 거점으로 하는 사업이며, 아동관형은 민간의 아동관에서 자녀양육지원 관계자들이 지역의 자녀양육지원을 하고 있다.

2) 자녀양육지원센터의 지역교육력

각 지역의 자녀양육 가정에 대한 양육지원을 목적으로 여러 활동이 충실히 진행되는가는 실시 주체인 시정촌(市町村)과 부모와 자녀에게 직접 관여하는 직원들의 노력과 힘에 있다고 본다. 자녀양육을 둘러싼 지역의 과제를 이해하고 자녀를 양육하고 있는 부모와 자녀 편에서 지원하는 것이 자녀양육지원의 첫걸음이라 할 수 있다. 아이들에게 장난감, 그림책 등을 보여 주고 나누어 주는 장소가 아니라 자녀양육지원센터의 기능과 직원들의 역할도 중요하다.

그 첫 번째로 직원의 전문성을 들 수 있다. 많은 아동복지시설이나 교육시설에 종사하는 직원들과 이용자의 관계는 서비스, 교육, 지도 등을 제공하는 측과 그것을 받아들이는 측으로 구별되는 경우가 많다. 다시 말하면, 선생님과 학생, 보육교사와 아동과 같은 관계라 할 수 있다. 그러나 자녀양육지원센터는 서비스, 교육을 제공하는 측과 그것을 받아들이는 측으로 구별되어 있지 않고, 이용자 자신도 자녀양육지원센터의 일원이라는 감각으로 이용하고 있다.

또, 직원은 이용자가 편안하게 상담을 할 수 있는 관계를 형성하고, 각각의 부모와 자녀에게 지원과 필요 시 정보 제공도 해 주고 동시에 이용자들끼리 서로 관여하면서 지역의 여러 사람과 교류를 촉진할 수 있도록 지원한다. 이는 부모와 자녀가 같이 성장하기 위한 배움의 기회를 넓히는 기회가 되는 것이다.

이러한 점으로 볼 때, 직원들은 서비스를 제공하는 역할에서 이용자와의 파트너 역할도 가지고 있음을 짐작할 수 있다. 실제적으로 지원을 하게 되는 경우, 부모의 입장과 고민, 부모의 성향 등 종합적으로 상황을 파악하여 적절한 방법과 지원을 해야 한다.

그러려면 직원들의 전문성은 필수이며, 부모 자신이 긍정적인 생각과 방법을 모색할 수 있도록 각각의 상태에 따라서 융통성을 가지고 대응할 수 있는 능력이 필요하다.

두 번째로 그곳을 이용하는 부모와 지역사회의 주민에 대한 교육이라고 본다. 처음에는 자녀양육에 대해 힘들어하고 고민을 가지고 있던 부모들이 자녀양육지원센터를 이용하면서 부모로서 자신감을 얻고 자녀들을 양육하게 된다. 그런 부모들은 다른 부모들의 고민에 공감하며 그들의 고민에 대해 이야기를 들어 주기도 하고, 때로는 조언도 해 주며 자연스럽게 부모들끼리 상호적인 관계가 형성된다. 이러한 의미로 볼 때 서로 상호적인 교류는 순환으로 이어져 부모들의 자립을 한층 더 촉진시킨다고 할 수 있다.

그 외에도 자녀를 다 키운 할머니 세대들이 참여하여 들려 주는 전통적 육아 방식은 인터넷과 많은 서적 등 매스컴에 의존하고 있는 신세대 부모들에게는 여러 모로 참고가 된다.

자녀양육지원센터는 지역을 중심으로 자녀양육을 하고 있는 부모와 공감대의 부모를 연결하고, 다른 연령대의 부모들과의 교류로 다음 세대들을 건전하고 건강하게 키우기 위한 보금자리이며 산 경험을 전승하는 지역교육력으로의 작은 학교라 볼 수 있다.

3. 자녀양육지원센터의 지역교육력 사례

1) 0123기치조지

도쿄도(東京都) 무사시노시(武藏野市)에 위치한 '0123기치조지(吉祥寺)'는 일본에서 가장 먼저 지역자녀양육지원센터를 운영한 곳으로, 정부에서 지역자녀양육지원센터를 실시하기 이전인 1992년에 이미 지역자녀양육지원센터의 성격을 갖고 개설되었다(栢木惠子, 森下久美子, 1997).

그리하여 일본의 지역자녀양육지원센터의 선구적인 역할을 하였으며, 모범적인 운영으로 국내뿐 아니라 외국에서도 운영 사례를 알아보기 위해 방문이 끊임없이 이루어지고 있는 곳이다.

(1) 시설의 기능

0123기치조지 시설의 기능은 다음과 같다.

- 아동들이 자유롭고 활발하게 놀 수 있는 장소
- 부모들의 교류의 장소 및 학습의 장소
- 자녀양육에 대해서 상담을 해 주는 장소
- 자녀양육에 대한 정보를 제공하는 장소
- 부모와 아동이 모두 자연을 접하고 감성을 기르는 장소

이와 같이 0123기치조지는 아동과 부모를 위해 장소 제공, 상담, 정보 제공 등 다양한 활동을 하고 있다. 이는 일반 유치원이나 어린이집에서 하는 업무와 크게 다를 바 없이 아동 발달과 그 부모들을 지원해 주고 있음을 알 수 있다.

(2) 이용

원칙적으로 무사시노시(武藏野市)에 사는 만 0~3세(만 4세가 되는 3월까지)의 아동과 그 가족이 이용할 수 있다. 개관일은 화요일에서 토요일(일요일, 월요일, 어린이날을 제외한 공휴일, 연말연시는 휴관)까지이며, 이용 시간은 오전 9시부터 오후 4시까지로 이용료는 무료다.

(3) 행사

0123기치조지에서 실시되고 있는 행사는 〈표 10-1〉과 같다.

〈표 10-1〉 지역자녀양육지원센터 0123기치조지 행사 일부

행사명	실시 일시	내용
이야기 나누기	매월 첫째 주 수요일 14:00~14:30	센터의 직원이 그림책 등을 읽어 준다.
조형 놀이	매월 둘째 주 금요일 14:00~15:00	주변에 있는 재료를 이용하여 간단한 장난감이나 계절 행사용 장식 등을 만든다.
생일잔치	매월 넷째 주 토요일 11:00~11:30	생일을 맞은 아동을 축하해 준다. 직원들에 의한 인형극도 관람한다.
건강 자녀양육 상담	짝수 달 셋째 주 목요일 13:30~15:00	소아과 의사와 모두 함께 이야기를 나누거나 개별 상담도 진행한다.
재활용 0123	5월 19일 토요일	지역 주민들이 제공한 아동용품을 재활용 할 수 있도록 바자회를 개최한다.
0123기치조지 축제	11월 10일 토요일	0123기치조지의 개관을 기념하여 행사를 개최한다.
아동 구급법 강습회	2월 / 9월 10:00~12:00	인공호흡과 심장 마사지법을 익힌다.

(4) 행정과 네트워크

무사시노시의 아동, 여성과 직원을 비롯하여 기획과, 홍보과, 계약과, 건강과, 건축과, 교육위원회 등 무사시노시 전 조직의 아낌없는 행정적인 지원을 바탕으로 탄생하게 되었다(栢木惠子, 森下久美子, 1997).

0123기치조지는 시가 직접 운영하는 것이 아니라 별도로 만들어진 '무사시노시 어린이협회'에서 운영하고 있다. 무사시노시에서 파견 나온 직원이 배치되어 일반 직원들과 같이 운영을 협의하고 시에 보고, 지원 등을 요청하기도 하면서 이루어지고 있다.

한편 무사시노시의 시립유치원, 아동관, 시민회관 등 지역의 여러 기관과도 협력 체제를 구축하여 지역의 자녀양육지원 사업을 펼치

기도 한다. 그리고 아동교육 및 연구의 전문가, 지역 각 단체의 대
표, 지역 주민들의 아낌없는 지원으로 운영되고 있다.

2) 비노비노

비노비노(びーのびーの)는 요코하마시(横浜市) 고호쿠구(港北区)의
기쿠나역(菊名驛) 앞의 상점가에 2000년 4월에 개설한 자녀양육지원
시설이다. 이 시설은 이 지역에서 어린 자녀를 키우면서 어려움을
실감한 어머니들과 같은 문제의식을 가지고 있었던 어머니 20명이
함께 설립하였다. NPO 법인이 되면서 시민활동으로 세상에 알려지
게 되었고, 행정으로부터의 지원도 가능하게 되었다.

(1) 사업 내용

지역과 함께 자녀양육의 환경 만들기를 목표로 하여 고호쿠구 내
두 곳에 거점을 두고 있다. 두 곳의 운영과 함께 다음과 같은 일곱
가지의 사업을 전개하고 있다.

- 그룹 보육 사업
- 정보지 출판 사업
- 웹 사이트 제작 사업
- 컨설팅 사업(자녀양육 택시 서비스)
- 아동과 보육종합연구소 사업 업무 위탁
- 와쿠와쿠 자녀양육 서포터 사업(2011년 어린이 꿈 기금 조성 사업)
- 키쿠나 와라비 실행위원회

(2) 이용

원칙적으로 지역 내에 거주하는 만 0~3세의 아동과 양육자가 이용할 수 있으며, 자녀와 부모를 위한 또 하나의 가정이라는 설정하에 운영되고 있다.

월, 화, 목, 금요일은 오전 9시부터 오후 4시까지, 수요일은 오후 1시부터 오후 4시 반까지, 첫째, 셋째 토요일은 오전 10시부터 오후 2시 반까지 이용할 수 있다. 휴관일은 일요일과 경축일, 첫째, 셋째 이외의 토요일과 연말연시, 특별 휴관일이다.

민간으로 운영되기 때문에 이용 시 입회비나 참가비가 필요하다. 입회비는 한 가족 당 1,000엔이며, 한 달 이용권은 2,100엔, 입회하지 않고 이용할 경우 1회 이용액은 300엔이다. 임산부와 미취학 아동은 무료로 이용할 수 있다. 시설 방문객은 500엔을 지불하면 시설을 둘러볼 수 있다.

환경 설비로 500권 이상의 그림책, 나무로 만든 자연 소재의 장난감, 손으로 직접 만든 수제 장난감도 있으며, 좁은 실내이지만 수유 장소와 자녀들의 낮잠 장소, 음료수 코너 등이 있다. 또 시설 내에는 자녀양육에 관한 정보, 이벤트, 관련정보지의 제작 및 판매 등도 하고 있다.

(3) 행사

매달 일정하게 정해진 행사로는 양육 발달 상담, 베이비 마사지, 자녀와 함께 체조, 이야기 모임, 재난을 생각하는 날, 치아 건강 등이 있으며, 그 외의 활동으로는 그림책 읽어 주기, 손 놀이, 노래 부르기, 생일잔치, 자녀와 함께 공작물 만들기 등으로 어머니들이 자녀

와 함께 편안하고 가볍게 참가할 수 있는 프로그램으로 구성되어
있다.

그 외에 다른 단체들과 연계를 맺으며 지역 내 자녀양육에 관한
다음과 같은 정보를 제공하고 있다.

- 자녀양육에 관한 강습회 및 이벤트
- 자녀양육 관련 상품 소개, 판매
- 자녀양육과 관련된 단체나 기관과의 네트워크 만들기와 연계
- 지역의 기업과 상점가와의 연계
- 행정기관, 각종회의, 관련 단체 등의 위원으로 위촉

(4) 행정과 네트워크

비노비노의 두 개의 거점 중 하나인 도롯프는 민간시설이지만 전
면적으로 고호쿠구의 위탁사업으로 행정과 협동의 이념을 공유하고
있다. 다양한 이용자가 있을 것으로 보고 이에 따른 새로운 프로그
램 개발과 인적 네트워크를 만들고 있다. 특히 운영진의 연수 참가
와 자주적인 활동 등에 대해 적극적으로 지원하고 있다.

3) 웃타리노

도쿄 신주쿠구(新宿区)의 지역적인 특성상 구립 기타야마부시(北
山伏)보육원이 2004년 3월말에 폐원 예정이었다. 이에 아동들을 위
해 활용해 주기를 바라는 주민들의 요청에 의해 신주쿠구가 구내의
주민들과 함께 자녀양육지원 협동모델사업으로 웃타리노(ゆったりー
の)를 시작하게 되었다.

(1) 시설의 기능

웆타리노 시설의 기능은 다음과 같다.

- 0세부터 초등학교 입학 전까지의 아동들이 자유롭게 놀 수 있는 장소
- 양육에 관해 상담할 수 있는 장소
- 양육에 관한 정보 교환의 장소
- 양육자 간에 교류와 양육과 관련하여 학습을 할 수 있는 장소

(2) 이용

웆타리노의 요일별 이용은 〈표 10−2〉와 같다.

〈표 10-2〉 웆타리노의 요일별 이용 현황

	월	화	수	목	금	토	일
오전 10:00~ 12:30	4월 1일 현재 만 3세 미만	개별 상담 각종 강좌	미취학 아동	시간 외	미취학 아동	미취학 아동	시간 외
오후 12:30~ 16:00	4월 1일 현재 만 3세 미만	4월 1일 현재 만 3세 미만	미취학 아동	시간 외	미취학 아동	미취학 아동	시간 외

(3) 행사

연중행사와 월중행사로 나누어져 있다. 연중행사는 계절에 맞추어 행사를 진행하며, 월중행사는 매월 정해진 요일에 주로 다음과 같은 활동을 한다.

- 말하는 곰 인형: 신주쿠구의 자녀양육 동호회에서 교육을 받은 사람들이 동화책을 읽어 주고, 이야기를 들려 주는 활동이다.
- 천으로 그림책 만들기: 천으로 그림책을 만드는 활동으로 보호자가 직접 손으로 만들면서 육아에 대하여 자연스럽게 이야기를 할 수 있다. 지도는 어린이 극단에서 활동하는 사람이 직접 가르쳐 주며 참가비는 무료다.
- 대학생들과 교류: 도쿄도 내의 보육학과나 유아교육학과 등 영유아와 관련된 학과에 다니는 대학생들이 조형활동 및 영유아들과 같이 놀아 주기도 하며, 보호자와 자녀들이 함께 센터 내의 벽면 장식도 한다.
- 베이비 마사지: 베이비 마사지 전문가가 보호자를 대상으로 아이에게 마사지하는 방법을 지도한다.
- 장난감 병원: 고장 난 장난감을 고쳐 준다. 비용은 100엔이며, 수리가 되지 않았을 경우 비용은 받지 않는다.

[그림 10-1] 활동을 즐기는 아이들의 모습

(4) 행정과 네트워크

2005년부터 만 0~3세까지의 부모와 자녀의 쉼터 사업에 대해 '츠도이 히로바(つどい広場)' 사업을 위탁받아 운영하고 있다. 격월로 열리는 운영위원회에는 신주쿠구의 담당자도 출석하여 운영에 관한 과제를 주민들과 공유하며 측면에서 지원을 하고 있다.

이상의 사례로 살펴본 세 곳의 자녀양육지원센터는 지역별로 출발한 시기가 서로 다르다. 그러나 영유아를 둔 모든 가정을 대상으로 행정과 상담을 해 가며 그 지역과 지역 주민들을 포함하여 자녀양육지원이 진행되고 있다는 점에서 그 의의를 찾을 수 있다.

4. 결론 및 시사점

지역의 자녀양육지원센터는 단지 어린 자녀를 가진 부모에 대한 지원뿐만 아니라 그와 연결된 지역사회와 주민 전체가 참여하는 지역 양육시스템이라고 볼 수 있다.

자녀양육지원센터 내에서 부모들은 육아의 어려움에 대해 서로의 고충 및 정보를 나누고, 선배 어머니로부터 경험담을 들으면서 전문가에게 부모로서의 교육도 받는다. 또, 어머니들이 영유아를 안고 임산부들과 함께 초등학교를 방문하기도 한다. 연령에 관계없이 모두가 참여하는 자녀양육지원은 살아 있는 교과서와 같다. 그러므로 지역 구성원이 함께하는 지역교육력이라 볼 수 있다.

일본의 자녀양육지원센터가 자녀를 둔 모든 가정을 대상으로 실시하고 있는 점은 영유아는 '사회의 어린이'라는 관점에서 볼 때 바람직하며, 일본의 핵가족화와 소 자녀화가 낳은 양육의 어려움으로 인한 정책은 우리나라 유아교육 및 보육 정책에 시사하는 바가 매우 크다고 본다.

자원이 부족한 우리나라는 국가 경쟁력 제고라는 측면에서 볼 때도 인적 자원 개발이 중요하다. 인간 발달 중 중요한 시기인 영유아기에는 발달에 적합한 환경을 만들어 주어야 한다. 따라서 이러한 환경을 만들기 위해서는 '영유아는 사회의 어린이'라는 사회인식의 전환과 더불어, 정부 및 지방자치단체에서는 행정적 · 재정적 지원을 아끼지 말아야 한다(최순자, 2006).

참고문헌

김선자(2007). 중심 시가지에 육아지원센터 건립(일본 사가市). 세계도시
　　동향, 165.

김영명(2006). 일본 보육소 지역자녀양육지원센터 사업의 한국보육시설에
　　의 적용 검토 및 시사점. 미래유아교육학회지, 13(1). 283－306.

박주현(2009). 親の育児不安と子育て支援に関する研究－日韓比較を通
　　して－. 東京家政大学大学院 박사학위 논문.

이경아(2001). 가족복지와 자녀양육 관련 정책에 관한 연구. 이화여자대학
　　교대학원 사회학과 박사학위 논문.

최순자(2006). 일본의 유아교육·보육 일원화 정책의 현황과 과제. 유아교
　　육과 보육의 다원적 접근. 한국유아교육보육행정학회 추계학술대회 발
　　표논문집, 39－54.

최순자(2008). 일본의 지역자녀양육지원센터에 관한 일고찰－동경도(東京都)
　　무사노시(武蔵野市) '0123 길상사(吉祥寺)' 사례. 한국일본교육학연
　　구, 12(2), 79－93.

최영신(2003). 일본의 지역자녀양육지원센터에 관한 연구. 한국영유아보육학,
　　제33집. 134－154.

한재희(2005). 보육시설을 이용한 소규모형 자녀양육지원센터의 운영과 활동
　　－히라카타시 코우리 단지 보육소(공립)의 사례－. 중앙보육정보센터
　　해외보육.

阿部和子(2003). **保育者のための家族援助論**. 東京: 萌文書林.

萩原元昭(2006). 地域社会の中の子ども. **保育学研究, 44**(1), 12－21.

小田 豊他(2005). **家族援助論**. 京都: 北大路書房.

栢木恵子, 森下久美子(1997). **0123吉祥寺**. ミネルブァ書房.

厚生労働省(2000). 保育対策 等 促進事業の実施について. **児童発第247号** 通知.

村井尚子(2007). 学童期における保育の必要性. **The Human Science Research Bulletin**, 6, 95－108.

山岸道子(2007). **子育て支援**. 東京: 大学図書出版.

吉田真理(2006). **児童の福祉を支える家族援助論**. 東京: 萌文書林.

0123吉祥寺 홈페이지. http://mu-kodomo.kids.coocan.jp/0123/kichijyoji (2015. 10. 11. 인출)

びーのびーの 홈페이지. http://www.bi-no.org/ (2015. 10. 10. 인출)

ゆったりーの 홈페이지. http://www.yuttarino.org/ (2015. 10. 10. 인출)

厚生労働省 홈페이지. http://www.mhlw.go.jp/ (2015. 10. 10. 인출)

厚生労働省. 地域子育て支援拠点事業実施状況. http://www.mhlw.go.jp/bunya/kodomo/dl/24jokyo.pdf/ (2014. 10. 9. 인출)

제11장 | **어린이회 운영과 사례**

김종성
(히로시마대학교 대학원)

1. 어린이회(고도모카이)란

　어린이회라 하면 흔히 초등학교의 학급회의 시간을 떠올리기 쉬우나, 일본의 고도모카이(이하, 어린이회)는 영유아부터 고등학생까지를 구성원으로 하는 지역 기반의 집단을 의미한다. 서로 다른 연령의 구성원들은 어린이회 안에서 교우관계를 형성하고, 활동을 공유하며, 개인과 집단의 보다 바람직한 성장을 꾀한다(전국어린이회연합회 홈페이지). 어린이회는 지역의 행정기관이나 타 집단과 연계하여 가정이나 학교의 틀을 넘어 아이들에게 필요한 활동을 제공함으로써 아이들의 전인적 성장을 도모함과 동시에 지역 구성원으로서의 소속감 및 연대감을 강화한다.

　어린이회는 활동의 주체인 어린이들뿐만 아니라 각종 활동을 경제적·제도적으로 지원하는 육성회와 현장에서 활동을 지원하는 주니어리더의 도움으로 운영된다. 육성회는 지역 주민, 특히 어린이회에 자녀를 둔 학부모로 구성되는 경우가 많으며, 주니어리더는 초등학생 때부터 참가했던 학생들이 현장의 리더로서 어린이회의 활동을 지원하는 경향이 강하다.

　어린이회는 주로 일본의 행정단위인 시구정촌(市区町村)을 기준으로 구성된다. 각 어린이회의 구성원의 수는 지역에 따라 상이하나, 전국어린이회연합회에서는 40명에서 50명 정도를 적정선으로 잡고 있다. 또한, 규모가 큰 어린이회에는 10명 내외의 소모둠(班)이 있으며, 때에 따라서는 소모둠별로 활동을 진행하기도 한다. 각 어린이회는 지역의 특성 혹은 추구하고자 하는 목적을 반영하여 'ㅇㅇ 어린이회'와 같이 이름을 짓는 경우가 많다.

2. 어린이회의 과거와 현재

1) 어린이회의 등장

전국어린이회연합회에 따르면, 오늘날의 어린이회는 1945년 이후에 그 바탕을 둔다. 전쟁 후의 급격한 가치관의 변화와 물질적 빈곤은 지역사회를 황폐하게 만들었으며 이는 지역청소년의 비행으로 연결되었다. 당시 일본 문부성(文部省)에서는 이 문제를 해결하기 위해 여러 방책을 제안했는데, 그 중에서도 1946년에 공포된 「아동애호반 결성 활동에 관한 통지」는 어린이회의 도입에 큰 영향을 미쳤다(전국어린이연합회 홈페이지). 이러한 내용으로부터 전통적 가치의 붕괴가 가져온 지역의 현실적 문제를 해결하기 위한 하나의 방책으로서 어린이회가 등장하게 되었다.

2) 오늘날 다시금 강조되는 어린이회의 필요성

지금의 어린이들은 지난 세대와 비교하였을 때 세 개의 '간(間)'을 잃어버렸다고 볼 수 있다('イーカオ' 홈페이지에서 인용). 먼저, '시간

(時間)'이다. 학원 등에서 보내는 시간이 증가함에 따라 아이들 스스로 무언가를 생각하는 시간을 잃어버렸다는 것이다. 다음으로는 '공간(空間)'이다. 아이들이 자신의 상상력을 발휘하거나 지혜를 익힐 수 있는 공간을 잃어버렸다는 것이다. 마지막으로는 '친구(仲間)'다. 같은 학년 사이의 연계는 어느 정도 이루어지고 있지만 서로 다른 연령의 아이들이 함께 어울릴 수 있는 기회를 잃어버렸다는 것이다. 아이들의 전인적 성장을 위한 시간적 · 공간적 · 사회적 기회를 제공한다는 관점에서 어린이회는 지금도 지역사회의 교육을 구성하는 한 축으로 자리하고 있다.

3) 어린이회의 현황

어린이회는 일본 전국에 개설되어 있으나, 지역에 따라 가입률은 큰 차이를 보이고 있다. 2008년에 행해진 '전국어린이회연합회'의 가입률에 관한 조사결과를 분석해 보면, 도쿄(9.2%)나 오사카(28.8%)와 같은 대도시보다는 후쿠이(92.4%)나 가고시마(95.3%)와 같은 지방의 중소도시에서 어린이회의 활동이 활발하다는 것을 확인할 수 있다. 또한, 2014년에 행해진 '전국어린이회연합회'의 가입자 수에 관한 조사결과에 따르면, 약 390만 명이 가입하여 활동 중이나 최근 10년간 계속적인 감소 추세에 놓여 있다. 이러한 변화의 주된 원인으로 출생률의 저하 및 생활방식의 변화가 자주 언급된다.

3. 지역에서의 어린이회의 역할

1) 어린이회의 운영 철학

(1) 놀이로부터의 성장

아이들은 놀이를 통하여 성장한다(鈴木道太, 1961; 野垣義行, 1993). 놀이에는 크게 세 가지 특징이 있다. 먼저, 놀이는 종합적이다. 놀이는 하나의 경험 덩어리이며, 특정한 목적을 지향하는 학교교육과는 차이가 있다. 어디로 뻗어 나갈지 모르는 아이들의 상상력과 놀이는 닮아 있다. 또한, 놀이에는 규칙이 있다. 아이들은 스스로 규칙을 만들며, 놀이 구성원의 합의에 따라 그 규칙은 변화하기도 한다. 마지막으로, 놀이는 즐겁다. 아이들은 놀이에서 재미를 느끼기에 자발적으로 놀이에 참여하게 되며 그 안에서 겪는 다양한 경험을 통해 자립심 및 자존감을 키워 간다. 어린이회는 이와 같은 '놀이의 힘'에 주목한다. 아이들은 활동(놀이)을 계획하고 실행하는 과정에서 규칙을 만들고 다양한 경험을 하며 그 안에서 성장한다.

(2) '아이들' 자체로서의 소중함

아이들은 본래 자주적이고 창조적인 존재다. 하지만 가정이나 학교에서의 교육, 또한 학원 등의 외적 요인들로 인해 아이들은 삶 속에서 자아실현을 꾀하기 어려운 것이 현실이다. '아이들은 미래의 어른'이며, 그렇기 때문에 '미래를 위해 준비할 필요가 있다'는 인식

은 아이 자체를 존중하는 것과는 거리가 있다. 이러한 상황 속에서
는 '놀이의 힘'이 발휘되기 어려우며, 최근에는 놀이가 어른에 의해
관리되고 상품화되는 경향마저 감지된다(野垣義行, 1993). 어린이회
는 누군가에 의해 제공되는 활동이 아닌 자기 주도적 활동을 통해
아이들이 놀이의 주인공이 되는 경험을 제공한다. 이는 아이들을 있
는 그대로 소중히 여기는 철학의 반영이라 할 수 있다.

(3) 사회성의 계발

　놀이는 아이들이 갖는 대표적인 사회적 경험이라 할 수 있다. 아
이들은 놀이를 통하여 다양한 사람들과 접촉하며 의사소통을 시도
한다. 이러한 사회적 경험은 바꾸어 말하면 인간관계를 배우는 경험
이라 할 수 있다. 인간은 혼자서는 살아갈 수 없으며, 타자와의 협력
을 통해 생활을 보다 풍성하게 한다(日本家庭学学会編, 1992). 하지만
현대 사회에서는 이러한 사회적 경험의 빈도가 점차 낮아지고 있는
것이 사실이다. 이에 어린이회에서는 같은 학년의 친구들뿐만 아니
라 다양한 연령의 아이들과 함께 놀이를 할 수 있는 기회를 제공한
다. 아이들은 집단의 놀이를 스스로 계획하고 실행하는 과정 속에서
타인과의 의견 충돌, 그리고 타협의 과정을 경험한다. 그 속에서 아
이들은 다른 사람들과 함께 문제를 해결해 가는 방법을 익히며, 이
는 곧 사회성의 계발로 이어진다. 사회 속의 갈등을 타협의 정신에
근거하여 해결해 가는 경험을 제공하는 것이 어린이회의 철학이라
할 수 있다.

2) 어린이회의 지역교육력

(1) 지역과 함께 성장하는 아이들

어린이회는 지역을 기반으로 활동한다. 다시 말해, 지역에서 놀고, 지역에서 배우고, 지역에서 성장한다. 아이들은 어린이회에서의 활동을 통하여 지역에 사는 다양한 연령의 친구들과 어른들을 만나고, 또 그들과 교류하며 지역 공동체 속으로 자연스레 융화된다. 지역 공동체의 구성원이라는 소속감은 어린이회가 갖는 지역교육력의 하나의 형태라고 할 수 있다.

이러한 소속감은 지역의 다양한 집단과의 교류에 기반을 둔다. 대표적 집단으로는 육성회가 있다. 주로 어린이회에 참가하는 아이들의 부모로 구성되는 육성회는 어린이들과 함께 활동을 계획하고, 필요한 경우에는 활동하는 데 있어 경제적 · 제도적인 지원을 담당한다. 다음으로는, 어린이회에 참가하며 함께 성장하는 주니어 리더가 있다. 주니어리더는 주로 지역의 중고생으로 구성되며 단순히 어른과 초등학생의 매개 역할을 하는 것이 아니라, 자율성을 갖고 조언하면서 어린이들과 함께 활동하며 교류한다. 마지막으로, 어린이회 활동을 위한 특별지도자가 있다. 본인이 갖고 있는 재능을 어린이회를 위해 기부하는 지역의 어른들이 이에 해당되며, 자원인사로서 어린이회에 참가한다.

이와 같이 지역 구성원들과 함께 어린이회를 운영하는 시스템은 아이들의 성장을 지원할 뿐만 아니라, 구성원 간의 결속력을 다지는 데에도 도움이 된다. 또한 그 결속력은 다시 어린이회의 운영 지원으로 환원되며, 이러한 선순환 구조는 궁극적으로 어린이의 전인적 성장으로 이어진다고 볼 수 있다.

(2) 가정교육과 학교교육의 대안으로서의 지역교육

어린이회는 가정이나 학교에서 경험하기 어려운 활동을 제공하는 것을 통해 아이들의 왕성한 성장을 약속한다(野垣義行, 1993). 어린이회는 가정이나 학교에서 경험하기 어려운 활동을 해당 지역을 기반으로, 때로는 다른 지역과도 연계하며 가정교육과 학교교육의 대안으로서의 역할을 담당한다.

그 구체적 의미는 놀이에 기초한 활동을 기반으로 한다는 점과 다양한 연령의 아이들을 구성원으로 한다는 점에서 명확히 드러난다. 이는 놀 시간이 부족하고 다양한 집단과의 접촉이 어려운 현대 사회의 어린이에게 더욱 중요한 의미를 갖는다. 어린이회를 통해 키울 수 있는 자기 주도성과 사회성은 또 하나의 지역교육력이라 할 수 있겠다.

4. 어린이회의 운영의 실제

1) 연간계획의 편성 원리

(1) 활동영역

아이들이 활동을 통해 성장한다고 한다면, 어떠한 활동이 그들의 성장에 도움을 줄 수 있는가? 전통적으로 어린이회의 활동은 크게

'회의활동' '행사활동' '일상활동'으로 분류된다(鈴木道太, 1961). 회의활동은 아이들 스스로 어떠한 활동을 할지에 대해 토의·결정하는 과정으로, 이를 통해 민주적 생활 태도를 함양할 수 있다. 행사활동은 일 년 중 여름 캠프, 크리스마스 파티 등 특정 시기에 진행되는 활동으로 어린이회 활동의 가장 큰 부분을 차지한다. 일상활동은 심신의 훈련 및 능력의 계발을 위해 평상시에 이루어지는 활동으로, 소모둠별로 이루어지는 청소활동 및 봉사활동이 여기에 해당된다.

뿐만 아니라 지역에 따라서는 어린이의 마음의 발달에 초점을 맞춘 프로그램이나(丸山康昭, 2014), 지역이 당면한 문제를 생각해 보는 학습 프로그램(石田みどり, 2014)과 같이 특색 있는 프로그램을 독자적으로 편성하여 운영하기도 한다. '전국어린이회연합회'는 앞의 분류를 오늘날에 맞게 재해석하여 〈표 11-1〉과 같이 주제별 활동영역을 제시하고 있다.

〈표 11-1〉 어린이회의 주제별 활동영역

대주제	소주제	구체적 활동
사회적 활동	사회활동	하나마츠리(ひな祭り), 칠석(七夕), 크리스마스, 신년회 등
	봉사활동	도로 청소, 경로회 등
	안전활동	위험 예측 훈련, 안전교실, 자전거교실, 구급법 등
문화적 활동	문화·예능활동	노래, 인형극, 음악회, 영화 감상회 등
	창작활동	사진, 공작, 작품전, 캐릭터 창작 등
	학습활동	천체 관측, 독서, 유네스코(국제이해) 등
체육 활동	스포츠활동	라디오 체조, 배구, 야구, 축구 등
	레크리에이션	포크댄스, 게임 등

출처: 전국어린이회연합회 홈페이지.

(2) 활동 선정의 원리: 어린이회 '활동의 과학화' 및 '인간화'

효율성을 꾀한다는 의미에서 활동의 '목표—내용—방법'의 일치는 중요한 의미를 갖는다. 세 요소의 통일성은 '활동의 과학화'를 위한 기본 조건이나 어린이회에서는 어린이들의 흥미, 관심, 욕구, 발달수준, 혹은 지역적 여건과는 동떨어져 존재할 수 없다. 이는 곧 '활동의 인간화'를 의미한다. 어린이회에 있어서 활동의 과학화와 인간화는 모순되는 것이 아니다(野垣義行, 1993). 아이들 개개인에 주의를 기울이지 않고서는 효율적인 활동을 기대할 수 없기 때문이다. 아이들에게 감동을 주고, 도전 정신을 심어 주며, 자존감을 키워 주는 활동을 효율적으로 운영하는 것의 중요성이 여기에 있다.

2) '히가시히로시마시 닛코엔어린이회'의 연간계획 분석

(1) 닛코엔어린이회의 연간계획

히로시마현(広島県) 히가시히로시마시(東広島市)의 하치혼마츠(八本松)에는 닛코엔(日興苑)어린이회가 있다. 약 35년 전에 만들어진 주택 단지의 어린이회로, 고령자와 어린이가 함께 거주하는 가정의 비율이 높은 지역이다. 지역 어린이 모두가 어린이회에 가입하고 있으나, 실제로 활동에 참가하는 비율은 전체의 40% 정도다(秋元美輝, 2010).

닛코엔어린이회의 연간계획은 〈표 11—2〉와 같이 정리할 수 있다. 한 해의 시작과 끝은 환영회와 송별회가 계획되어 있으며, 연내에 진행되는 활동은 주로 계절 및 명절 등과 관련되어 있다. 또한, 지역의 자연환경과 인문환경을 활용하여 운영되는 행사도 눈에 띈다.

〈표 11-2〉 닛코엔(日興苑)어린이회의 연간계획(秋元美輝, 2010)

월	활동	월	활동
6	1학년 환영회: 오리엔테이션	10	가을축제: 지역신사의 축제에 참가
7	칠석맞이: 소면 먹기(そうめん流し)	11	환경 정화 활동: 학교 주변 청소
8	아동관: 방학숙제, 여름축제 준비	12	크리스마스 파티: 요리, 공작 활동
9	경로회: 단지 내 경로당에서 공연	1	신정맞이: 떡 만들기(ぜんざい用)
9	전반기 생일잔치	3	후반기 생일잔치
10	사토야마에서 놀자: 하이킹, 게임	3	볼링대회: 6학년 송별회를 겸함

(2) 행사활동 중심의 어린이회 운영

〈표 11-2〉에서 확인할 수 있듯이, 닛코엔어린이회의 연간계획은 행사활동을 중심으로 계획되어 있다. 이는 대다수의 어린이회에서 발견할 수 있는 공통점이기도 하다. 행사활동을 준비하기 위한 회의 활동이 그 배경으로 자리하고 있을 수 있으나, 연간계획 자체에는 명확히 드러나 있지 않다.

행사활동을 위주로 연간계획을 구성하는 것은 놀이 자체의 성격과 관련이 있다. 평소에는 잘 경험하지 못하는 특별한 것을 할 때 아이들은 흥미를 보이며 '논다'라고 생각하기 때문이다. 여기서 활동의 인간화를 둘러싼 논의가 다시 등장한다. 활동의 인간화의 원리에 따르면, 아이들의 흥미를 존중하며 연간계획을 계획할 필요가 있기 때문이다.

하지만 여기서 어린이회가 놀이 자체를 목적으로 하는 것이 아니라는 것에 유의해야 한다. 어린이회의 활동은 놀이의 원리에 근거하여 설정되는 것이 사실이나, 놀이 자체를 넘어 활동을 통한 구성원의 전인적 성장을 목적으로 한다. 놀이와 어린이회 활동의 균형을

맞추기 위해 노가키 요시유키(野垣義行, 1993)는 놀이의 원리에 기반
을 두고 활동을 선정하되, 육성회나 주니어리더의 안내, 그 안내 중
에서도 어린이의 지속적 성장을 촉진하는 일상활동에 대한 안내를
강조할 필요성이 있다고 주장하였다.

5. 어린이회의 과제 및 해결 노력

1) 어린이회의 과제

저출산 현상과 가족의 생활패턴 변화는 어린이회의 존재 양상에
도 변화를 요청하고 있다. 각 지역 내 어린이회의 가입률은 점차 감
소하고 있는 추세이며, 뿐만 아니라 전국적으로는 어린이회의 단체
수마저 감소하고 있다. 하지만 인간관계의 표면화로 인한 인간 소외
현상이 심각해지고 있는 지금이야말로, 지역사회에 있어 교우 집단
을 형성하고 사회생활의 기초를 배우는 어린이회는 더욱 중요한 의
미를 갖는다고 할 수 있다.

야마모토 카즈히토(山本和人)와 오노 키요에(大野清惠)(2007)는 사
이타마현(埼玉県) 이루마시(入間市)의 어린이회 어린이들과 육성회
를 대상으로 앙케이트 조사를 실시하여, 보다 구체적인 과제를 발견
했다. 먼저, '어린이회의 주인공은 누구인가?' 하는 문제다. 앞서 지
적한 바와 같이, 어린이회는 행사활동 위주로 운영되는 경우가 많
다. 이러한 행사는 어린이들이 운영하기보다는 육성회나 주니어리
더의 힘을 빌려 운영되는 경우가 많으며, 이 때문에 어린이들은 '하고

싶은 것을 본인 뜻대로 할 수 없는' 상황이라며 불만을 드러냈다.

또한, 어린이회 운영을 위한 육성회의 부담도 해결해야 할 과제로
여겨지고 있다. 육성회에는 대부분의 학부모들이 참가하게 되며 어
린이회를 위해, 나아가 지역사회를 위해 봉사하게 된다. 하지만 많
은 학부모들은 '(자녀가 6학년이 되면) 임원을 해야만 하는 것'이나 '밤
늦게 (육성회의 회의 때문에) 외출하지 않으면 안 되는 것'과 같은 어
려움을 겪고 있다고 진술했다.

2) 해결 노력

앞에서 제시한 과제는 단지 해당 지역만의 과제가 아니다. 이 과
제를 해결하는 것은 어린이회가 갖는 지역교육력을 회복하는 것과
도 연결된다. 이에 대해 야마모토와 오노(2007)는 '어린이회를 아이
들에게 돌려주기'와 '학구 단위의 어린이회 재편성'이라는 해결책을
제안하였다.

아이들이 어린이회에 가장 바라는 것은 자신들이 원하는 활동을
하는 것이었다. 하지만 행사활동은 규모가 크며 경제적·제도적인
지원이 필요하기에, 육성회가 행사활동과 관련된 의사결정과 그 운
영에 깊게 관여하는 경향이 있다. 이 과정을 아이들에게 돌려주는
것은 쉬운 일이 아니다. 그러나 이는 어린이회의 기본 취지를 되살
리는 것과 관계되는 중요한 문제다. 다시 말해, '왜 어린이회를 운영
하는가?'에 대한 고민이며, 이러한 고민 위에 육성회는 어린이회의
아이들을 안내하는 방식에 대해 앞으로 더욱 고민해야 할 것이다.

또한, 육성회의 부담을 줄이기 위한 방안으로 학구 단위로 어린이

회를 재편성하는 방안도 생각해 볼 수 있다. 이는 어린이회를 보다 지역 밀착형으로 운영하는 것을 통해 육성회의 부담을 줄이고자 하는 시도다. 구체적 협력 대상으로는 이미 존재하고 있는 학교의 PTA(학부모와 교사의 모임), 지역의 행정기관 등을 고려할 수 있다.

6. 결론 및 시사점

어린이회의 운영 철학은 우리가 갖고 있는 '교육한다'라는 개념을 다시 한번 생각해 볼 수 있는 기회를 제공한다. 흔히 교육이라 하면 무엇을 누군가에게 가르치는 것을 떠올리기 쉬우나, 어린이회가 생각하는 교육은 아이들이 성장할 수 있는 기회를 마련하는 것을 의미한다. 어린이회가 갖는 지역교육력은 지역 공동체 안에서 놀이를 기초로 한 다양한 활동을 통해 어린이들의 인간적 성장을 꾀하는 것에 있다. 이는 우리가 갖고 있는 교육에 대한 개념을 넘어섬과 동시에 가정과 학교의 틀까지 넘어서는 교육활동이라 할 수 있다.

어린이회의 지역교육력이 발휘되기 위해서는 아이들이 운영의 주체라는 전제하에 육성회를 비롯한 다양한 지역 집단의 협력이 중요하다. 일본에서는 어린이회가 직면한 문제를 해결하기 위해 지역의 어린이회를 학교 단위로 재조직하는 방안이 제안되고 있다. 우리나라에서는 학교 단위로 이루어지고 있는 각 단체 활동의 범위를 지역을 기반으로 재편성하는 것을 생각해 볼 수 있다.

参考文献

秋元美輝(2010). 子ども会を通してみる教育の地域差に関する研究. 修士学位論文. 広島大学大学院教育学研究科.

石田みどり(2014). 高槻市における多分化子ども会活動: 高槻マイノリティ教育権訴訟とその後の現状(特集　多民族・多分かコミュニティの現在：在日コリアン・ベトナム人・中国帰国者). **コリアンコミュニティ研究, 5,** 25－32.

鈴木道太(1961). **地域子ども会入門.** 新評論.

日本家庭学学会編(1992). **子どもの発達と社会生活.** 朝倉書店.

野垣義行(1993). 生涯学習社会と子ども―子ども会活動の再生―. 第一法規.

丸山康昭(2014). 'こころを育てる' 子ども会活動の実践(特集 こころを育てる). **学校運営, 55(11),** 18－21.

山本和人, 大野清恵(2007). こどもかい及び育成会活動の課題とその活動計画. **国立オリンピック記念青少年総合センター研究紀要, 7,** 233－244.

전국어린이회연합회 홈페이지. http://www.kodomo-kai.or.jp/

イーカオ: 나가사키시 자녀양육정보사이트. http://ekao-ng.jp/

| 제12장 | 학동보육의 운영과 사례 |

김세곤(동국대학교)
이선옥(경민대학교)

1. 학동보육의 의미와 대상

국내에서는 '학동보육'이라는 용어가 다소 생경하게 들릴 수 있다. 그 이유 중의 하나는 우선 학동(学童)이라는 단어가 영유아 교육이나 보육분야에서 사용되지 않고 있기 때문이다. 게다가 이처럼 국내에서는 일상적으로 사용되지 않는 학동이라는 단어에 보육이라는 단어가 붙기 때문에 그 의미는 더욱 낯설게 느껴질 수밖에 없다고 여겨진다. 왜냐하면 보통 학동의 사전적 의미는 글방에서 글을 배우는 아이, 혹은 초등학생 정도의 아이를 지칭하지만, 국내에서는 일반적으로 보육의 대상은 유아나 취학 전의 아이를 염두에 두므로 과연 초등학생 이상의 아동도 보육의 대상이 되는지를 궁금해 할 수 있기 때문이다. 그런데 우리에게는 많이 생소하게 들리는 학동보육이 과연 일본에서는 어떤 의미로 사용되고 있을까?

나카야마(中山芳一, 2013)는 '학동보육'의 의미를 다음과 같이 간결하게 설명하고 있다. 학동보육이란 '학동의 보육' 혹은 '학동을 보육'한다는 뜻이다. 학동이란 초등학생을 지칭하기 때문에, 말하자면 초등학생을 대상으로 하는 보육이라는 의미다. 그런데 학동보육지도원연수텍스트편집위원회(学童保育指導員研修テキスト編集委員会, 2014)의 정의에 따르면, 학동보육은 방과후나 학교 휴업일에 보호자가 노동을 하고 있는 시간 중에 학동(학령기의 아동)을 대상으로 실시하는

보육으로 설명하고 있다. 학동보육에 대한 앞의 두 가지의 정의를
기초로 하여 생각해 보면, 우선 보육만을 표기하는 대부분의 경우에
그 대상은 영유아로 인식되기 때문에, 영유아의 보육과 학동보육이
란 연령별 대상이 다른 것이 하나의 전제가 될 수 있다. 그런데 대상
연령에 따라 영유아보육과 학동보육으로 구분할 수 있다고 해도 또
한 가지 궁금한 점이 생긴다. 즉, 초등학생을 대상으로 한다면 엄연
히 '보육'이라는 용어보다는 '교육'이라는 용어가 더 적합하지 않느냐
하는 문제다. 여하튼 일본에서는 초등학생을 대상으로 한 보육도 실
시된다고 하니 '보육'이라는 용어의 의미에 대해서도 궁금증을 가질
수 있을 것이다. 하지만 원래 보육이라는 개념에는 보호기능(양호기
능 + 케어기능)과 교육기능의 두 가지 기능이 통합되어 있다는 사실
을 이해하면, 초등학생을 대상으로 하는 보육이라는 궁금증에 대해
서도 다소 의문이 해소될 것이다.

2. 학동보육의 종류와 지역교육력으로서의 역할 분석

일본의 '학동보육'에는 '방과후 어린이교실' '방과후 아동클럽' '방
과후 어린이플랜'이라는 명칭으로 이루어진 세 가지 유형이 있다.
'방과후 어린이교실'은 2004년부터 2006년까지 3년간 '지역어린이교
실추진사업'이었다가 '방과후 어린이교실'로 변경되었고, 2007년 이
후에는 '방과후 어린이플랜'과 연계하여 실시되고 있다.

1) 방과후 어린이교실

문부과학성은 2004년부터 2006년까지 3년간 지역어린이교실추진사업을 실시하였으나, 2007년부터 이 사업을 '방과후 어린이교실추진사업'이라는 명칭으로 바꾸고 국가의 지원 방법과 내용도 변경하여 실시하였다. 이 사업의 주된 목적은 방과후나 주말에 초등학교 등을 활용하여 지역의 주민들이 관계 기관의 도움을 받아 어린이들에게 학습이나 스포츠, 문화 활동, 지역 주민과의 교류 활동을 실시함으로써 어린이들이 장차 지역사회에서 풍요롭고 건강하게 자랄 수 있는 환경을 조성하자는 것이다.

실시 장소는 초등학교 67%, 공민관 12%, 집회소, 문화센터, 공원 등이 16%, 그 외가 5%다(문부과학성방과후어린이교실추진사업, 2007). 이 사업은 2007년 이후 국고보조금이 증가하고 있고, 실시하는 시정촌의 수도 점차 늘고 있는 추세다.

2) 방과후 아동클럽(방과후 아동건전육성사업)

'방과후 아동클럽'은 부모가 맞벌이 등으로 부재중인 가정의 아동들을 대상으로 그들이 놀이를 하거나 숙제를 하면서 안전하게 생활할 수 있도록 보호해 주는 곳을 말한다. '방과후 아동클럽'은 전문 직원이 있어서 놀이 지도나 생활의 장소를 제공하고, 초등학교 저학년을 대상으로 한다. 하루 일과는 오후 1시 반경에 등원하여 숙제, 놀이, 휴식 등을 하면서 시간을 보낸다. 간식, 정리정돈과 집단놀이, 레크리에이션, 청소 등을 하고, 오후 6시에서 7시 사이에 귀가한다.

후생노동성고용균등 · 아동가정국육성환경조사과(厚生労働省雇用均
等 · 児童家政局育成環境調査課)(2011)에 의하면, '방과후 아동클럽'은
운영 주체별로 공영 8,286개소, 민영 11,660개소이며, 실시 주체는
시정촌, 사회복지법인, 부모회, 운영위원회 등이 있다. 실시 장소는
아동관, 초등학교의 여유교실, 학교부지 내 전용시설 등이다. 사업
내용은 방과후 아동의 건강관리, 안전 확보, 정서의 안정, 놀이 활동
에 대한 의욕과 태도의 형성, 놀이를 통한 자주성, 사회성, 창조성 배
양, 방과후 아동의 놀이 상황의 파악과 가정과의 연락, 가정이나 지
역에서의 놀이 환경 만들기의 지원, 그 외 방과후 아동의 건전 육성
에 필요한 활동이다.

3) 방과후 어린이플랜

'방과후 어린이플랜'은 시정촌 교육위원회가 주도가 되어 복지부
국과 연계를 맺고, 모든 초등학교를 대상으로 2007년 6월 21일부
터 '방과후 어린이교실 추진사업' 및 '방과후 아동건전육성사업'(학동
클럽 사업)을 일체적 혹은 연계적으로 실시하도록 한 종합적인 방과
후 대책(방과후 어린이플랜)을 말한다. '방과후 어린이플랜'은 어린이
에 대한 흉악 범죄 사건과 어린이를 둘러싼 가정이나 지역교육력의
저하가 지적되면서 2006년 5월 당시 소자화(少子化) 담당대신으로부
터 '지역어린이교실추진사업'(방과후 어린이교실)과 '방과후 아동건전
육성사업'(방과후 아동클럽)의 방과후 대책사업을 연계하여 실시하면
어떨지에 대한 제안을 받아들여 문부과학성과 후생노동성 양측 장
관이 합의하여 '방과후 어린이플랜'을 창설하였다.

'방과후 어린이플랜'에서는 방과후 및 주말 등에 초등학교의 여유 교실 등을 생활의 장으로 활용하고 지역 주민들의 도움을 받아 학습 및 스포츠, 문화 활동, 지역 주민과의 교류 활동 등을 실시하고 있다. 현재 일본의 많은 시정촌에서는 초등학교·공민관·아동관 등을 활용하여 지역성을 살리면서 '방과후 어린이플랜'을 전개해 가고 있다.

4) 지역교육력으로서 '학동보육'의 역할 분석

'학동보육'이 갖는 지역교육력의 의미를 설명하기 위해 학동보육의 주요 기능과 지역교육력의 기본 역할을 연결지어 〈표 12-1〉과 같이 환경적 요소, 정보적 요소, 인적 자원 요소의 세 부류로 나누어 분석의 틀을 구성하였다. 그런 연후에 각각의 세 요소가 갖는 '학동보육'의 주요 기능을 지역교육력의 기능별 세부 요소와 대비하여 '학동보육'의 지역교육력으로서의 역할에 대해서 검토해 보고자 한다.

〈표 12-1〉 일본 '학동보육'의 역할 분석

지역교육력 역할 요소	주요 기능	지역교육력의 기능별 세부 요소
환경적 요소	- 공간 제공 기능 - 자원 지원 기능	건물, 공원, 운동장 등 시설, 설비 등
정보적 요소	- 프로그램 지원 기능 - 정보 지원 및 네트워크 형성 기능	교육프로그램 정보 제공 타 기관과의 연계프로그램
인적 자원 요소	- 지역 인적 자원 활용 기능	자원봉사자 지역 주민

3. 학동보육의 사례를 통해 본 일본의 지역교육력

여기서는 일본의 지역 주민들이 어린이의 방과후 활동을 돌보기 위해 전개하고 있는 '학동보육'의 사례들을 앞의 〈표 12-1〉에서 제안한 분석 틀에 준거하여 환경적 요소, 정보적 요소, 인적 자원 요소로 나누어 소개하면서 그 속에 내재된 지역교육력의 의미를 살펴보고자 한다.

1) 환경적 요소에서 본 지역교육력 사례

(1) 공간 제공 기능

최근 일본의 지자체에서는 어린이들에게 놀이 공간을 제공하는 새로운 형태의 공원인 프레이파크(プレイパーク)가 확대되고 있다. 프레이파크는 새로운 놀이터 만들기를 위한 하나의 시도로서, 대표적인 사업으로는 요코하마시(橫浜市)의 프레이파크(プレイパーク) 사업과 가와사키시(川崎市)의 유메(夢)파크 사업이 있다.

요코하마시의 프레이파크 사업   요코하마시에서는 어린이와 청소년들이 발달 단계에 맞는 지식과 경험, 사회성과 창조성을 키워 갈 수 있도록, 공원의 일부를 활용한 모험적인 놀이터로서 프레이파크 사업을 추진하고 있다. 프레이파크는 '자신이 책임지고 자유롭게 노는 장소'라고 정의되어 있듯이, 나무 오르기, 타잔로프, 진흙놀이, 물놀이, 모닥불놀이, 드럼통 목욕탕 등 자연 속에서 자유롭게 놀 수 있도록 만들어진 공간이다.

요코하마시에서는 프레이파크를 위한 장소 제공과 프레이파크의 개최를 희망하는 단체의 활동을 지원하는데, 개최의 주체는 어디까지나 지역 주민이 중심이 되고 있다. 요코하마시는 활동에 필요한 시설(간판, 창고, 수도 등)의 설치와 광고 활동, 활동에 관한 조언이나 인재의 소개, 프레이 리더의 양성과 확보, 코디네이터의 배치와 활동, 자원봉사자의 연수 등의 활동을 지원하고 있다.

프레이파크에서 중요한 역할을 담당하고 있는 프레이 리더의 고용과 연수는 '특정비영리활동법인 요코하마에 프레이파크를 만드는 네트워크(YPC네트워크)'가 요코하마시의 보조를 받아 실시하고 있다. 현재는 12개의 공원에서 프레이파크 사업을 실시하고 있고, 연간 이용자 수도 2007년에는 58,791명, 2008년에는 73,960명으로 매년 증가하고 있다. 이와 같은 요코하마시의 프레이파크는 전국적으로 확대되고 있는 추세다.

가와사키시의 유메파크 사업　　유메(夢)파크는 가와사키시(川崎市)의 교육위원회가 설치한 어린이 놀이터로서, 「가와사키시 어린이의 권리에 관한 조례」(2000년 12월 제정, 2001년 4월 시행)를 기반으로 2003년 7월에 오픈한 시설이다. 2006년 4월부터 지정관리자제도에 의하여 NPO 프리스페이스 집합소와 가와사키시 생애학습재단을 운영하고 있다.

유메파크는 다양한 놀이를 할 수 있도록 구성된 복합시설이다. 예를 들면, 물놀이를 할 수 있는 수영장과 폐품 등을 이용하여 공작할 수 있는 공간, 터널, 탑, 어린이가 열매를 딸 수 있는 블루베

리 나무 등이 있고, 자유로이 구멍을 팔 수 있는 땅 등이 있어서
어린이의 다양한 요구에 부응할 수 있도록 되어 있다. 이곳에는
프레이 워커(プレイワーカー)라는 비상근직 직원이 있어서 어린이
들이 자유롭게 놀 수 있도록 도와주고, 눈에 보이지 않는 위험 요
소를 제거해 주는 역할을 하고 있다.

(2) 자원 지원 기능

지역교육력의 환경적 요소 중 자원 지원의 기능을 하고 있는 사례
로는 학교 측이 방과후에 다양한 프로그램을 제공하는 야마나시학
원대학부속소학교(山梨学院大学付属小学校)와 보호자에 의해서 운영
되는 학동보육을 학교가 지원해 주는 와코소학교(和光小学校)가 있다.

야마나시학원대학부속소학교: 학교의 자원을 활용한 방과후 활동
야마나시학원대학부속소학교에서는 방과후 개방사업으로 트와이
라이트 스쿨(トワイライトスクール)을 실시하고 있다. 트와이라이트
스쿨은 다양한 놀이와 학습의 제공을 목적으로 하고 있다. 방과후
활동에는 1회 이용 코스를 비롯하여 주5일 코스까지 다양한 코스
가 있다. 학생 전원이 등록하고 있지만 학년이 올라감에 따라 점
차 이용 횟수가 감소하고 있다.

트와이라이트 스쿨의 운영진들은 소학교의 교사가 아니라 전문
적인 사무국의 직원이거나 야마나시대학(山梨学院大学)의 교수 또
는 외부 강사 등 다양한 인재들로 구성되어 있다.

와코소학교: 보호자의 자원봉사로 운영되는 학교 내의 학동보육

도쿄도(東京都) 세타가야구(世田谷区)에 있는 와코소학교(和光小学校)는 보호자가 학동보육을 운영하는 독특한 사례로서 35년의 역사를 가지고 있다. 와코소학교에서는 학급간담회가 개최되면 보호자들이 교대로 아이들을 돌보는 활동이 예전부터 실시되고 있었다. 이와 같은 활동이 발전하여 PTA(和光에서는 친화회라고 부른다)가 학교 안에 학동클럽을 설치하는 형태로 발전하였다.

학동보육을 실시하는 교실(居場所)에는 보호자로부터 기부받은 냉장고, 개수대 그리고 세탁실 등이 있고, 학동들은 학교 내의 체육관, 그라운드, 수영장 등을 이용할 수가 있다. 또한 어린이가 다치거나 질병이 발생하는 경우에는 학교의 보건실도 이용할 수 있다. 교원들도 PTA의 회원으로 가입되어 있으므로 학동보육의 지도원과 교원 간에 친밀한 관계가 유지되고 있다. 이 때문에 지도원과 담임 간에 긴밀한 의사소통이 이루어지고 있다.

학동보육의 운영은 보호자와 지도원으로 구성된 운영위원회에서 담당한다. 학동보육의 대상은 소학교 1학년부터 6학년까지로서, 보호자의 취업 형태 등에 관계없이 누구나 입회할 수 있다. 2010년 어린이 수는 80명이지만, 1일 이용자 수는 평균 50명 정도로서, 전교생의 8분의 1정도가 학동 회원으로 등록되어 있다.

이 시설은 와코소학교(和光小学校)의 학생들만이 이용할 수 있는 시설이므로 세타가야구(世田谷区)로부터 보조금을 받지 못하고 있다. 따라서 지도원의 인건비를 포함하는 운영비 전부를 어린이의 보육료에 의존하고 있어 회원의 증감에 따른 수입의 불안정으로 인하여 보호자의 부담이 커지고 있는 실정이다.

2) 정보적 요소에서 본 지역교육력 사례

정보적 요소의 관점에서 본 지역교육력을 프로그램 지원 기능과 정보 지원 및 네트워크 형성 기능으로 나누어서 살펴보고자 한다.

(1) 프로그램 지원 기능

오타구: 방과후를 활용한 보습교실의 도입　도쿄도(東京都) 오타구 (大田区)의 교육위원회는 2009년부터 방과후나 토요일에 무상의 보습교실을 실시하여 초등학교 3학년부터 중학생까지를 대상으로 수학과 영어를 가르치고 있다. 오타구에서는 학력테스트 결과로부터 얻은 아동들의 학력 수준을 높이고자 스텝학습을 도입하였다. 스텝학습은 프린트 등으로 학습 능력을 확인하고, 일정한 회답율에 도달하지 못한 학생에게는 가정에서 복습을 하거나 방과후 보습교실에 참가하도록 하는 것이다. 보습교실을 담당하는 203명의 학습지도 강사들은 교원면허를 갖고 있거나 교육위원회가 고등교육의 능력을 가지고 있다고 인정해 준 사람들로 구성되어 있다. 2009년 기준 수업시간은 연간 약 140시간으로 2인~3인의 강사가 담당하고 있다.

　스텝학습은 학생들의 학습을 향상시키는 것이 주목적이므로 학교 수업과도 일관성을 유지하고 있다. 학습시간은 주 4~12시간 정도이고, 토요일은 1년에 6회(각각 2시간)로 예정되어 있으며, 프린트 등의 교재는 민간기업으로부터 구입하여 사용하고 있다.

　교육위원회가 실시한 설문지 조사에 의하면, 보습교실에 대한 평판은 양호한 것으로 나타났다. 또한 기초학력뿐만 아니라 보다

더 발전된 커리큘럼을 희망하는 소리도 높아지고 있다고 한다. 이
상과 같은 서비스는 지방자치단체 간의 지역 격차를 조장시킬 수
있다는 우려의 목소리도 있지만, 지역교육력의 하나의 사례로서
배울 점이 있다고 여겨진다.

세타가야구: 중학생을 대상으로 하는 방과후 대책 STEP

도쿄도(東京都) 세타가야구(世田谷区)에서는 1999년부터 지역 주민
들의 지원을 받아 방과후 활동 지원 사업인 STEP을 실시하고 있
다. STEP라고 하는 사업 명칭은 '방과후 교실이라고 하는 Space
(공간)에서, Try(도전)하고, Enjoy(즐거워)하면서, Possibility(가능
성)를 발견하자'라는 취지에서 만들어졌다. 2008년에는 1,003회
의 활동이 실시되어 24개의 중학교에서 9,077명이 참가하였다.

활동의 목적은 방과후에 기존의 학교 시설과 지역의 인재들을
활용하여 중학생의 건전한 육성을 도모하고, 개방된 학교 만들기
를 위한 것이다. 실시 주체는 세타가야구의 교육위원회와 세타가
야구의 중학교이지만, 실제적인 운영은 학교로부터 추천받은 지
역의 운영협력원과 NPO 등의 운영협력단체가 담당하고 있다. 운
영협력원과 운영협력단체에게는 교육위원회가 보상과 경비, 그
외에 보험료 등을 지급하고 있다.

(2) 정보 지원 및 네트워크 형성 기능

인정어린이원 무츠미아이센 유치원: 양육 지원의 일환으로서의 학동
보육　　도치기현(栃木県) 시모스케시(下野市)에 있는 인정어린이
원 무츠미아이센(むつみ愛泉) 유치원은 무츠미아이센 유치원과 무

츠미아이센 보육원의 유보연계형 인정어린이원이다. 현재는 무츠미아이센 키즈스쿨이라고 하는 학동클럽도 운영하고 있다. 무츠미아이센 키즈스쿨은 아이가 인정어린이원을 졸업하더라도 계속해서 같은 곳에 있는 학동클럽에서 생활할 수 있다는 점, 아이의 성격을 잘 알고 있는 선생님이 돌봐 준다는 점, 그리고 늦은 시간까지 아이를 돌봐 준다는 점 등의 이유에서 일하는 부모들이 선호하고 있다.

학동클럽의 대상 연령은 소학교 1학년부터 4학년까지이고, 대상지역은 시모스케시(下野市)의 소학교와 그 외에 통학이 가능한 인근지역으로 되어 있다. 평일에는 약 40~50명, 토요일에는 5~8명, 장기휴일에는 40~60명의 어린이들이 이 시설을 이용하고 있다. 보호자가 마중을 오는 시간은 오후 6시이지만 6시 반 이후인 경우에는 간단한 식사가 제공되고, 7시 이후에는 유료로 저녁밥을 제공하고, 9시까지 위탁시간을 연장해 주기도 한다.

육아서포트카스타넷: 탁아보육에서 함께 만들어 가는 보육을 추구하는 보육원　주식회사 육아서포트카스타넷가 운영하는 모리노 보육원에서는 도쿄도인정보육소 모리노 보육원, 양육지원 모리노 보육원클럽, 회원제아동관 모리노 방과후, 보호자 교류서클인 모리노 대학 등 4개의 서비스를 제공하고 있다.

오타구(大田区)에 학동보육기관이 부족하다고 인식한 나가노마 유미(長野真弓) 원장은 보육원 뿐 아니라 회원제아동관 모리노 방과후를 운영하여 보육원의 졸업생에게 방과후 교육 트와이라이트 스테이(トワイライトステイ)와 프렌드리 스테이(フレンドリステイ)

를 제공하고 있다. 대상 아동은 소학교 1학년부터 중학교 3학년까지로, 이용 시간은 월요일부터 금요일(공휴일 제외) 오후 5시부터 9시까지로 되어 있다. 한편 프렌드리 스테이는 지역의 학동을 대상으로 병간호와 등교 거부에 대한 지원을 하고, 방과후, 봄방학, 여름방학 등에도 운영하고 있다.

또한 모리노 보육원에서는 어린이들 뿐만 아니라 직원과 보호자, 보호자와 보호자들이 서로 배워 가는 공동 학습의 장으로서, 보호자 교류서클인 모리노 대학을 운영하고 있다. 모리노 대학은 아이들이 도쿄도인정보육소 모리노 보육원·양육지원 모리노 보육원클럽·회원제아동관 모리노 방과후 등을 이용하는 경우에 부모들은 자동적으로 보호자 교류서클인 모리노 대학에 등록되는 구조를 가지고 있다.

3) 인적 자원 요소에서 본 지역교육력 사례

마지막으로 지역 인적 자원의 활용 기능을 도쿄도(東京都) 미나토구(港区)에서 실시되고 있는 방과후 NPO 애프터스쿨을 중심으로 살펴보고자 한다.

방과후 NPO 애프터스쿨은 '안전하고 풍요로운 방과후'라는 이념 아래, 2005년부터 세타가야구(世田谷区)를 중심으로 다양한 '방과후 프로그램'을 실시하고 있는 특정비영리활동법인이다. 중심 멤버는 5명이지만, 다양한 인적 자원을 활용함으로써 수많은 프로그램을 운영하고 있다. 지역에서 특기를 지닌 어른들을 '시민 선생'으로 발굴하여 그들의 특기를 활용해 어린이를 위한 프로그램을 설계하는 것이 특징이다. 지금까지 300회 이상의 프로그램을 실시하였고, 이에 참가한 전체 인원은 3,000명 이상이나 된다고 한다.

프로그램의 기본 테마는 '의식주와 물건 만들기'로서, 어린이가 인생을 활기차게 살아갈 수 있도록 스포츠, 음악, 문화, 학습, 놀이, 표현 등을 주요 주제로 하여 '어린이의 살아가는 힘 키워 주기'를 프로그램의 최종 목표로 하고 있다. '요리, 파티쉐(パティシエ) 프로그램'에서는 그 지역의 요리사가 '시민 선생'으로 등장하고, '농장 투어 프로그램'에서는 농장에서 직접 농사에 관한 체험을 할 수 있도록 한다. 2007년에 실시된 '건축 프로그램'에서는 건축사의 도움을 받아 어린이들이 나무로 된 집을 완성시켜 2008년에 굿 디자인상을 수상하였다고 한다. 2008년에는 완성된 집 안의 내장·외장을 디자인하는 프로그램을 실시하여 사단법인 일본 인테리어 디자인협회의 회원들이 '시민 선생'으로 초빙되었고, 어린이들은 디자인, 모형의 제작, 디자인콘페(デザインコンペ)라고 하는 과정을 거쳐 디자인을 결정하고 인테리어 작업에 착수하여 그로부터 2년 후에 집을 완성시켰다고 한다.

4. 결론 및 시사점

지금까지 '학동보육'을 둘러싼 일본의 지역교육력의 사례들을 환경적 요소, 정보적 요소, 인적 자원 요소의 세 가지 틀로 나눠서 살펴보았다. 일본의 '학동보육'은 사회적 환경 변화를 해결하는 하나의 대안으로 부각되고 있음을 알 수 있었다. 특히 방과후 아동들의 보육·교육활동에 대한 지원과 지역 주민들의 공동체 형성이라는 사회적 기능을 원활히 이룰 수 있도록 지방자치단체, 학교, 민간비영리조직 뿐만 아니라 지역 주민들과 학부모들도 적극 참여하여 안전하고 행복한 지역 만들기에 노력하는 모습이야말로 의미 있는 지역 교육력의 힘이라고 여겨진다. 하지만 한편으로는 방과후 시설을 이용하고자 하는 대기 아동의 증가, 그리고 이에 따른 방과후 아동클럽의 대규모화 등의 문제점도 대두되고 있어 앞으로의 방과후 아동 대책에 대한 질적 개선이 요구되고 있다는 점도 간과할 수 없다.

또한 지역의 자원을 활용한 방과후 프로그램을 확대시켜 나가기 위해서는 지역의 자원과 학교를 연결하는 '방과후 코디네이터'의 역할, 그리고 학동보육을 전문으로 담당하는 '지도원'의 양성과 연수 등 행정적인 차원의 정비도 필요하다고 하겠다.

지금까지 살펴본 바와 같이, 지역 주민들이 공동체 형성을 통하여 아동들에게 다양한 방과후 활동을 지원해 줌으로써 교육의 사회적 기능을 담당하는 일본의 지역교육력은 앞으로의 우리나라의 '방과후 아동교육'에 많은 시사점을 줄 수 있다고 생각한다.

참고문헌

김수동(2008). 외국의 초등학교 방과후 보육정책의 최근 동향분석. 한국
　　일본교육학연구, 13(1), 3－125.

이성한(2012). 일본의 방과후 정책에 관한 고찰. 한국일본교육학연구, 16(2),
　　1－20.

임형연(2014). 일본 지역교육력 인프라로서 도서관의 역할 분석. 한국일
　　본교육학연구, 18(2), 121－141.

新たな児童の放課後対策を考える懇話会(東京都目黒区, 2006). ‘新た
　　な児童の放課後対策を考える懇話会’ 報告書―子どもたちの新しい
　　放課後の過ごし方への対策提言.

池本美香編(2010). 子どもの放課後を考える. 東京: 勁草書房.

大田区教育委員会(2009). おおたの教育 第100号.

学童保育指導員研修テキスト編集委員会編(2014). 学童保育指導員の
　　ための研修テキスト. 東京: かもがわ出版.

教育支援協会(2009b). 自然体験活動―活動研究と実践.

厚生労働省(2011). 厚生労働省雇用均等・児童家政局育成環境調査課
　　報告書.

子どもたちの放課後懇話会(横浜市, 2003). 放課後児童育成施策の方
　　向性について―子どもたちの放課後ルネッサンス.

子どもたちの放課後懇話会(横浜市, 2003). 放課後児童育成施策の方向
　　性について―子どもたちの放課後ルネッサンス.

世田谷区(2005). 世田谷区子ども計画―平成17年度～平成26年度.

世田谷区教育委員会(2009). 中学生の放課後活動支援事業(STEP)
　　概要.

世田谷区教育委員会(2002). **STEP通信**, No. 6.

全国学童保育連絡協議会(2011). 学童保育情報(2011～2012).

中山徹, 大阪保育研究所, 大阪学童保育連絡協議会編(2007). **放課後子どもプランと学童保育**. 大阪: 自治体研究社.

中山芳一(2013). **学童保育実践入門**. 東京: かもがわ出版.

長野真弓(2007). **笑顔の力**. 東京: アチ一ブメント出版株式会社.

松田道雄(2002). **駄菓子屋楽校**. 東京: 新評論.

日本総合研究所(2008). わが国企業のCSR経営動向2008.

文部科学省(2011). 放課後こどもプラン連携推進室・文部科学省生涯学習政策局社会教育課報告書.

文部科学省(2007). 文部科学省放課後子ども教室推進事業.

文部科学省(2011). 文部科学省生涯学習政策課放課後児童プラン連携推進室.

文部科学省(2011). 文部科学省生涯学習政策課放課後児童プラン連携推進室, 青森県東北町放課後児童教室.

横浜市(2005). 放課後児童育成施策基本指針.

横浜市(2009). 平成21年度こども青少年局運営方針.

제13장 방과후 아동교실의 운영과 사례[*]

김수동
(동국대학교)

1. 일본에서의 지역교육력을 활용한 방과후 아동교실

일본의 방과후 활동의 역사는 '열쇠 아동'에 대한 대책으로 국가 차원의 정책이 아닌 일하는 부모들을 위한 자발적 주민운동이 펼쳐졌던 1948년으로 거슬러 올라간다. 이후 1960년대에 들어 후생성이 「아동복지법」에 아동관 설치 운영을 법제화하면서 아동을 위한 보육이 국가 사업의 일환으로 전개되기 시작하였고 구체화되었다(김재인·이향란, 2004 ; 김수동, 2008 재인용).

2001년 이후 일본에서는 청소년 범죄와 비행이 급증하였다. 아이들이 방과후에 부모 없이 남겨지는 맞벌이 가정이 증가하는 가운데 아이들이 학교를 마친 후에 갈 수 있는 안전한 장소를 확보하는 일이 시급한 문제가 되었다. 아이들에게 다방면의 경험을 쌓게 하고, 다른 아이들 혹은 성인들과 소통할 수 있는 보다 많은 기회를 제공하는 것이 장기적인 관점에서 청소년 범죄와 비행을 예방하기 위해 필요하다는 인식이 사회적으로 확산되었다. 또한 부유층과 빈곤층 간의 경제적·교육적 격차가 심화됨에 따라 학교에 과도한 부담을 지우지 않으면서도 이러한 차이를 줄일 수 있는 정책이 필요하였다. 즉, 이러한 여러 정책적 필요를 충족시킬 수 있는 방과후 시간 활용

[*] 이 글은 『열린교육연구』 제21집 제2호(2013.5)에 실린 '일본의 방과후 아동교실 운영에서 지역교육력 활용 사례의 특징 및 시사점'의 내용을 발췌, 요약 정리한 것임.

방안을 마련하는 일이 시급했던 것이다.

이러한 사회 전반적인 요구에 따라 2006년 12월 일본에서는 「교육기본법」에 관한 법률 개정이 이루어졌다. 그때 개정에는 제13조의 내용이 첨가되었다. 내용을 보면 "학교, 가정 및 지역 주민, 기타 관계자는 교육의 각각의 역할과 책임을 자각하고 상호 연계 및 협력에 노력한다."고 언급하고 있다. 새 조항은 바로 아이들을 교육함에 있어 학교와 교육관계자들에게만 그 책임을 전가하기보다는 사회 전체 구성원이 협력하여 지역사회 자원을 활용하는 교육의 중요성을 강조하는 것이라고 할 수 있다. 지역사회의 틀 안에서 다른 아이, 어른들과의 교류를 통한 다양한 학습 기회를 제공하고자 하는 일본의 방과후 아동교실 사업은 전술한 「교육기본법」 조항의 핵심을 구체화한 중요한 사업이라 할 수 있다(한국교육개발원, 2007). 또한 2008년 6월에 개정된 「사회교육법」 제3조 3항 역시 방과후 아동교실 사업과 긴밀한 연관성을 갖는다고 볼 수 있다. 그 내용은 "국가 및 지방자치단체는 제1항*의 임무를 수행함에 있어 사회교육이 학교교육 및 가정교육과 밀접한 관련이 있다는 점을 감안하여 학교교육과 연계를 확보하는 노력을 하고, 가정교육의 향상에 이바지하도록 필요한 배려를 하고, 학교와 가정 및 지역주민과 기타 관계자 상호 간의 연계 및 협력 촉진에 이바지하도록 노력한다."고 언급하고 있다.

또한 일본의 방과후 활동은 세 가지로 나누어 볼 수 있다.

---

* 국가 및 지방자치단체는 이 법 및 다른 법령이 정하는 바에 따라 사회교육의 장려에 필요한 시설의 설치 및 운영, 집회, 자료의 제작, 배포, 기타 방법으로 모든 국민이 모든 기회, 모든 장소를 이용하여 스스로 실제 생활에 즉시 사용할 수 있는 문화적 교양을 높여 얻을 수 있는 환경을 조성하도록 노력하여야 함.

방과후 아동교실 사업, 방과후 아동클럽 사업, 방과후 부활동이 그것이다. 초등학교 학생을 대상으로 하는 방과후 아동교실 사업과 방과후 아동클럽 사업이 있고, 중·고등학교 학생을 대상으로 하는 방과후 부활동이 있다. '방과후 아동교실 사업'은 문부과학성이 정책 주관 부처이고, '방과후 아동클럽 사업'은 후생노동성이 정책 주관 부처다. 그리고 중·고등학교에서는 학교에서 주관하고 실시하는 '방과후 부활동'이 있다.

1) 방과후 아동교실 운영 사례의 시사점 도출의 필요성*

우리나라에서는 2012년에 주5일 수업제 도입에 따른 토요 방과후 학교운영 문제 및 학생의 사회성 부족, 학교 폭력 문제 등에 효율적으로 대처하기 위해서 학교교육에 대한 지나친 의존성을 탈피하여 지역교육력을 적극 활용하기 위한 노력이 요구되었다. 2012년 3월 한국교총에서 실시한 '토요 휴업일 방과후학교운영에 대한 인식' 설문조사 결과를 보면, 확대가 필요한 토요프로그램으로 지역사회 연계 프로그램이 57.9%, 지역사회 자체 프로그램이 26.3%를 차지하고 있어서 지역사회의 역할이 강조되고 있다(한국교육신문, 2012. 4. 9.). 또한 교총의 보도자료 내용도 일종의 방과후학교 프로그램으로 볼 수 있는 토요프로그램의 정착을 위해서는 행정안전부, 문화체육관광부 등의 참여를 통한 지역사회 연계 프로그램이 무엇보다도 필요하다고 언급하고 있다(한국교육신문, 2012. 4. 9.).

---

* http://e-tech.life.hyogo-u.ac.jp/kyouzai/chiiki-db/nanika.htm, 2013 등을 참고하여 재구성함.

우리나라뿐 아니라 미국, 영국, 일본에서도 방과후학교와 지역사회의 연계에 대한 관심이 오랫동안 지속되어 왔다(한국교육과정평가원, 2000). 미국의 경우 지역사회에 기반을 둔 프로그램을 개발하고있고, 가정, 학교, 사회의 협력 체제를 구축하여 지역의 특유한 문제를 해결하며 교육문제와 사회문제를 연결하여 해결하려고 하고 있다. 또한 자상하고 유능한 성인들과의 관계망을 토대로 안전하고 건강한 환경을 조성하여 학생들을 적절하게 보호하고 관리하도록 하고 있다.

영국의 경우 방과후 활동에 대한 재정적 지원이 정부뿐 아니라 지역사회의 인사 등으로 다원화되어 있다. 또한 지역사회의 자생적인 프로그램을 학교의 특별활동의 일부로 활용하고 있으며, 지역사회에서 개최하는 발표회에 참여하기도 한다. 이때 지역사회의 다양한 전문가를 자원봉사자 혹은 유급 강사로 활용하고 있다.

일본의 경우 지역사회의 인적·물적 인프라를 적극 활용하여 방과후 아동교실 운영의 효율을 극대화하고 있다. 운영에 있어 학교에 부담을 주지 않고, 교육위원회가 중심이 되고 있으며, 국가와 지방의 역할 분담과 협조가 잘 되고 있다. 또한 학교 외부의 자원봉사자나 교육기부를 다수 활용하고 있다.

본 주제에서 일본의 방과후 아동교실 운영 사례를 중심으로 시사점을 도출하는 필요성은 다음과 같다. 일본은 1960년대에 고도 경제성장을 거치면서 지역사회의 교육력이 현저히 저하되었다. 우리나라도 1970년대 후반 무렵부터 경제 성장을 거치면서 지역사회의 교육력이 감소되는 경향이 두드러지게 나타났다. 양국 모두 지역교육력 향상과 회복이 절실히 필요한 상황이다. 그리고 일본은 우리나라

보다 앞서서 지방자치제가 폭넓게 제도화되어 있었고, 우리나라도 1990년대부터 지방자치제가 본격적으로 실시되고 학교교육과정 운영의 분권화와 지역화가 추진되기 시작하였다. 또한 급속한 도시화의 진행, 핵가족 및 한부모 가정의 증가, 출산율 감소와 정보화 증가 등에서도 양국은 비슷한 양상을 보이고 있다. 2013년 기준으로 구글의 '나무위키'가 참고한 CIA 월드팩트북 추정 통계 자료에 따르면, 한국과 일본의 출산율은 1,000명당 일본이 1.39명, 한국이 1.19명을 기록하여 거의 세계 최하위를 기록하고 있다. 인터넷 이용률은 2011년 기준으로 일본이 79.5%, 한국이 83.8%을 기록하고 있어서 비슷한 양상을 보이고 있다. 또한 교육 관련 통계 지수 측면에서 보았을 때, OECD 36개국 교육 관련 통계지수 보고서(2011)*에 따르면 학업성취도는 일본이 3위로 529점을 기록하고, 우리나라는 2위로 541점을 기록하고 있다. 유엔개발계획(UNDP)이 국가별 국민소득, 교육 수준, 평균 수명, 유아 사망률 등을 종합 평가해 매년 내놓는 인간개발지수(HDI)** 순위에서 한국은 세계 12위, 일본은 세계 10위를 차지했다(연합뉴스, 2013. 3. 15.). 통계 조사 자료에서 알 수 있듯이, 일본과 한국은 사회적 · 교육적 환경이 유사한 측면이 적지 않기 때문에 일본의 방과후 아동교실 운영 사례에 대한 연구는 우리나라에도 의미 있는 시사점을 줄 것으로 사료된다.

---

* http://www.oecdbetterlifeindex.org.
** 인간개발지수는 각국의 평균 수명 · 교육수준 · 문자해독률 · 1인당 국내총생산(GDP) · 성별(性別)균형 등을 종합 평가하여 산출하는 '인간다운 삶'의 지수임.

2) 방과후 아동교실에서 지역교육력의 하위 요소*

일본의 지역교육력은 "아이들의 학습에 영향을 미치는 지역사회에 존재하는 모든 사람, 사물, 자연 등을 말하며, 지역에 뿌리 내린 교육 자원이 될 수 있는 가치 있는 것"으로 정의한다. 아울러 지역교육력의 형태로는 예를 들어 기술과(技術科) 교육의 학습지도요령에서는 다양한 분야에서 활약하는 전문가 등의 '지역 인재', 박물관, 발전소, 공장 등의 '지역 시설', 지역 산업과 지역에 뿌리 내린 문화, 작물, 전통 공예 등의 '지역 자원', 양로원 및 지역 단체 등의 '지역사회와의 교류', 그 지역 고유의 '지역의 자연 환경' 등의 각 형태가 있을수 있다.

(1) 지역 인재

지역 인재에는 지역에 사는 전문가 및 학부모와 교사의 모임(Parent − Teacher Association: PTA), 지역 주민이 있다.

전문가는 지역의 대학 및 연구소 등에 있는 각 분야의 사람과 퇴직 교원 및 연구원을 뜻한다. PTA는 미국, 캐나다, 영국, 일본 등에서 사용되는 명칭이다. PTA는 각 학교마다 학부모와 교사로 조직된 교육 관련 단체다. 각자가 임의로 가입하는 단체로서, 개별 학생의 성장보다는 기부금을 모으거나 교사를 지원함으로써 학교 전체 및 모든 학생에게 유익한 활동을 하는 것을 목적으로 한다. 교직원(Staff)을 포함하여 'PTSA'라고 부르거나, 지역사회(Community)라는 의미를 더한 'PTCA'로 부르는 학교도 있다. 지역 주민은 전문가는 아니

---

* http://e-tech.life.hyogo-u.ac.jp/kyouzai/chiiki-db/nanika.htm을 참고하여 재구성함.

지만 아이들의 건전한 육성에 열정을 가진 사람을 뜻한다. 지역 주민은 학생의 안전을 위해 안전 관리원으로 활동한다.

(2) 지역 시설

일본의 지역 시설은 공민관, 도서관, 박물관, 대학교, 연구소, 대학의 실험실, 공원, 공공기관 등을 뜻한다.

공민관은 주민을 위한 실제 생활에 입각한 교육, 학술, 문화에 관한 각종 사업을 진행하는 교육시설로,「교육기본법」과「사회교육법」에 따라 일본의 교육체계 안에 있다. 우리나라에서 비슷한 시설로는 문화센터가 있다. 도서관은 구립, 시립, 대학 도서관을 통틀어서 말한다. 도서관의 프로그램을 잘 이용하면 학생의 방과후 활동에 도움을 줄 수 있다. 박물관은 모든 박물관을 말한다. 박물관의 소장품 역시 지역교육력을 활용하여 방과후 활동을 할 수 있는 자원이 된다. 대학교, 연구소는 그곳의 시설을 사용함으로써 방과후 활동에 적절히 이용할 수 있다. 여기서는 초 · 중등학교에서 하지 못하는 실험이나 대형 교구 활용, 체험 활동을 할 수도 있다. 공공기관은 경찰청, 경찰서, 소방서 등을 말한다. 경찰청의 교통안전 교육이나 소방서의 불조심 교육, 지하철의 일일 승무원 체험 등은 학생들의 방과후 활동에 이용할 수 있다.

(3) 특색 있는 문화, 전통, 공예, 특산물의 지역 자원

지역 자원은 그 지역의 문화, 즉 지역 특색의 문화, 전통, 공예, 특산물 등을 말하는 것이다. 학생이 살고 있는 지역의 자원은 학생들

의 호기심을 발달시킬 수 있으며 책으로만 접한 것을 직접 체험하게
한다. 체험을 하면서 사람과 직접 교류를 통해 학습할 수 있는 장점
이 있다.

(4) 지역의 자연적 환경과 지역의 사회적 교류

지역의 자연적 환경, 즉 산, 바다, 강 등 교실 밖의 자연환경을 소
재로 한 학습은 학생들에게 자연환경에 대한 교육이 될 수 있는 장
점이 있다. 교과서나 책으로만 접하는 환경보호도 직접 경험하게 함
으로써 자연에 대한 호기심과 보호에 대해 생각할 수 있다.

지역의 사회적 교류는 지역의 양로원, 지역 시민 단체 등과의 교
류를 말한다. 학생은 사회적 교류를 통해 인간 존중에 대한 교육을
할 수 있다.

아울러 필자가 참여했던 일본 방과후학교 방문 팀은 오사카(大阪)
기시와다시(岸和田市) 교육위원회를 2011년 1월 25일 오후 2시 반부
터 4시까지 방문해서 관계자와 협의했다.

또한 같은 날 필자가 참여했던 일본 방과후학교 방문 팀은 오사카
(大阪) 기시와다시립(岸和田市立) 카츠라기중학교(葛城中学校)를 오
후 4시 반부터 6시까지 방문하여 방과후 학습 지원 활동에 참여하는
학생들과 자원봉사자, 학습 도우미 등의 모습을 담은 사진을 제시하
면 [그림 13 – 1]과 같다.

[그림 13-1] 방과후 학습 지원 활동에 참여하는 학생들과 자원봉사자, 학습 도우미의 모습

2. 지역교육력을 활용한 일본의 방과후 아동교실 운영 사례*

2010년에 문부과학성에서 선정한 18개의 '방과후 아동교실' 우수 사례 중 지역사회의 교육력을 잘 활용한 사례를 제시하고자 한다. 이 사례는 지역교육력의 요소인 지역 인재, 지역 시설, 특색 있는 문화 등의 지역 자원, 지역의 자연적 환경과 지역의 사회적 교류를 중심으로 제시하고자 한다. 지역교육력 요소 중 지역의 자연적 환경과 지역의 사회적 교류는 하나로 묶어서 제시한다. 지역 인재 중 코디네이터는 방과후 활동의 행정적 업무와 홍보, 프로그램 질 관리를 한다.

일본의 코다이라시(小平市) 제8초등학교는 도쿄도에 위치해 있다. 방과후 아동교실은 학교 시설과 시립 공민관을 활용하고 있다. 토요일과 방학 중에도 운영하고 있으며 다른 단체와 연계하여 운영한다.

* 한국교육개발원, 일본 방과후학교 사례 탐방 국외연수 보고서(2011)를 참고하여 재구성함.

코다이라시 제8초등학교의 지역 인재는 '어른들의 이야기 장' '다른 업종 이야기' 등 교류와 아동교실의 설명회를 개최하여 보호자의 이해와 협력을 넓힘으로써 지역 인재를 활용한다. 지역 인재 배치 인원은 시행위원으로 교장, 부교장 이하 16명, 코디네이터 1명, 안전관리원 34명(최대 419명), 지도자 28명(최대 498명), 안전면에서 '지킴이 네트워크' 지원, PTA로부터 정기적 인재 협력을 통해 방과후 활동을 하고 있다.

코다이라시 제8초등학교의 방과후 활동을 위해 사용하는 지역 시설로는 코다이라시 제8초등학교의 아동교실, 체육관, 과학실, 도공실, 교정 등 보통의 교실을 하나의 부실로 제공받아 이를 기초로 아동교실을 운영하고 그 외 근처의 시립 스즈키 공민관도 연대하여 실시하고 있다. 또한 도립 무사시(武蔵)고등학교와 연계한 컴퓨터, 미니 농구, 타마6도과학관과 연계한 물ㆍ화약 로켓ㆍ망원경 만들기, 법정대학과 연계한 로켓ㆍ태양열자동차 만들기 등의 여러 수업을 운영하고 있다.

코다이라시 제8초등학교의 방과후 활동에서 도공실을 사용하는 것으로 보아 도자기 만들기가 지역의 특색 있는 문화 활동이다. 도심에 위치해 있어 지역의 특색을 나타내는 문화보다는 주변의 많은 시설을 이용하여 방과후 활동을 한다.

지역의 자연적 환경은 도심에 학교가 위치해 있어서 근처의 과학관, 대학교, 고등학교를 이용하고 있으며, 지역의 사회적 교류는 '어른들의 이야기 장'을 통해 지역의 어른들과 교류하며, 국제 교류 이벤트로 '지구 광장'을 개최한다.

참고로 필자가 참여하지 않은 또 다른 일본의 방과후학교 방문 팀은 2011년 1월 26일 오후 2시 반부터 4시까지 방문한 나라시(奈良市) 스자쿠(朱雀)초등학교의 방과후 아동교실 활동 현황을 제시하면 다음과 같다. 이와 함께 학생들의 출석부와 개인용 출석 확인표를 활용하여 방과후 아동교실을 체계적으로 관리, 운영하고 있다.

[그림 13-2] 사교댄스 강좌

[그림 13-3] 야외 재배지

[그림 13-4] 체조교실

[그림 13-5] 축구교실

3. 우리나라의 방과후학교가 나아가야 할 방향

이 장에서는 일본에서의 지역교육력을 활용한 방과후 아동교실의 특징과 아동교실 운영 사례에 대한 시사점 도출의 필요성 및 지역교육력의 하위 요소와 운영 사례를 살펴보고, 그것이 우리나라의 초등학교 방과후학교의 돌봄교실과 특기적성 교육에 주는 일반적인 시사점을 제시하고자 한다.

첫째, '지역'의 개념에 대한 숙고가 필요하다. 일본은 종래의 자연발생적 지역 개념보다는 학교구처럼 보다 계획적이고 의도적으로 지역을 만들어 지역교육력을 활성화한다. 시사점으로는 우리나라의 초등학교의 경우 주로 관할 지역교육지원청의 관리를 받고 있기 때문에 지역교육지원청 단위로 지역을 고려하는 것이 접근성 등의 측면에서 합리적인 것으로 생각된다. 다만 우리나라의 경우 지방자치단체와 교육지원청의 관할 구역이 꼭 일치하는 것은 아니므로 이에 대한 고려가 필요하다. 하지만 일치의 여부를 떠나서 지방자치단체와 교육지원청이 협조하여 지역교육력을 높이고 이를 학교 지원에 적극 활용하는 자세가 필요하다.

둘째, 일본의 '지역교육력'은 지역의 교육적 기능이 내포된 개념이다. 지역의 인적 · 물적 자원을 단순히 활용하는 차원을 넘어서서 지역의 교육적 기능이 발휘되도록 하는 것이 중요하다(정영근, 2012 재인용). 시사점으로는 우리나라의 경우 그동안 학교와 지역사회 사이의 벽이 높은 편이었다. 특히 학교와 지방자치단체와의 협조와 연계는 매우 생소한 것이 과거의 관행이었다. 하지만 최근 이에 대한 인식이 달라지고 있다. 특히 일선 지자체장은 지역의 교육 발전에 적극적이고 구체적인 노력을 경주하고자 하는 사례가 점차 늘어나고 있다(교육과학기술부 · 한국교육개발원, 2010). 이와 같이 지방자치단체는 학교를 지원하는 데 있어서 지역교육력을 적극 활용 및 향상시킬 필요가 있다.

셋째, 일본의 경우 중앙 정부가 일정 부분 예산을 지원하기는 하지만, 방과후 아동교실 정책 추진의 실질적 주체는 중앙 정부가 아닌 지역으로서, 각 지역의 특색에 맞는 방과후 아동교실을 운영한다. 따라서 방과후 아동교실은 학교교육의 연장의 관점으로 보는 것이 아니라, 지역사회와 함께하는 일이라는 인식이 있다. 시사점으로는 우리나라의 경우도 교육부에서 방과후학교 정책을 총괄적으로 추진하지만 지역의 여건에 맞게 자율적으로 추진할 수 있도록 하고 있다. 하지만 방과후학교를 공교육의 일환으로 보고 있기 때문에 일본과는 제도적 · 문화적 차이가 있다. 방과후학교는 학교의 주도하에 학생의 선택에 의해서 수강료를 지불하기 때문에 공교육과 사교육의 중간 정도의 성격을 갖는다고도 볼 수 있다. 방과후학교를 운영하면서 단위 학교 교사들의 부담을 줄이기 위해서는 외부의 지원, 특히 지역사회의 힘을 빌리지 않을 수 없다. 현재 이를 위해서 거의 모든 교육지원청에 방과후학교 지원센터를 두어 지역교육력을 적극 활용하기 위해서 노력하고 있다. 특히 교육지원청과 지방자치단체가 공동 운영하는 일부 방과후학교 지원센터는 지역교육력을 십분 활용하는 데 매우 효율적인 조직이다. 2013년 3월 지방자치단체와 교육지원청 공동 운영 방과후학교 지원센터의 수는 24개에 이른다(김수동, 2013).

넷째, 일본은 지역사회의 인적 · 물적 인프라를 적극 활용하여 방과후 아동교실 운영의 효율화를 극대화하고 있다. 시사점으로는 우리나라도 방과후학교를 학교와 지역사회 및 가정을 교육적으로 연계하는 연결고리로 활용하여 지역교육력을 활용해야 한다. 지역사회의 전문 인력과 자원봉사자 등을 적극 발굴하여 활용할 뿐 아니라 공공과 민간의 시설과 단체도 이용해야 한다.

다섯째, 일본의 경우는 지역사회의 지방자치단체에 속해 있는 교육위원회를 중심으로 방과후 아동교실이 운영되고, 교육위원회는 방과후 아동교실의 운영을 공신력 있는 기관에 위탁하는 경우도 있다. 시사점으로는 우리나라도 학교운영위원회를 중심으로 지역사회의 협조를 얻어 방과후학교를 운영할 필요가 있다. 또한 공신력 있는 기관에 위탁하여 방과후학교를 운영하는 방안을 적극적으로 고려해야 한다. 우리나라 초등학교의 방과후학교 돌봄교실과 특기적성 교육의 운영을 어려워하는 이유는 학교 관리자의 입장에서는 학생의 안전 문제 등 학교 관리와 책임 문제 때문이고, 교사들의 입장에서는 정규 교육과정 운영과 함께 이중 부담이 되기 때문이다. 우리나라에서는 대학 주도 방과후학교 사회적 기업 제도가 도입되어 교육부는 2013년 3월에 51개 대학을 선정하여 운영, 관리하고 있다 (김수동 외, 2013). 이렇게 선정된 대학 중 한 곳에서는 교육청과 적극 협조하여 초등 방과후학교 돌봄교실을 위탁받아 운영하고 있다. 교육청과 단위 학교는 이러한 위탁운영 방안을 적극 모색할 필요가 있다.

여섯째, 일본의 경우 학교-지역 연계의 성공 여부에 큰 영향을 미치는 요인은 '코디네이터'와 '자원봉사자'를 확보하는 것이다. 특히 지역과 학교를 연결해 주는 코디네이터의 역량이 매우 중요하다. 시사점으로는 우리나라도 방과후학교의 운영에서 학교 외부의 전문인력 및 자원봉사자나 교육 기부를 가급적 많이 활용하면 좋을 것이다. 지역사회의 방과후학교 지원센터나 대학 주도 방과후학교 사회적 기업을 중심으로 지방자치단체, 대학, 기업, 지역사회 기관들과 협약을 맺어 지역사회의 다양하고 풍부한 인적ㆍ물적 자원을 효율적으로 활용해야 한다.

일곱째, 일본의 경우 지역교육력 회복과 관련된 정책인 방과후 아
동교실 사업에 대한 모니터링과 성과 보고 및 우수 실천 사례 보급
등이 뒤따르고 있다. 시사점으로는 우리나라도 교육부에 방과후학
교 담당 과장을 두고 있고, 한국교육개발원에도 방과후학교 중앙지
원센터를 두어 초등 방과후학교의 돌봄교실 사업과 특기적성 교육
에 대한 연구와 모니터링 및 성과 보고를 하도록 하고 있으나, 이를
더욱 내실 있고 체계적으로 실시해야 할 것이다.

참고문헌

공병호(1997). 일본의 PTA 활동과 지역의 교육력. 새교육, 508호, 132−
135, 한국교육신문사.

교육과학기술부, 한국교육개발원(2010). 지자체·교육청 공동운영 방과
후학교지원센터 실무 담당자 역량강화 워크숍. 13−100. 교육과학
기술부·한국교육개발원.

김수동(2008). 외국의 초등학교 방과후 보육 정책의 최근 동향 분석−한
국, 일본, 스웨덴을 중심으로−. 한국일본교육학연구, 13(1), 103−125.
한국일본교육학회.

김수동(2013). 일본의 방과후 아동교실 운영에서 지역교육력 활용 사례
의 특징 및 시사점. 열린교육연구, 21(2), 131−153.

김수동, 김세곤, 강신천, 주영효, 정영모, 양애경(2013). 민간참여 방과후학
교의 운영 개선 방안 연구. 수탁연구 CR 2013−14. 한국교육개발원.

김재인, 이향란(2004). 외국의 방과후 아동보육제도 연구. 한국여성개발원.

연합뉴스(2013. 3. 15.). "인간개발지수 순위에서 한국은 세계 12위, 일본
은 세계 10위를 차지했다."

정영근(2012). 일본 정부의 지역교육력 관련 정책. 한국일본교육학회·한
국교육과정평가원 추계학술대회 발표자료집, 17−38. 한국일본교육학
회·한국교육과정평가원.

한국교육개발원(2007). 방과후학교 페스티벌 국제학술세미나자료집. 연
구자료 RM 2007−85. 한국교육개발원.

한국교육개발원(2011). 일본 방과후학교 사례탐방 국외연수 보고서. 기
술보고 TR 2011−29. 한국교육개발원.

한국교육과정평가원(2000). 초·중등학교 특기·적성교육의 효율적 실
　　행 방안 연구. 연구보고 RRC 2000－4. 서울: 한국교육과정평가원.
한국교육신문(2012. 4. 9.). "교원 58% '지역사회 연계 프로그램' 필요".

http://e-tech.life.hyogo-u.ac.jp/kyouzai/chiiki-db/nanika.htm.
　　(2013. 3. 2. 인출)
http://www.oecdbetterlifeindex.org. (2013. 3. 12. 인출)
https://namu.wiki/w/%EC%B6%9C%EC%82%B0%EC%9C%A8.
　　(2016. 3. 5. 인출)

제4부

지역교육력의
향후 과제와 전망

| 제14장 | 일본의 지역교육력의 향후 과제와 전망 |

공병호
(오산대학교)

1. 지역교육력에 거는 기대

앞에서 살펴본 바와 같이, 지역교육력과 관련한 실천은 학교 등 우리 사회의 여러 기관과 지역의 활동을 통해서 다양하게 실천되고 있다. 그런 관점에서 보면 우리나라에서도 최근 '지역교육력'과 관련된 말을 자주 듣는다. 예를 들어, '지역에 뿌리내린 학교 만들기' '마을 학교' '마을 공동체' '마을교육공동체(경기도교육청)' '열린 학교' 등의 용어를 종종 접할 수 있다. 오늘날 왜 지역의 교육력이 화제가 되는지를 생각할 때, 지난 세월 교육의 문제가 그 모습을 바꾸면서 지속적으로 일어났을 때, 이러한 일련의 교육 문제를 전적으로 학교 문제로 인식하고 귀결시켜 온 경향이 있었다는 점을 간과할 수 없다. 즉, 다양한 교육 문제의 발생 원인에 대해 가정과 지역의 문제 및 책임을 간과하고 모든 것을 학교 문제로 간주하여 왔다는 것이다. 그리고 여전히 이러한 문제를 해결하기 위한 교육개혁은 학교교육의 큰 과제로 남아 있다는 것을 지적할 필요가 있다. 그런 의미에서 교육개혁의 보완적 대안으로서 지역교육력에 대한 기대와 함께 그 실천에 있어서의 향후 과제를 파악하는 것은 중요하다.

일본의 경우, 1950년에 고등학교 진학률이 40%대 초반, 대학 진학률이 10% 미만이었던 것이 1974년에는 고등학교 진학률이 90%를 넘고, 대학 진학률은 35%를 넘어섰다. 그리하여 전국적으로 수험 경쟁 시대에 들어갔다. 초 · 중 · 고등학교의 각급 학교에 수업의 부담이 커지고, 수업의 진행도 가속화(이른바 '신칸센 수업')됨으로써 수업을 못 따라가는 학생(낙제), 수업에서 뒤떨어지는 학생(학습 지체)이 다수 생겨났다. 이러한 학생들은 수업에서 스트레스를 받고, 또 학교에서의 거처를 잃고 종종 학교 폭력의 주체가 되었다. 이에 대해 학교 측은 교칙을 상세히 규정하고 엄격하게 적용하는 이른바 '관리주의 교육'으로 달리게 되었다. 학교 폭력 및 관리주의 교육은 1980년대 후반 무렵까지 중학교와 고등학교를 중심으로 퍼져 있었고, 현재에도 없어진 것은 아니다.

1980년대 중반부터는 교칙에 의한 관리와 조사서(상급 학교 진학 시 판정 자료의 하나, 우리나라의 학생생활기록부) 등으로 학교 권위에 의한 학생에 대한 과도한 속박이나 스트레스가 원인이 되어 이지메(집단 괴롭힘)나 등교 거부 등 새로운 심각한 문제가 발생했다. 이지메 문제도, 등교 거부 문제도 해마다 건수의 증감을 반복하면서 현재까지 문제로 남아 있어 그 심각성의 정도는 매년 증가하고 있는 실정이다. 1990년대에서 2000년대에는 '학급 붕괴'(집단 질서가 없어지는 상태)가 심각한 문제가 되어 왔다. 학생끼리의 의사소통의 장애 및 학생들의 생활의 개별화 · 고립화가 그 배경에 있는 것으로 분석되었다.

2000년대 후반부터 2010년대에는 과잉 행동과 학습 지체 등 특별한 지원을 필요로 하는 학생과 경제적 빈곤 상태에 있는 학생의 증가가 문제가 되고 있다. 이것은 학생마다 요구, 경제 환경, 문화 환경, 정보 환경, 가족 관계, 동료 관계, 희망 등이 크게 차이가 나는 상황에 놓여 있음을 보여 주고 있다.

1970년대 중반 이후 일본에서의 이러한 학교교육의 문제는 그 당
시의 부모 세대에게는 경험하지 못했던 문제의 연속이며, 앞서 언급
한 문제의 모두가 근본적인 해결이 이루어지지 않고 오늘날까지 심
각한 문제로 이어지고 있는 실정이다. 그러므로 부모와 지역 주민들
은 쉽게 이해할 수 없는 심각한 문제가 발생하고 있는 학교에 대한
불안과 불신이 가시화되고, 도대체 학교는 어떻게 되어 가고 있는가
에 대해 관심이 높아지고 있다. 한편 학교 측은 난제가 산적해 있기
때문에 부모나 지역의 힘에 기대를 걸고 있다. 이러한 정황이야말로
오늘날 지역의 교육력이 주목을 받고 있는 배경인 것이다.

우리나라의 경우도 예외는 아닐 것이다. 오래전부터 진학과 선발
을 위주로 하는 교육방식이 강조되면서 교육활동의 중심에 항상 학
교가 놓여질 수밖에 없었다. 그리고 학교는 마치 일본의 경우와 경
쟁하듯 관리주의 교육에 의존하고 있었고, 그러한 틀에서 일탈한 아
이들로 인해 학교 폭력이나 집단 괴롭힘의 문제가 사회적으로 문제
화되어 있다. 특히 대학입시를 위한 사교육 열풍 등으로 학교에 대
한 기대와 신뢰는 점점 무너져 왔다. 그리고 주5일제 수업의 전면 실
시 이후, 방과후 프로그램 및 토요 프로그램 등을 위한 지역 자원을
활용한 학교교육 지원 방안 요구가 커지고 있다. 특히 저소득층 및
맞벌이 부부 자녀 등을 위한 지역 기반이 취약하여 학생들은 방과후
에 사설학원 등에 의존하고 있는 실정이어서 이에 대한 교육적 지원
이 절실하게 요구되고 있다. 또한 산업화 및 핵가족화, 한 자녀 가족
증가 등에 따른 학생의 대인 관계력이 현저히 약화되고 있다. 취학
전 및 취학 기간 동안 자연적인 대인 관계력 형성 기반이 붕괴되고
있다. 이러한 맥락에서 학교교육의 절대 의존성을 극복하기 위한 대

안의 필요성이 절실하게 요구되었고, 지역의 교육력에 기대를 하게
된 것이다.

2. 지식관 · 교육관의 변화와 지역교육력

지역의 교육력에 대한 기대는 비단 학교교육에 대한 신뢰가 약화
된 것에서만 비롯된 것은 아니다. 여기서 주목할 것은 교육학에서
오랫동안 논쟁이 되어 온 '학력이란 무엇인가'의 문제, '지식관과 교
육관'의 문제다.

일본에서 주5일제 수업이 전면 실시되기 시작한 2002년 4월 당시
에 발표된 신학습지도요령에서는 앞으로 변화가 심한 사회에 살아
갈 아동들은 '살아가는 힘(生きる力)'을 길러야 한다고 언급하였다.
여기서 살아가는 힘이란 '확실한 학력(確かな學力)'과 '풍부한 인간성
(人間性)' 그리고 '건강, 체력'이 조화를 이룬 상태로 규정하고 있다.
또한 확실한 학력이란 지식과 기능은 물론, 이에 덧붙여 배울 의욕
과 자신의 과제를 찾아서 스스로 배우고 주체적으로 판단 · 행동할
수 있는 자질과 능력이라 하였다(文部科学省, 2015). 즉, 기존의 지식
과 기능 위주의 학력관에서, '살아가는 힘'이라는 생활 과정 속에서
의 학력관으로 변하고 있다.

학력과 불가분의 관계에 있는 지식의 관점에서 보더라도 학교가
줄 수 있는 지식은 전체 지식의 양에서 볼 때, 점점 그 비율이 줄어들
고 있고 지식 자체도 끊임없이 변화하고 있어, 이제 지식은 평생에
걸쳐 습득해야 한다는 평생학습의 관점이 부각된지 오래되었다. 평

생학습사회에서 교육은 학교와 가정과 지역사회의 모든 장에서 협력하여 실천하여야 한다. 열린 학교의 경우도 이러한 관점에서 이해할 수 있다. 즉, 학교 시설을 개방하고, 학교와 지역기관과의 네트워크 만들기, 학교의 관리 · 운영에 지역 · 보호자의 의견 반영, 학교와 다른 교육 · 연구 · 문화 · 스포츠 시설과의 연계, 지역을 활용한 교육과정을 편성하고 실시하는 것(지역의 자연이나 문화, 사람들의 생활을 교육활동에 도입, 지역의 교육적 시설 및 교육 자원의 활용, 지역 사람들과의 협력, 인근 학교나 특수교육을 실시하는 여러 학교와의 교류)이 필요하다.

이러한 변화의 저변에는 교육의 관점의 상당한 전환이 있음을 지적할 수 있다. 즉, 지역의 교육력이 부각된다는 것은 생태학적 관점이 교육학에 반영된 것으로 볼 수 있다. 아동들의 삶과 지역이 교육이라는 관점 속에서 긴밀하게 네트워크화되면서 역동적으로 상호작용을 하는 것이다. 이러한 교육의 패러다임은 세계를 흩어진 부분들의 집합이 아닌 통합된 전체로 보는 전일적 세계관(holistic world view)을 갖는다. 생태학적 시선으로 바라보면 모든 현상이 본질적으로 상호 연관되어 있다. 개인과 사회, 학생과 마을 모두 자연의 순환과정 안에 놓여 있다(서용선 외, 2015). 지역의 교육력이 갖는 생태주의 관점의 주요 특징 중 하나는 비선형(non-linear)이라는 점이다. 비선형에서는 주어진 원인이나 행동은 여러 가지 다른 영향이나 결과를 초래하며, 부분의 합이 총합보다 크기 때문에 시너지 효과를 보인다. 전체로서의 체제가 나타내는 행위의 패턴을 이해하려면 전체적 혹은 체제적 접근법을 채택해야 한다(서용선 외, 2015).

생태주의 관점에서, 학습은 학습자 내부에서 총체적으로 발생하는 일종의 변형과 구성의 관점에서 이해되어야 한다. 학습은 개별적인 경험을 바탕으로 학습자 자신의 복잡한 생물학적 구조와 경험적 구조를 거치면서 구성해 나가는 과정적 행위다. 이러한 맥락에서 교육의 문제도 다양한 사회적 문제와 상황 속에서 비롯되는 것이라 할 수 있다. 따라서 지금 우리의 교육적 문제를 해결하기 위해서는 좀 더 종합적이고 유기적인 관점과 대책이 필요하며, 그러한 관점에서 학교교육의 문제도 학교와 가정, 지역의 네트워크 속에서 그 해결책을 모색하여야 할 것이다.

3. 지역교육력의 재음미

지역교육력이라는 말이 자주 거론되지만 지역교육력의 의미에 대해서 명확한 정의를 내리는 것에 대하여는 여전히 주저하지 않을 수 없다. 그것은 지역교육력이 지닌 생태학적인 복잡성 때문일 수도 있고, 어쩌면 너무도 당연히 우리의 사고에 단순한 개념으로 인식되어 있어 정의를 내리는 것이 새삼스럽기 때문일지도 모른다. 일본의 경우, 지역교육력 활성화를 위해 정부의 정책적 차원에서 대처하고 있다. 따라서 일본의 사례를 통하여 지역교육력의 의미를 탐색할 수 있으리라고 본다.

그동안 일본에서 교육의 기본 틀을 정한 법률 및 기본 계획, 각종 제도에는 학교·가정·지역의 제휴가 전면에 드러나 있다. 학교평의원 제도(2000년에「학교교육법」시행 규칙의 개정으로 제도화, 2014년 4월 거의 100% 설치), 학교운영협의회 제도(2004년「지방교육행정의 조직 및 운영에 관한 법률」의 개정에 의해 제도화, 2014년 4월 1,919개로 약 6.6% 설치) 등과 2006년 12월 「교육기본법」의 개정에 따라 제13조에 학교 · 가정 · 지역 주민 등의 상호 연계 · 협력에 관한 규정이 적용되었다. 또한 개정 「교육기본법」의 제17조에 근거하여 2008년에 각의 결정된 교육진흥기본계획에는 '지역 전체에서 학교를 지원하고 아동을 육성하는 활동의 추진' '가정 · 지역과 일체가 된 학교의 활성화' 등이 포함되어 있었다. 이를 반영하여 총리 자문기구인 중앙 교육심의회의 '새 시대를 개척하는 생애학습 진흥 방안에 관하여—지(知)의 순환형 사회 구축을 위해'(2008)라는 답신으로부터 일본의 지역교육력은 그 정책 기반이 본격적으로 형성되기 시작했다. 여기서 '각 지역사회에서 그 교육력(지역교육력)을 향상시킬 필요가 있으며, 그것을 위해서는 각 지역사회에 존재하는 다양한 학습활동에 관계된 학교, 가정, 사회교육 단체, 지역에서 활동하는 기업, NPO 등이 향후 그 역할에 대응하여 공통의 지역 목표를 공유하는 것이 요구된다'고 하며, '사회 전체의 교육력 향상을 목표로 학교와 가정, 지역이 연계하기 위한 체제 구축'의 필요성과 '지역의 거점 시설의 적극적인 활용 필요성'을 언급하였다. 그리고 지역교육력 향상을 위한 핵심적인 활동으로 '학교지원지역본부' '방과후 아동교실' 그리고 '가정교육 지원'의 세 가지를 도입했다. 2013년에 각의 결정된 제2기 교육진흥기본계획에는 '커뮤니티스쿨 학교 지원지역 본부의 보급을 진행' '전 교육청에 학교와 지역의 제휴 · 협동 체제를 구축'하는 등 '호조(互助) · 공조(共助)에 의한 활력 있는 커뮤니티의 형성'을 강조하고 있다(武者弘, 2014).

이러한 일련의 제도 및 법률 속에서 지역교육력은 아동의 취학 전

후 지역이 지니고 있는 교육적 기능이 발휘되는 영향력을 말하는 것
이라고 할 수 있다. 종래에는 아동의 생활 거점을 중심으로 지역의
교육적 기능이 자연스럽게 발휘되었으나 아동 감소 및 핵가족화, 도
시화, 정보화 등의 진전에 따라 지역교육력이 저하되는 결과를 가져
왔다. 따라서 일본의 지역교육력 정책은 지역의 교육적 기능을 회복
하고, 지역의 모든 교육 주체가 공동체 의식을 발휘하여 학교교육의
정상화를 이끌고자 하는, 교육개혁의 새로운 시도라고 할 수 있다.
지역교육력의 의미에 대해 일본의 문헌을 살펴본 결과, 다음과 같이
다루고 있음을 볼 수 있었다(정영근, 2012에서 재인용).

> 지역교육력이라는 것은 첫째, 지역이 그곳에 살고 있는 아동의 인간
> 형성에 미치는 영향력을 뜻한다(新井郁男, 1994). 둘째, 지역이 그곳
> 에 살고 있는 아동의 인격 및 사회화를 형성하는 힘을 말한다(通信
> 教育で教員免許 홈페이지).

일찍이 지역사회는 강력한 교육력을 가지고 있었다. 절 및 신사는
교실이었고, 들판 및 골목은 상당히 좋은 놀이터였으며, 축제 및 회
합(모임), 의식은 즐거운 교육활동이었다. 지역의 어디든 학교였다.
또한 모든 어른은 교사였다. 그들은 옛날이야기를 해 준다든지, 읽
기와 쓰기를 가르쳐 준다든지, 나쁜 행동을 꾸짖는다든지, 말하는
법을 가르쳐 준다든지 하여 아동이 제구실을 할 수 있도록 키우고자
했다(清水義弘, 1980).

본래 지역교육력이라고 하는 것은 지역에서 어른이 아이들과 함
께 생활하는 것이 아동을 교육하는 힘으로 작용한다는 것이다. 아동
은 부모 및 지역 주민 생활을 가까이서 지켜보면서 가정 및 지역 사

회 구성원과 이해를 함께 한다든지, 인간관계와 사회관계에 순응한
다든지 반발한다든지 하는 가운데 인식 및 행동 능력을 획득하거나
도덕 및 생활 감정을 기르기도 한다(城丸章夫, 1978).

4. 지역교육력의 현대적 관점 및 요소

지역을 학교와의 관계에서 어떻게 보느냐의 관점에 따라 학교의
역할이 다르게 생각될 수 있다. 지역을 '학교교육의 협력자'로 정의
할 경우, 지금까지 학교가 담당해 온 업무의 일부를 지역에 할당하
여 그것에 투입되던 역량을 교육에 집중할 수 있게 된다. 실제로 중
학교나 고등학교의 과외 활동(소위 동아리)의 지도, 특별 지원을 필
요로 하는 아동에 대한 지원, 통학시 안전지도, 학습 지체 아동의 지
원 등이 지역으로 옮겨져 교사의 부담을 덜 수도 있다. 따라서 교사
는 한정된 역량을 본래의 업무인 교육활동에 경주할 수 있다.

그런데 지역을 '학교운영의 공동 관리자'로 정의할 경우, 학교의
모습은 지역이나 부모가 학교의 경영 방침, 인사, 예산 등의 관리에
참여하고, 그 바탕에서 교사가 결과를 내는 것이라고 생각된다. 이
는 학교와 지역이 학교운영에 관하여 일반적인 이해와 목표를 가지
면서 지역과의 다양한 관계 속에서 교사가 일정한 긴장감을 가지고
수업 개선의 노력을 하는 동시에, 지역에서 적극적인 학교 지원을
하는 것으로 볼 수 있다.

이와 같은 관점이 있지만, 아동의 성장을 왜곡시키는 교육의 위기
는 주로 학교에서 나타나고 있기 때문에 학교의 교육력을 강화시키

는 방향에서 가정과 지역이 학교와 어떤 관계를 가져야 하는지를 우
선적으로 고찰해야 할 것으로 생각된다. 그렇다면 오늘날 아동을 위
해 지역의 교육력에 기대해야 할 것은 무엇일까? 지금의 아동들은
다양한 경험 부족이 심각한 상황에 있고, 그 결과 다양한 문제가 초
래되었다고 지적되고 있다. 예를 들어, 환경 변화에 따른 아동의 경
험 부족에 다음과 같은 사항을 들 수 있다(金藤ふゆ子, 2010).

- 저출산에 의한 가정에서의 형제자매와의 경험의 감소, 지역에
  서 또래와 다른 연령대의 어린이와의 교류 부족
- 도시화의 진전에 의한 아동의 자연 체험의 부족, 집단 놀이의 경
  험 부족
- 핵가족화의 진전에 의한 다른 연령 세대(지역의 어른, 조부모 · 증
  조부모 세대, 청년기의 오빠 · 언니 등)와의 교류 부족
- 가정의 내구 소비재의 보급과 생활환경의 변화에 따른 돕기 등
  생활 체험의 부족
- 지역의 축제나 행사 등을 통한 지역의 전통 문화 전승과 관련한
  체험의 부족
- 게임이나 인터넷 보급 등에 의한 가상 체험의 과도한 증가와 실
  제 경험 부족

앞의 관점에서 보면 지역교육력은 단지 지적인 차원뿐만 아니라,
정서적으로도 중요한 의미를 갖는 한편, 지역의 발전이라는 측면에
서도 중요한 의미를 갖고 있다. 즉, 지역의 인재가 지역을 유지, 발
전을 주도하는 교육이기도 하다. 결국, 지역교육력은 학교교육이 지

나치게 강화됨으로써 기존의 가정이나 사회의 교육적 역할이 축소된 것을 복원하기 위한 노력이며, 따라서 지역사회에 존재하는 사람, 사물, 자연 등의 교육자원은 지역의 교육력에 중요한 요소인 것이다.

5. 지역교육력 회복의 과제

지역의 교육력이 약화된 지금의 아동들은 개인으로서 그리고 집단의 일원으로서 어떻게 살고 있는가? 사회 전체나 타인의 입장을 배려하고 있는가? 책임감이 결여되어 다른 사람에게 책임을 전가하고 있지는 않는가? 자신의 꿈과 목표의 실현을 위한 노력과 더 나은 사회를 만들려는 진지한 노력을 하고 있는가? 만일 이러한 것들을 중시한다면 자기 스스로를 수용하고, 공감적인 인간관계를 맺고, 타인을 긍정할 수 있고, 지역사회에 참여하고, 거기서 의미를 찾아 나가는 것, 즉 자신을 포함하여 타인과 지역 속에 더불어 사는 것이 요구된다. 그렇다면 이를 위한 지역교육력은 어떻게 회복되어야 할 것인가?

일본의 학교에서 제시하고 있는 이른바 '살아가는 힘(生きる力)'의 육성은 그런 기대되는 아동의 모습을 목표로 하고 있다. 예를 들면, 학습을 계속하는 의욕과 학습 방법을 익히는 것, 다른 문화를 이해할 수 있고 교류할 수 있는 것, 스스로 정보를 선택하고 조합하여 스스로 생각하고 발신할 수 있는 것, 인간다운 감성과 인권감각을 가진 것, '있는 것' 자체를 가치 있는 것으로 보는 안목을 갖는 것 등의 역량을 들 수 있다.

또한 이를 위해서는 발달 단계에 따라 사람과 자연과 문화와 직접 접촉할 수 있는 체험, 스스로 창의 · 연구하고 다름을 인정하는 활동, 지역의 자연과 문화와 어우러져 즐거움 · 재미 · 애착을 얻을 수 있는 활동, 다른 문화와 가치관의 공존과 그것을 배우는 즐거움을 느낄 수 있는 활동, 몸의 에너지를 충분히 발산하는 것, 있는 것의 기쁨을 실감할 수 있는 활동, 서로의 인권을 존중하고 함께 있는 것을 기뻐할 수 있는 기회 등이 필요하다.

이런 살아가는 힘의 육성은 학교에서 교육과정의 내외를 불문하고 그 교육활동 전반에 걸쳐 이루어지는 것은 말할 필요도 없지만 학교에서만 대응할 수 있는 것은 아니다. 학교에서, 가정 및 지역사회 등과의 밀접한 연계 아래 이루어지는 것이다. 학교, 가정, 지역이 각각 자녀 교육의 주체가 되어 아동 자신이 자주적, 자발적으로 흥미와 관심에 맞는 활동을 선택하고 행동할 수 있도록 조언하고 원조하는 존재로서 파트너십을 구축해 가는 관계가 필요한 것이다. 이를 위해 다음의 과제가 제시될 수 있다.

첫째, 지역사회는 아동을 위해서만 존재하는 것이 아니라 아동을 위한 지역사회가 바로 생활의 장이 되기 위해서도 성인이 지역사회에 생활의 기반을 구축해 나가야 한다. 지역 안에 있는 자연과 문화재 등을 보호하고 조성해 나가는 것, 산학협력이나 산학협력 프로그램 개발에 의한 학교교육에서의 활용, 공공기관이나 박물관에서의 사회교육 프로그램이나 지역의 유지에 의한 활동을 조직화하는 것 등이 오늘날 주5일제의 학교 생활 리듬에 적합하다고 생각된다.

둘째, 지역의 성인들이 모든 아동에 대해서 따뜻하게 지켜보는 눈을 공유하는 의식의 확립이 필요하다. 지역 사람들이 지역의 아동에 대하여 일상적인 교육활동을 통하여 관심을 높이고, 어린이에게는 사회 규범을 자각하는 부모와는 조금 다른 모델이 되어 아동의 지도 자로서 지역 사람들의 역할을 늘려 나가는 것이다. 이것은 단순히 손님으로 학교에 초대되는 등의 단순한 지역의 인재 활용의 발상이 아니라 자녀 교육의 추진에 제휴·협동한다는 관점이다.

셋째, 지역의 인적 자원으로서 각 산업체에 종사하는 어른은 중요한 교육 자원의 가치가 있는 존재다. 이는 지역의 유지나 발전을 위해서도 중요하다. 아동이 자기의 적성과 특기를 찾아가는 진로탐색의 의미에서도, 그리고 학교와 지역과의 교육 협력이라는 점에서도 교육자원은 체계화되어야 할 과제다.

넷째, 지역의 교육력을 향상시키기 위해서는 이를 뒷받침할 행정 기능을 다시 확인하는 것이 필요하다. 아동들이 지역사회 활동에 참여할 수 있는 기회를 보장해 주기 위한 행정 지원의 요구는 점점 커질 것이다.

이상과 같이 지역의 교육력을 회복하기 위해 이제 학교와 지역과의 제휴는 필수적이다. 지역 전체가 육아를 지원하고 아동의 성장을 지원하고 또한 사람들의 배움을 활성화해 나가는 노력을 통하여, 어른과 아동 모두 지역의 주인공이 되는 것이 중요하다. 성인이 지역 속에 생활 기반을 구축해 나감으로써 아동에게도 지역이 바로 삶의 터전이 되는 것이다. 학교도 '지역과 함께하는 학교'일 때 비로소 의미가 살아나는 것이다. '지역과 함께하는 학교 만들기'는 지역교육력의 회복이 지향하는 목표이자 방향이 될 것이다.

참고문헌

서용선, 김용련, 임경수, 홍섭근, 최갑규, 최탁(2015). 마을교육공동체 개
    념 정립과 정책 방향 수립 연구. 경기도교육연구원 보고서.
정영근(2012). 日本 政府의 地域 敎育力 関聯 政策. 한국일본교육학
    회 2012년도 추계학술대회 발표자료집. 18－30.

新井郁男(1994). 地域の教育力. **現代学校教育大事典**(奥田真丈他編)
    ぎょうせい.
大友明秀(1997). 生涯学習体制における地域社会学習プログラムの開発
    に関する研究. 研究成果報告書.
金藤ふゆ子(2010). 放課後子ども教室. におけるプログラム開発のために.
清水義弘(1980). **地域社会と学校**. 東京: 光生館.
城丸章夫(1978). **地域子ども組織と地域の教育力**. 東京: 明治図書.
朴 孝(2012). 日本における地域の教育力の展開現況と展望. 한국일본
    교육학회 2012년도 추계학술대회 기조강연.
武者一弘(2014). 日本における地域の教育力. 한국일본교육학회 2014년
    도 추계학술대회 발표자료집, 6－15.

文部科学省(2015). 確かな学力. http://www.mext.go.jp (2015. 8. 12.
    인출)
通信教育で教員免許 홈페이지. http://tuushin.jp (2015. 10. 25. 인출)

제15장 한국의 마을교육공동체와 지역교육력

김용련
(한국외국어대학교)

1. 새로운 교육패러다임: 마을교육공동체 출현

1) 대안 및 혁신 학교의 실천들

일본의 지역교육력 강화를 위한 다각적인 실천은 한국 지역사회의 교육력을 향상시키기 위한 노력에 시사하는 바가 많다. 최근 한국에서 일어나는 교육적 변화와 실천은 '마을교육공동체'라는 이름으로 여러 지역과 학교에서 이루어지고 있다. 이러한 마을교육공동체 구축의 핵심적 주제는 공교육의 정상화를 위하여 학교뿐만 아니라 지역의 교육력을 회복하고 이를 강화하는 데 있다. 그동안 한 사회의 교육력이라 하면 그 사회의 공교육 혹은 제도권 교육의 경쟁력으로 여겨져 왔고, 이러한 공교육은 다름 아닌 학교교육을 의미하였다. 따라서 국가나 사회의 교육력을 강화시키기 위한 기존의 정책적 노력들은 정규 학교교육의 내실화와 혁신을 유도하는 방향으로 전개되어 왔던 것이 사실이다. 하지만 최근에는 이러한 관성적 믿음에 반하는 다양한 교육 실천 사례가 늘고 있다. 다시 말해서 공교육 바로 세우기가 학교 바로 세우기만으로 이루어지는 것이 아니라, 학교 울타리를 낮추고 지역사회와 함께 호흡하며 상호작용함으로써 이루어진다는 것을 보여 주는 성공적이고 아름다운 교육 실천들이 점차 확산되고 있는 추세다.

한국 사회에서 이러한 풀뿌리 교육 변화와 실천들이 활발히 전개되었던 이유 중의 하나는 편향된 공교육의 문제가 자리 잡고 있었기 때문이다. 교육은 곧 공부(시험성적)라는 그동안의 단순논리에서 벗어나, 보다 교육 본질적이고 삶 맥락적인 접근이 대두되기 시작하였다. 1990년 초반부터 제도권 교육에서는 소위 말하는 일탈, 부적응, 반감, 다름이나 차이, 불신 등의 이유로 정규학교를 벗어나 대안학교로 옮겨 간 학생들이 있었다. 이러한 학생들을 대상으로 일부 대안학교가 시도한 새롭고 다양한 교육 본질적 접근들은 주로 학교울타리에 국한되는 것이 아니라 자연·사회·삶이라는 맥락 속에서 학생이 중심이 되는 교육방법을 적용하였고, 이러한 시도를 통해 학생이 변하고 교육이 변하는 긍정적 경험을 하게 되었다.

대안학교라는 탈제도권 교육에서 시도된 성공적인 사례들이 본격적으로 공교육 내부로 들어오게 된 계기는, 2010년대를 전후로 경기도와 같은 일부 지방자치단체에서 주도한 혁신학교 움직임이라고 볼 수 있다(김용련, 2014). 이러한 혁신학교에서는 교육과정의 재편성이나 창의적 체험 활동 등을 통해 아이들의 배움을 지역과 사회로 자연스럽게 연결하고, 학교 밖에 존재하는 교육적 자원과 인력이 학교 안으로 쉽게 들어 올 수 있는 계기를 만들었다. 마을교육공동체에서 지역사회와 학교의 만남은 단지 학교 밖에 산재해 있는 교육적 유휴 자원을 활용한다는 측면이 아니라, 지역의 교육자원이 아이들의 온전한 배움을 위한 가장 훌륭한 교구이자 교재이며 교육자라는 인식하에서 점차 확산되어 가고 있는 추세다.

최근 실천되고 있는 마을교육공동체 유형을 살펴보면 세 가지 형태로 나누어 볼 수 있다(서용선 외, 2015).

첫째, 학교가 마을교육을 주도하는 '학교 주도형'이다. 마을연극제, 마을연계 교육을 위한 교육과정 및 활동 운영, 주민과 함께하는 축제 등으로 폐교 위기를 극복한 양평의 세월초등학교의 사례가 대표적이며, 그 밖에도 조현초, 삼우초, 풀무학교, 덕양중, 의정부여자중학교 등을 학교가 주도하는 마을교육공동체 사례로 뽑을 수 있다.

둘째, 마을이 학교를 품에 안는 '마을 주도형'이다. 마을이 사회적 경제, 환경 개선, 주민 관계 개선 등 다양한 공동체 사업을 진행하다 궁극적으로 관계 공동체에 대한 필요를 느끼면서 자연스럽게 학교와 지역교육을 고민하고 이를 연계하는 시도가 나타나고 있다. 학부모나 지역 주민이 아이들의 방과후 교육, 문화·예술·체육 활동, 창의적 체험 활동 지원 등을 위한 공동체를 형성하고 교육협동조합을 만드는 것이다. 시흥 참이슬 마을학교, 고양 화전동 학부모회, 서종면 교육포럼, 완주 고산향 교육공동체 등이 대표적인 사례다.

셋째, 지방자치단체나 교육청이 운영하는 센터가 주축이 된 '센터 주도형'이 있다. 의정부 가능동의 초록우산이나 공릉청소년문화정보센터, 완주커뮤니티비지니스센터 등은 지역의 교육력을 강화하기 위하여 학교와 지역의 연계 프로그램, 주민교육, 청소년 사회참여 활동 등을 지원·운영하고 있는 대표적인 센터들이다.

2) 교육 패러다임의 변화 : 지역교육력에 대한 요구 발생

마을교육공동체의 시작이 공교육의 문제점에서 비롯되었다는 점 외에도, 사실 교육계에서 일어나고 있는 다양한 움직임과 변화가 이제는 학교의 교육력이 아닌 지역의 교육력을 강화해야 한다는 새로운 접근에 더욱 힘을 실어 주고 있다. 이러한 교육패러다임의 변화로, 첫 번째 교육철학의 변화를 들 수 있다. 기존의 경험주의 교육관에서의 지식은 세상 저편에 있는 절대적 진리로서, 학습자들은 그러한 절대적 진리를 습득하여 주체적인 성인으로서 삶을 영위할 수 있다는 전제를 가지고 있다(Davis, 2004). 이러한 경험주의 교육관에서 학습이란 반복적인 풀이 과정 및 훈련을 거쳐 이루어지는 것이기 때문에, 교사는 이러한 반복적 학습을 위한 조건과 기회를 제공하는 역할을 수행하게 된다. 반면에 최근에 국가 수준의 교육과정에 녹아 있는 구성주의 교육관에서 말하는 지식은 습득하는 것이 아니라 사회적으로 구성되는 것이기 때문에, 학습자가 스스로 지식을 확대하고 창조해 나가게끔 다양한 경험과 환경을 제공해 주어야 한다. 따라서 교사는 아이들의 배움을 위하여 조력하고, 지원하며, 촉진하는 역할을 수행하게 된다. 한편, 생태주의적 교육관은 '삶과 배움이 분리될 수 있는 것이 아니라 적극적으로 맥락화해야 한다'는 견해를 견지한다. 따라서 올바른 배움은 삶, 자연, 사회라는 맥락 속에서 적극적으로 이루어져야 한다. 이와 같이 구성주의와 생태주의의 경험과 맥락을 강조하는 교육은 학교 혹은 교실이라는 울타리 안에서 이루어지기에는 한계가 있을 수 없는 방식이다. 생태주의 교육을 위해서는 학생들이 지역과 마을로 나와서 다양한 교육적 경험과 이를 통한 창조적 배움을 실천해야 한다. 물론 이를 위해서 지역의 교육공동체나 학습생태계를 구축하는 것은 전제적인 요소일 것이다.

두 번째로 최근의 교육 변화의 동향이 학생들에게 단편적 지식을 가르치는 것이 아니라, 종합적 역량을 키우는 방향으로 점차 옮겨

가고 있다. 2015년 교육과정 개편의 골자도 다름 아닌 역량기반 교육의 도입과 강화다. 단편적 지식을 가르치는 교육하에서 학생평가는 무엇을 아는가 모르는가를 묻는다. 반면 역량기반 교육하에서 학생평가는 어떠한 문제를 해결할 수 있는가 없는가를 묻는다. 이러한 관점에서 보면, 교과서를 통해 배운 인지적 능력만으로 종합적 문제해결 능력을 배양할 수는 없다. 따라서 역량기반 교육을 위해서는 학생들에게 다양한 교육적 경험을 제공하고 그들의 지식을 적용하여 현실적 문제를 해결할 수 있는 비판적 능력을 배양시켜야 한다. 이러한 역량기반 교육을 위한 다양한 교육적 환경과 기회의 제공은 마을교육공동체의 역할을 더욱 부각시키는 중요한 변화라고 할 수 있다.

세 번째로 대학입시의 변화를 들 수 있다. 우리나라 공교육 문제의 정점에는 대학 입학시험이 자리하고 있다. 입시제도가 변하지 않는 이상 중등교육의 변화는 기대할 수 없고, 같은 맥락에서 공교육이 정상화되기 위해서는 입시제도가 변해야 하는 것이 우리 교육의 현실이다. 하지만 최근 입시제도의 변화를 살펴보면 과연 앞선 논리가 맞는 것인지 의구심을 자아낸다. 현재 입시제도하에서 수학능력시험의 성적만으로 대학에 들어가는 학생의 비율(정시비율)은 30%에 불과하며, 반면에 학교 성적(학생부 교과)이나 다양한 활동(학생부 종합)을 바탕으로 대학에 진학하는 학생의 비율은 70%를 넘는 수준이다. 현행 대학입시제도는 이미 학생들의 시험성적이 아니라 학교 생활 충실도와 다양한 체험 활동에 보다 많은 무게중심을 두고 있음에도 불구하고, 정작 고등학교 교육은 여전히 수능(정시) 위주의 문제풀이식 수업 방식에서 벗어나지 못하고 있는 것이 현실이다. 만약

에 고등학교가 학생들을 수시 위주로 교육시킨다고 한다면, 지금과
는 매우 다른 교육방식을 취해야 할 것이다. 그것은 학교에서만 이
루어지는 형식적 교육뿐만 아니라 학교 밖에서 이루어지는 다양한
비형식 교육의 기회를 확대하는 것이며, 교과서와 문제집을 가지고
씨름하는 교육이 아니라 학생 스스로 기획하고 만들어 나가는 체험
이나 프로젝트 중심의 자기주도적 학습이 되어야 할 것이다.

2. 한국의 마을교육공동체 흐름과 과제

한국의 마을교육공동체 논의와 실천의 흐름을 살펴보기 전에, 이
와 흡사한 일본의 커뮤니티스쿨에 대하여 먼저 살펴봄으로써 한국
상황과의 공통점과 차이점, 더 나아가 시사점을 발견할 수 있을 것
이다.

1) 일본의 커뮤니티스쿨

일본의 커뮤니티스쿨은 2004년도부터 본격적으로 시작되었다.
한국과 마찬가지로 학교에서 일어나는 다양한 교육적 문제들을 해
결하고 학교교육의 올바른 방향을 재설정하고자 하는 사회적·교육
적 요구가 발생하였던 것이다. 커뮤니티스쿨은 학교교육 운영에 지
역의 바람과 기대를 반영하고, 일상에서 지역과 학교의 연결을 통해
학생들의 배움을 지역으로 확산시키고자 하는 취지를 담고 있다.
이러한 교육적 취지를 실현하기 위하여 일본 문부과학성이 주도

하는 커뮤니티스쿨 운영의 방향은 크게 두 가지로 압축될 수 있다. 하나는 학교 행정을 위한 '학교운영협의회'의 상설화다. 일본 커뮤니티스쿨의 모태는 미국의 차터스쿨(Charter school)에 있다. 특히 차터스쿨의 학교운영위원회 제도를 도입하여 학교장이나 교사와 같은 학교 내부 인사뿐만 아니라 지역 주민이나 전문가를 포함하는 학교운영협의회를 설치하고 이들의 권한과 역할을 확대하는 방식을 채택하였다. 그리고 또 하나는 지역교육력과의 연대다. 지역의 교육자원이 자연스럽게 학교로 들어올 수 있도록 학교 문호를 개방하고, 학생 교육에 대한 책임과 권한을 지역과 함께 공유하는 데 초점을 맞추고 있다.

이러한 커뮤니티스쿨 운영을 통해 일본의 교육은 크게 세 가지의 효과를 기대하고 있다. 먼저, 아이들의 기초학력 향상과 아울러 집단 따돌림, 등교 거부 등의 문제를 해결하고 학생들의 자주성을 함양한다는 것이다. 학생 발달에 있어서 인지적 영역뿐만 아니라 정서적 영역에 대한 고민을 읽을 수 있는 부분이다. 둘째는 학교 효과다. 학교운영에 있어서 지역 주민과의 공동 협력체제를 구축하고, 교직원의 의식을 공유하고 교육네트워크를 지역과 함께 형성하는 데 그 목적이 있다. 그리고 셋째는 지역 주민의 효과다. 지역 주민(어른)들 간의 연결을 도모하고, 지역 만들기를 활성화하며, 학부모의 교육의식을 향상시키는 것이 커뮤니티스쿨의 목표다(中川忠宣, 2012).

지역별로 차이가 있지만, 현재 일본 전역에 커뮤니티스쿨의 비율은 전체 학교 중에서 10%를 넘고 있다(예: 일본 야마구치시의 경우 90% 이상의 학교가 커뮤니티스쿨로 지정되어 있음). 커뮤니티스쿨의 확대를 통해 민주적 그리고 효과적인 학교운영을 도모함과 동시에 미

래 사회에 대비한 새로운 인재 양성을 추구하고 있다. 일본 문부과
학성 홈페이지에 제시된 바와 같이, 커뮤니티스쿨을 통해 일본 교육
이 지향하는 21세기 인재상은 '매뉴얼에 의존하지 않는다, 실패를
두려워하지 않는다, 그리고 지시를 기다리지 않는다'라는 표현으로
정리될 수 있다. 일본 교육이 이러한 미래지향적 인재상을 추구하는
것은 역설적으로 현재 일본 청년들의 자화상, 다시 말해서 현실에
안주하고 도전하지 않는 순응적인 특성에 대한 반성에서부터 출발
한다. 아울러 이러한 인재를 키우기 위하여 학교뿐만 아니라 지역의
교육력이 반드시 함께 성장해야 한다는 사회적 · 교육적 통찰을 바
탕으로 하는 것이다.

2) 한국의 마을교육공동체 특징 및 과제

한국에서 진행되는 마을교육공동체는 일본의 커뮤니티스쿨과 다
소 다른 방식으로 전개되고 있다. 우선 일본의 경우 문부과학성의
주도하에 공식적인 정책 추진의 방식으로 커뮤니티스쿨을 확대하고
있다. 따라서 중앙의 문부과학성이나 지역의 교육위원회와 같이 정
책 주체들의 영향력, 의지, 추진 방법 등이 커뮤니티스쿨 정책의 성
공을 결정하는 중요한 요소라고 볼 수 있다. 반면에 한국의 마을교
육공동체는 일부 현장의 교육자 혹은 실천가들의 자발적 움직임과
참여에서 시작되었다. 일부 대안학교와 혁신학교를 중심으로 아이
들의 온전한 배움을 위하여 지역과 학교가 만나고, 이를 통해 새로
운 교육 실천과 학습 환경(지역의 교육력)을 구축해 나가면서 '교육공
동체'라는 개념이 확산된 것이다.

이러한 교육공동체에 대한 논의는 2000년대 초반까지의 교육정책에서도 종종 찾아볼 수 있다. 하지만 이 당시 '교육공동체 구축'이라는 표현은 다소 선언적이고 구호적인 의미를 갖는 것으로, 교육주체 간(주로 학교와 학부모)의 협력과 단위 학교들의 공동체성 강화라는 측면이 더욱 강했다. 다시 말해서, 이러한 정책추진과 논의에 있어서 교육 주체로서의 지역 혹은 교육 혁신 대상으로서의 지역은 빠져 있었던 것이다. 사실, 아이들을 위한 지역과 학교의 유기적 협력에 대한 본격적인 논의는 앞서 언급한 풀뿌리적 실천을 체계화하는 과정에서 전개되었고, 이것이 환경 · 사회적 경제, 사회적 자본, 공유 등을 주제로 하는 '마을공동체'나 '마을 만들기'라는 또 다른 사회적 움직임과 만나면서 '마을교육공동체'로 정착되기 시작한 것이다.

어찌됐든 두 나라가 추진하는 학교와 지역의 협육에 관련하여 한쪽은 정부 주도이고, 다른 한쪽은 풀뿌리적 실천이라는 차이를 발견할 수 있다. 이것은 물론 두 나라의 사회적 · 문화적 · 교육적 차이에서 비롯된 것이라 할 수 있다. 한국의 경우, 어떠한 교육정책도 '학력'에 대한 신화적 믿음을 타파하지 못하는 우리나라의 특수한 상황을 고려해 보자면, 오히려 이러한 풀뿌리적 실천이 자연스러운 접근일 수 있다. 교육공동체를 구축한다는 것이 제도적 접근이라기보다는 문화적 접근으로 이루어져야 한다는 측면에서 보자면, 작은 실천에서 시작하여 하나의 교육문화로 발전하는, 더디지만 자연스러운 변화를 추구하는 방식이 초기 단계인 현재까지는 효과적이었던 것으로 보인다. 또한 교육공동체의 속성이 지역과 학교의 자발적 참여와 관심으로 그 지속 가능성을 높여 간다는 점을 감안하면 정부 주도의 교육정책적 접근은 오히려 교육현장의 실천을 타성화시킬 수 있다는 우려도 제기된다. 물론 이러한 풀뿌리적 접근이 갖는 본질적 문제점도 있다. 마을교육공동체라는 새로운 교육적 시도와 실천을 확대해 나가기 위해서는 정부나 관 차원의 행정적 지원과 협력이 필요한데, 한국의 마을교육공동체는 아직까지 이를 도모하는 데에는 한계점을 가지고 있다. 이는 단순히 민과 관의 제도적 만남을 넘어서, 이제는 교육 거버넌스 구축을 위하여 모든 교육 주체가 유기적 협력 관계를 맺기 위한 새로운 전기가 필요한 시점이다. 물론 우리의 교육문화와 다른 일본의 정부주도형 정책과 똑같을 필요는 없지만, 한국적 마을교육공동체 또한 어느 시점에서는 좀 더 체계적인 지원과 협력을 도모하기 위한 제도적이면서도 실천적인 '지역사회 기반 협육시스템(교육 거버넌스)'을 강구해야 할 것이다. 이를 위하여 일반자치와 교육자치 그리고 주민자치가 이루어져야 한다.

한편 일본 커뮤니티스쿨 운영의 핵심적인 부분 중 하나는 '학교운영협의회'를 설치하여 학교운영의 효율성 증대와 학교 개방을 도모하는 데 있다. 일본은 이러한 학교운영협의회나 커뮤니티스쿨 지정 및 운영에 관한 법적 · 제도적 장치를 갖추고 있다(문부과학성, 2005). 하지만 한국의 마을교육공동체 구축을 위한 움직임은 학교운영의 효율화라기보다는 학생들의 배움을 위한 지역사회의 협육을 강화하는 데 초점을 두고 있다. 물론 우리나라의 모든 학교도 '학교운영위원회'를 의무적으로 설치하고 있지만, 이는 마을교육공동체 움직임과는 전혀 다른 각도에서 접근하는 것이기 때문에 마을교육공동체 구축과는 별개의 분야로 인식되고 있다. 마을교육공동체의 지속적인 발전을 도모하기 위해서는 학생들의 배움활동은 물론이고, 학교운영에 있어서도 지역사회의 적극적인 참여와 지원이 확대되어야 할 필요가 있다.

우리나라 학교현장에서 많은 교사와 학교 행정가들은 학부모와 주민들의 교육적 참여가 때로는 너무 거칠고 전문성이 떨어진다는 우려를 나타내고 있다. 오늘날의 경쟁 위주 교육상황에서 자기 자녀의 이기적 성취에 목매는 일부 학부모의 참여가 일종의 과도한 간섭이나 교권침해로 나타나는 경우가 종종 있기 때문이다. 하지만 일부 부작용이 있다 하더라도 학교교육에 있어서 지역의 참여나 학부모의 협력은 이제 거부할 수 없는 하나의 교육적 변화이자 추세가 되어 가고 있다. 따라서 학교와 지역의 관계 설정에 앞서 상호 배척하거나 불신하기보다 이제는 주민 참여의 일상화나 수업 개방의 상시화가 체계적으로 이루어져야 할 시기다.

한국의 마을교육공동체와 일본의 커뮤니티스쿨의 움직임 간에 또 하나의 차이라고 한다면 '지역의 교육력'에 대한 인식이 다소 다르다는 점이다. 일본 커뮤니티스쿨에서 말하는 지역의 교육력은 '지역과 학교가 함께'라는 쌍방향적 인식을 기반으로 하는 경향이 있다(Shimokawa & Shizuya, 2014). 반면 한국 마을교육공동체에서 지역의 교육력은 '아이들의 배움을 위한 지역의 교육 자원화'라는 일방적 인식이 자리 잡고 있다. 이는 마을교육공동체 구축을 위한 실천이 아직 초기 단계에 있기 때문에 지역과 학교의 상생 또는 공진화라는 인식으로 발전하지 못하여 발생한 차이라고 보여진다. 이는 마을교육공동체의 지속 가능한 발전을 위한 방향성에 대한 문제이기도 하다.

지역의 교육력은 그 지역의 사회적 자본이다. 사람들 간의 신뢰나 네트워크를 통해 축적되는 사회적 자본은 그 지역의 사회적·문화적 가치를 창출하는 자원이 된다(김용련, 2015). 그러한 사회적 신뢰

와 네트워크는 일방적 관계나 지원으로 형성되는 것이 아니라 평등
과 상생이라는 가치를 전제로 만들어진다. 이러한 관점에서 마을교
육공동체의 궁극적인 지향점은 지역과 학교의 상호 협력과 상생을
위한 사회적 운동이 되어야 한다.

3. 발전 방향: 학습생태계로서의 교육공동체

최근 활발히 논의되고 있는 생태적 마을공동체는 지역이나 마을
이라는 물리적 공간에 기반을 둔 공동체에 대해 생태주의적 사상을
접목한 것이다. 이는 기존의 지배 논리, 인간 중심 사상, 결정론에
입각한 과학적 방법론 등을 부정하고, 주변 환경 및 다른 개체와의
균형과 조화, 변화와 상생을 만들어 나가기 위한 새로운 패러다임으
로 전개되고 있다. 이러한 패러다임은 교육에도 영향을 주어 기존의
교육적 관점이나 방법에 대한 다양한 변화를 유도하고 있다. 생태주
의적 관점에서의 배움은 학습자들이 학습생태계 안에서 관계 맺음,
상호작용, 경험 등을 통해 스스로 지식을 구성하고 확대해 나가는
과정이다. 이러한 교육관에 입각한 교육의 목표는 인간과 환경 그리
고 인간과 인간 사이에 생태적 유대성을 존중하고 지속 가능한 발전
을 위하여 배려와 상생을 실천하는 공동체적 인간을 육성하는 것이
라 할 수 있다. 따라서 생태주의 교육에서 가르침과 배움이 학교라
는 틀에서 정체되거나 고립되어서는 안 된다. 지역사회의 환경과 맥
락 속에서 끊임없는 상호작용을 통해 학생 스스로 경험하고 실천함
으로써 학습이 이루어지는 것이다.

　이러한 생태학적 관점에 입각하면 마을교육공동체의 구축은 학생
들의 배움을 위하여 지역의 교육력을 제고하는 것이며, 이는 마을을
하나의 학습생태계로 만듦으로써 실현 가능한 것이다. 학습생태계
로서의 마을에서는 언제, 어디서나, 누구와도 배움이 일어나게 된
다. 이러한 배움의 장으로서의 마을교육공동체는 '마을이 아이들을
함께 키우는 것' '마을이 아이들의 배움터가 되는 것' 그리고 '아이들을
마을의 주인(시민)으로 키우는 것'으로 실천될 수 있다(김용련, 2015).

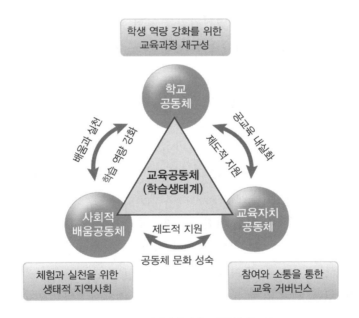

[그림 14-1] 지역사회 기반 교육공동체 모형

출처: 김용련 외(2014).

첫째, 마을이 아이들을 함께 키운다는 것은 지역의 주민이 공교육의 주체가 되어야 함을 의미한다. 지역의 아이들을 올바르게 키우기 위해서는 지역사회 전체가 나서야 한다. 지역의 모든 주민이 아이들을 위한 교사가 되고, 친구가 되고, 관찰자가 되어서 공교육에 대한 공동의 권한과 책임감을 가져야 한다. 지역의 주민으로서 교육적 참여를 실천하는 것이 쉬운 일은 아니지만, 기부, 협력, 의사결정 등과 같이 다양한 방식으로 나타날 수 있다. 최근 교육 기부를 통하여 학생들과 함께 배움을 실천하고, 교육협동조합을 만들어 학교운영 및 협력을 도모하고, 학교운영위원회를 통한 의사결정 과정에 직·간접적으로 참여하는 사례가 늘고 있는 것도 이러한 관점에서 이해할 수 있다.

둘째, 마을이 아이들의 배움터가 된다는 것은 그 지역사회의 교육적 자원과 인프라를 적극적으로 활용하는 것을 의미한다. 교육공동체는 아이들이 학교뿐만 아니라 마을의 자연, 사회, 삶 속에서 살아 있는 배움을 실천할 수 있는 교육적 기회와 공간을 제공해 주어야 한다. 이러한 환경 속에서 아이들의 배움은 단순한 지식의 암기로 이루어지는 것이 아니라, 사람들과의 상호작용과 공감, 자연과 사회적 맥락 속에서 이루어지는 지식의 실천적 구성, 종합적 역량을 바탕으로 한 문제해결 등의 과정을 통해서 이루어질 수 있다. 이러한 관점에서 보자면, 지역사회에 산재해 있는 문화적·역사적 공간, 자연 생태계, 농장, 시장, 공공기관, 기업 등 많은 기관과 장소들이 아이들을 위한 배움터가 될 수 있는 것이다.

셋째, 아이들을 마을의 주인(시민)으로 키운다는 것은 그 지역의 아이들을 민주 시민으로 성장시키고 그 지역의 일원으로 정주시키는 것을 의미한다. 마을을 기반으로 하는 교육공동체의 목표는 학생들에게 그 지역에 대한 다양한 내용을 실천적 방법으로 학습시키고, 그들의 학습 역량과 정의적 발달을 도모하며, 이를 통한 성장의 결과가 다시 지역사회로 환원되는 선순환적 구조의 지역공동체를 구성하는 것에 있다 할 것이다. 이를 위해서는 학생들의 배움이 기초학력의 신장은 물론이고 그 지역사회의 공동체적 가치와 문화, 민주적 시민의식 등에 관련한 종합적인 측면을 포함하여야 한다.

마을교육공동체는 지역의 교육력을 바탕으로 언제, 어디서나, 누구와도 배움이 이루어지는 하나의 학습생태계를 구축하는 일이다. 이를 통해 이루고자 하는 궁극적인 목적은 지역의 교육적 여건을 개선하는 것과 다양한 교육주체 간의 협육을 통해 아이들을 진정한 민주 시민 혹은 지역의 주민으로 성장시키는 것이다. 이를 위한 교육방법은 삶과 배움을 분리시키는 것이 아니라, 이를 맥락화하여 경험과 실천으로 학습하는 교육 생태적 접근이 필요하다. 또한 이를 실현하기 위해서는 모든 교육 주체들이 유기적 협력을 위한 공동체성을 회복하는 일이 무엇보다도 선행되어야 한다.

참고문헌

김용련(2014). 경기 마을교육공동체 구축을 위한 지원 방안. 2014 마을교
육공동체 토론회자료집. 새로운학교경기네트워크.

김용련(2015). 지역사회 기반 교육공동체 구축 원리에 대한 탐색적 접근:
복잡성 과학, 사회적 자본, 교육거버넌스 원리 적용을 중심으로. 교육
행정연구, 33(2), 259－287.

김용련, 김성천, 노시구, 홍섭근, 이승호, 윤지훈(2014). 경기도 혁신교육
지구 사업 발전 방안 연구. 경기도교육청 정책 과제.

서용선, 김용련, 임경수, 홍섭근, 최갑규, 최탁(2015). 마을교육공동체 개
념 정립과 정책 방향 수립 연구. 경기도교육청.

中川忠宣(2012). コミュニティースクール実施のための資料. 大分大学高
等教育開発センター.

文部科学省(2005). コミュニチスクール設置指針書. 教育制度改革室.

Davis, B. (2004). *Inventions of Teaching: A Genealogy*. 심임섭 역(2014).
구성주의를 넘어선 복잡성 교육과 생태주의 교육의 계보학. 서울: 씨아이알.

Shimokawa, M., & Shizuya, S. (2014). *Management for effective community
school*. Yamaguchi University.

http://tuushin.jp (2015. 10. 25. 인출)

찾아보기

내용

저자 소개

한용진 (Hahn, Yong-Jin)	전) 한국교육사학회장 현) 고려대학교 교육학과 교수
정영근 (Jeong, Young-Keun)	전) 한국대학교육협의회 선임연구원 현) 한국교육과정평가원 선임연구위원
남경희 (Nam, Kyong-Heu)	전) 한국사회과교육연구학회장 현) 서울교육대학교 사회교육과 교수
송민영 (Song, Min-Young)	전) 경인교육대학교 겸임교수 현) 경기도율곡교육연수원 연수기획조정부장
천호성 (Cheon, Ho-Seong)	전) 미국 보이시주립대학교 연구교수 현) 전주교육대학교 사회교육과 교수
이성한 (Lee, Sung-Han)	전) 고신대학교 아동연구소 소장 현) 고신대학교 아동복지학과 교수
장지은 (Jang, Ji-Eun)	전) 국민대학교 교육학과 초빙교수 현) 고려대학교 교육연구소 연구교수
임형연 (Lim, Hyoung-Yeon)	전) 이화여자대학교 문헌정보학과 강사 현) 경일대학교 문헌정보학과 교수
미즈노 지즈루 (Mizuno Chizuru)	전) 일본 도요타키타고등학교 교사 현) 장안대학교 관광일어과 교수

최순자 (Choi, Soon-Ja)	전) 서울신학대학교 보육학과 외래교수 현) 국제아동발달교육연구원장
박주현 (Park, Ju-Hyun)	전) 일본 동경가정대학교 아동교육학과 강사 현) 서울신학대학교 보육학과 외래교수
김종성 (Kim, Jong-Sung)	전) 일본 동경한국학교 교사 현) 일본 히로시마대학교 사회인식교육학 박사 과정
김세곤 (Kim, Se-Gon)	전) 동국대학교 사범교육대학 학장 현) 동국대학교 유아교육과 교수 겸 대외협력처장
이선옥 (Lee, Son-Ok)	전) 가천대학교 유아교육과 겸임교수 현) 경민대학교 유아교육과 조교수
김수동 (Kim, Soo-Dong)	전) 한국교육과정평가원 선임연구원 현) 동국대학교 교직부 교수
공병호 (Kong, Byung-Ho)	전) 한국일본교육학회 회장 현) 오산대학교 아동보육과 교수
김용련 (Kim, Yong-Lyun)	전) 미국 뉴욕주립대학교 엠파이어스테이트대학 조교수 현) 한국외국어대학교 사범대학 교수

일본의 지역교육력
- 이해와 실제 -
Regional Education Power in Japan: Comprehensive and Practice

2017년 1월 10일 1판 1쇄 인쇄
2017년 1월 20일 1판 1쇄 발행

지은이 • 한국일본교육학회
　　　　한용진 · 정영근 · 남경희 · 송민영 · 천호성 · 이성한 ·
　　　　장지은 · 임형연 · 미즈노 지즈루 · 최순자 · 박주현 ·
　　　　김종성 · 김세곤 · 이선옥 · 김수동 · 공병호 · 김용련
펴낸이 • 김진환
펴낸곳 • (주)학지사
　　　　04031 서울특별시 마포구 양화로 15길 20 마인드월드빌딩
대표전화 • 02)330-5114　　팩스 • 02)324-2345
등록번호 • 제313-2006-000265호

홈페이지 • http://www.hakjisa.co.kr
페이스북 • http://www.facebook.com/hakjisabook

ISBN 978-89-997-1117-6 93370

정가 14,000원

이 도서의 국립중앙도서관 출판시도서목록(CIP)은 서지정보유통지원
시스템 홈페이지(http://seoji.nl.go.kr)와 국가자료공동목록시스템
(http://www.nl.go.kr/kolisner)에서 이용하실 수 있습니다.
(CIP 제어번호: CIP2016028909)

교육문화출판미디어그룹 학지사
심리검사연구소 인싸이트 www.inpsyt.co.kr
원격교육연수원 카운피아 www.counpia.com
학술논문서비스 뉴논문 www.newnonmun.com